Detlef Wormstall

Jeder Trader braucht einen Plan

Detlef Wormstall

JEDER TRADER BRAUCHT EINEN PLAN

Einfach erfolgreich traden

FinanzBuch Verlag

Bibliografische Information der Deutschen Nationalbibliothek
Die Deutsche Nationalbibliothek verzeichnet diese Publikation in der Deutschen Nationalbibliografie, detaillierte bibliografische Daten sind im Internet über **http://d-nb.de** abrufbar.

Für Fragen und Anregungen:
wormstall@finanzbuchverlag.de

1. Auflage 2011

© 2011 FinanzBuch Verlag GmbH
Nymphenburger Straße 86
D-80636 München
Tel.: 089 651285-0
Fax: 089 652096

Lektorat: Silke Grauenhorst
Satz: Manfred Zech, HJR, Landsberg am Lech
Druck: Konrad Triltsch, Ochsenfurt

ISBN 978-3-89879-499-2

Weitere Infos zum Thema

www.finanzbuchverlag.de
Gerne übersenden wir Ihnen unser aktuelles Verlagsprogramm

INHALT

Planen Sie Ihre Trades

Es gibt sehr viele Menschen, die an den Börsen ihr Kapital verlieren – unabhängig davon, ob sie kurz- oder langfristig investieren. Kapitalverlust gehört jedoch weder unbedingt zu den Zielen des Einzelnen noch zur Ausgangsvoraussetzung, um an der Börse irgendwann erfolgreich zu sein – schließlich geht niemand an die Börse, um vorsätzlich sein Kapital zu verringern. Ganz im Gegenteil: Für die meisten Investoren steht eine möglichst schnelle Kapitalvermehrung im Vordergrund und bestimmt deren Handeln und Tun.

Es gibt aber auch Anleger, die an der Börse nicht nur überleben, sondern kontinuierlich mitunter sogar hervorragende Gewinne erzielen. Diese Anleger sind zwar deutlich in der Minderzahl; doch da es sie gibt, muss es ebenso Möglichkeiten geben, solche Gewinne zu erwirtschaften. Diese Anleger haben offensichtlich Fähigkeiten, die nicht selbstverständlich sind. Viele ihrer Handlungen sind erfolgreich und oftmals erzielen sie die hohen Gewinne völlig unabhängig von der Seite des Marktes, auf der sie stehen.

Haben Sie sich schon einmal gefragt, woran das liegen könnte?

Beginnt man, sich mit der Börse zu beschäftigen, dann bietet diese auf den ersten Blick hervorragende Möglichkeiten. Der Investor kann sowohl den Zeitrahmen als auch den Markt oder Sektor selbst wählen; er kann Gewinne und Verluste bestimmen, benötigt für das Unternehmen »Börse« keine Mitarbeiter oder umfangreichen Bürogebäude, Gewinngrenzen nach oben gibt es nicht und welches Investmentvehikel er letztendlich wählt, ist nicht vorgeschrieben.

Mit anderen Worten: Die Höhe des Gewinns und die Höhe des Verlusts sind nur von der Vorgehensweise des Investors abhängig. Das Ergebnis wird bestimmt durch die Vorbereitung, das Wissen, die Erfahrung, die mentale Stärke und andere den Trader oder Investor betreffenden persönlichen Merkmale. Es wird im Kopf des Traders bestimmt.

Was immer Sie auch aus der Lektüre des vorliegenden Buches positiv oder negativ für sich selbst entnehmen werden; diese Aussage gehört zu den Schlüsselsätzen: Ihr Erfolg als Trader wird durch Ihr Handeln und Tun, Ihre mentale Stärke und Ihre Disziplin bestimmt. Mit anderen Worten: Den Erfolg Ihres aktiven Handels bestimmen allein Sie selbst.

Und Ihr Handeln kann nur auf den Dingen beruhen, die Sie sich selbst im Vorfeld an-geeignet haben. Der Tradingplan unterstützt Sie in dieser Hinsicht perfekt, ordnet er doch die Struktur, nach der Sie vorgehen sollten, und bringt Ruhe in die Komplexität der Weltbörsen.

Das vorliegende Buch gibt Ihnen das notwendige Handwerkszeug, um Ihren Erfolg zu planen. Je mehr Zeit Sie investieren, einen Tradingplan auszuarbeiten und in allen Even-tualitäten des täglichen Tradings einen vordefinierten Schritt tun zu können, desto eher und leichter können Sie sich darauf konzentrieren, an Ihrem persönlichen Erfolg zu ar-beiten, und desto näher rücken Sie einer kontinuierlichen Gewinnerzielung.

Der Beginn der Tradingkarriere

Die Weltmärkte bieten zwar reichhaltige Gewinnchancen, aber auch enorme Risiken, und können so einen Anleger über Nacht entweder reich oder arm machen. Ihre Anziehungskraft wird auch durch die jüngsten Ereignisse oder die momentan schwache Börsenphase nicht im Geringsten geschmälert. Immer wieder werden neue junge oder alte Anleger in den Bann der Börsen gezogen, denn sie verheißen schnelle Gewinne und die Einstiegsbarrieren sind gering. Das zumindest glauben die meisten Anleger: Wie wäre es anders zu erklären, dass so unzählig viele Menschen sich mit den Kapitalmärkten auseinandersetzen? Was übt diese gewaltige Anziehungskraft aus?

Es ist die Mischung aus Gewinnmöglichkeiten, Freiheit, Abenteuer und Unabhängigkeit. Es gibt scheinbar keine Regeln – wer die richtigen Aktien kauft oder verkauft, wird in kürzester Zeit reich. Viele Anleger haben zu Beginn ihrer Börsenkarriere so oder ähnlich gedacht, nur um dann später festzustellen, dass es ganz so einfach doch nicht ist. Die Problematik liegt in dem Anschein, es sei wirklich leicht, an der Börse sein Geld zu verdienen. Nach außen ist dieses Bild leicht vertretbar. Viele Beispiele – auch aus der jüngsten Vergangenheit – haben immer wieder gezeigt, dass es schon ausreichen kann, nur eine einzige Aktie zu kaufen und zu halten. Das richtige Papier zum richtigen Zeitpunkt gekauft, kann das Anfangskapital erheblich erhöhen.

Die Realität sieht für die meisten Anleger aber leider anders aus. Die Verluste erhöhen sich von Tag zu Tag und kaum ist es gelungen, einen Gewinner auszuwählen, läuft schon die nächste Aktie im Depot entgegen der gewünschten Richtung.

Der Trader versucht es mit technischer Analyse: Da werden Elliott-Wellen mit Fibonacci-Retracements gekreuzt, das Ganze noch mit einem selbst errechneten Filter optimiert und am Ende glaubt der Trader wirklich an den Erfolg des selbstgekrönten Werks – nicht zuletzt auch deshalb, weil das Testen des Systems auf dem Papier so hervorragend funktioniert hat. Vielleicht funktioniert es tatsächlich auch in der Praxis und vielleicht kann der ein oder andere Trader mit einem solchen System sein Kapital vermehren. Doch so etwas wird immer ein Einzelfall bleiben. Diese eine Strategie funktioniert eventuell, weil sie zufällig in die gerade herrschende Marktphase passt. Aber sie wird nicht lange genug funktionieren, um den Trader erfolgreich werden zu lassen. Der Grund dafür liegt in der Anzahl der das System benutzenden Personen. Da das Handelssystem von nur einer Person entwickelt wurde und somit auch nur eine Person die Signale nutzt, handeln zu wenig andere Trader mit dem gleichen System. Damit entfällt die Grundlage der technischen Analyse: dass nämlich ein solches System von vielen Anwendern benutzt wird. Die Technische Analyse ist in der Regel eine »Selffulfilling Prophecy«, oder anders ausgedrückt eine Art Perpetuum mobile. Diese Methode funktioniert basierend auf der hohen Anzahl der Teilnehmer weltweit.

Als Beispiel soll hier einmal der gleitende Durchschnitt dienen. In der technischen Analyse geht man davon aus, dass die Aktie dann steigt, wenn der kurze gleitende Durchschnitt von unten nach oben durch den langen gleitenden Durchschnitt bricht. In diesem Fall stellt das ein Kaufsignal für die Aktie dar. Da nun viele Computersysteme dieses Signal sehen und viele Trader bei ihrer technischen Analyse auch auf dieses Signal treffen, werden sehr viele Kaufsignale generiert, und die Aktie steigt tatsächlich. Was ist der Grund dafür?

Das kann natürlich viele Ursachen haben. Es können fundamentale Gründe sein oder auch Nachrichten. Doch schließen wir für unser Beispiel einmal die fundamentale und die Nachrichtenseite aus, dann sind es technische Gründe. Die Aktie ist nur aufgrund der vielen Kaufsignale gestiegen. Die Technische Analyse hat also selbst dafür gesorgt, dass der Kurs steigen konnte.

Die Ausnutzung der technischen Analyse stellt aber noch kein komplettes System dar. Hier kann noch nicht von einer vollständigen Strategie gesprochen werden. Und somit hat der Trader auch noch kein komplettes System zur Verfügung, das ihm bei der Ausübung seines neuen erwählten Berufs helfen könnte. Dazu benötigt er noch andere Dinge.

Was wirklich fehlt ist ein Plan von Beginn an – eine Systematik, die das gesamte Handelskonzept des Traders betrachtet, so wie man mit einem Businessplan das Konzept einer neu zu gründenden Firma betrachtet. Denn das professionelle Trading ist im Grunde nichts anderes als eine neu zu gründende Firma. In diesem Buch wird die Entwicklung eines Tradingplans gezeigt: von den ersten Versuchen bis hin zur erfolgreichen Anwendung. Dabei ist es unbedingt notwendig, die eigenen Finanzen genau zu kennen und die eigene Situation tatsächlich detailliert zu untersuchen. Es ist unabdingbar, sich ein genaues Bild zu verschaffen. Deshalb wird in den ersten Kapiteln dieses Buches das Thema auch eingehend behandelt. Darauf aufbauend beginnen wir damit, einen Tradingplan in einzelne Schritte zu zerlegen und jeden dieser Schritte vorzustellen: von den Kosten für die Hardware bis hin zum Risikomanagement. Sie werden feststellen, dass es Dinge gibt, über die Sie bisher noch nicht nachgedacht haben. Manche dieser Dinge scheinen auf den ersten Blick sehr unscheinbar, sind aber im Zusammenhang von großer Bedeutung.

KAPITEL 1:
GRUNDLAGEN

DER WEG ZUM ERFOLG

Die moderne Form des Online-Tradings entwickelt sich immer schneller weiter, bietet einerseits ungeahnte Möglichkeiten der Gewinnmaximierung, andererseits aber auch hohe Risiken, und gerät gerade deswegen vermehrt in Verruf.

Medienvertreter berichten immer häufiger über Horrorszenarien, in denen »Zocker im Sekundenkampf um das schnelle Geld« ihr gesamtes Vermögen verspielen. Vor allen Dingen dem Daytrading haftet der zweifelhafte Ruf an, eine andere Form des Glücks- spiels darzustellen. Zu viele Trader verlieren ihr gesamtes Hab und Gut mit dem On- linehandel von Wertpapieren. Es wurden in der Vergangenheit verschiedene Studien mit dem Ziel durchgeführt, herauszufinden, wie hoch der Anteil der Verlierer bei dieser Form des Handels ist. Ergebnisse zeigen, dass im elektronischen Handel der Großteil der Teilnehmer verliert. Meine Erfahrungen in vielen Schulungen zeigen, dass sich die Zahl der Verlierer tatsächlich oberhalb von 80 % ansiedelt.

Das ist eine erschreckende Zahl. In der Realität wird der Prozentsatz derjenigen, die diese Form des Handels gewählt haben und Kapital verlieren, vermutlich noch höher liegen, da vielfach die Risiken unterschätzt werden.

Viele Trader vermuten die Lösung des Problems an den falschen Stellen. Sie suchen den Erfolg in der richtigen Auswahl des Einstiegs. Der Schlüssel zum Erfolg liegt allerdings in der korrekten Anwendung des Risiko- und Moneymanagements, also im passenden Umgang mit Verlust- und Positionsgrößen, oder im Falle des »Value Investing« in der Auswahl der richtigen Wertpapiere, nicht aber in der richtigen Auswahl des Einstiegs- punktes. Charts, Indikatoren, Technische Analyse und andere dem Trader zur Verfügung stehende Hilfsmittel suggerieren jedoch, dass der Erfolg an der Börse durch die Aus- wahl des richtigen Einstiegspunktes gewählt werden kann.

Im Bereich des Risiko- und Moneymanagements ist das Wissen des Traders dagegen oftmals sehr defizitär. Gerade weil aber für den Handel die Kontrolle des Verlusts und die korrekte Bestimmung von Positionsgrößen so wichtig sind, hat der Kurzfristhandel wenig mit Glück zu tun. Ganz im Gegenteil: Professionelles Trading ist eine höchst kontrollierte Angelegenheit. Trader gibt es, seitdem es die Börsen gibt. Professionelles Trading existiert auch in den Handelsräumen der Banken. Dort ist es tägliche Praxis – wenn auch nicht immer erfolgreicher als im privaten Bereich, wie zahlreiche Beispiele in der Vergangenheit gezeigt haben. Für den Endkunden, der von seinem Wohnzimmer aus handelt, ist es jedoch eine relativ neue und sich stetig weiterentwickelnde Form des Wertpapierhandels.

Wo liegen die Gründe für so viele Misserfolge? Warum verlieren bei dieser Anlagemöglichkeit so viele Menschen ihr Kapital und gewinnen nur so wenige? Die Antwort darauf lässt sich nicht in einfache Worte fassen, aber eine der Hauptursachen ist in der menschlichen Psyche zu suchen. Eine Vielzahl von Faktoren spielt darüber hinaus eine Rolle und werden im Laufe des Buches ebenfalls angesprochen.

Die mentale Einstellung und die psychologische Verfassung des Traders jedoch sind genauso wichtig wie eine genügend hohe Kapitaldecke und die richtige und disziplinierte Anwendung grundsätzlicher Risiko- und Moneymanagement-Regeln. Professionelles Trading ist eine komplexe Angelegenheit und wird vom einzelnen Trader oft unterschätzt. Wie in jedem anderen Beruf muss auch im Tradingbereich eine Ausbildung vorgeschaltet und Lehrgeld einberechnet werden. Lehrgeld nämlich, das sich in den ersten Monaten in Form von Verlusten bemerkbar macht. Selbst wenn ein professioneller Lehrer eingeschaltet wird, ist nicht gewährleistet, dass der Trader ganz ohne Verluste auskommt. Das ist auch gar nicht gewollt, da es sich ohnehin nicht realisieren ließe. Vielmehr ist ein verantwortungsvoller Umgang mit Kontrollmöglichkeiten gefordert, die die Verluste erheblich verringern können. Verluste gehören zum Handel dazu wie das Tanken zum Autofahren. Gewinnen wird man erst, wenn man keine Angst mehr hat, zu verlieren. Ganz ausschließen lassen sich Verluste jedoch nicht.

Niemand wird vom ersten Tag an erfolgreich handeln. Wer es dennoch tut, der befindet sich schon gleich zu Beginn in einer gefährlichen Situation, denn er hat die Verlustphase noch vor sich, glaubt jedoch, alles bereits zu wissen und Börse und Märkte sowie das Verhalten der Trader durchschaut zu haben. An den Märkten gibt es nichts zu durchschauen. Märkte sind lesbar, aber nicht durchschaubar.

Gerade die Trader, die vom ersten Tag an Gewinne erzielen, verfallen sehr schnell in eine Routine, die es ihnen unmöglich macht, kontinuierlich über einen längeren Zeitraum hinweg Gewinne zu erwirtschaften. Diese Trader sind häufig resistent gegen gängige Arten der Schulung und lassen sich nur ungern auf die mathematische Kontrolle der Tradingparameter ein, da ihre Methode ganz oft auf Emotionen und damit ihrem Bauchgefühl beruht. Sie sind häufig diejenigen, die nach einer erfolgreichen Anfangsphase hohe Verluste erwirtschaften. Trotz zu Beginn anhaltender Erfolge bemerken diese Trader zumeist die subtilen Veränderungen des Marktes nicht und passen den eigenen Tradingstil nicht an die veränderten Verhältnisse an. Die Folge sind Verluste, die der Trader ungefiltert akzeptiert, da er damit rechnet, diese schnell und problemlos wieder ausgleichen zu können. Es hat ja in der Vergangenheit funktioniert, warum sollte das plötzlich anders sein. Die Vorgehensweise ist dabei oftmals die gleiche: Um den Verlust auszugleichen, werden die Positionen vergrößert. Allerdings wird diese Vergrößerung im Verlust durchgeführt, was in der Mehrzahl der Fälle zu weiteren Verlusten führt.

Die Möglichkeit, von zu Hause aus weltweit am elektronischen Wertpapierhandel teilzunehmen, hat es vor etwas mehr als einem Jahrzehnt aufgrund fehlender Strukturen noch gar nicht gegeben. Aber diese Entwicklung ist schnell und rasant. Diese neue Art des Wertpapierhandels konnte sich nur durch die flächendeckende Verbreitung des Internets entwickeln. Ohne das Internet wäre es nur mit Schwierigkeiten möglich, von jedem Ort der Welt aus innerhalb weniger Sekunden im Echtzeithandel an einem der großen Börsenplätze der Welt Wertpapiere zu kaufen oder zu verkaufen. Und die flächendeckende Versorgung mit Breitbandinternet-Technologien ist heute weitestgehend gesichert. Gerade hier gilt es jedoch, sich Auswege zu sichern. Nichts ist schlimmer, als eine risikoreiche Position zu halten, nur um plötzlich festzustellen, dass diese Position sich nicht mehr auflösen lässt, weil gerade die Internetverbindung verloren gegangen ist. Für solche Situationen müssen die Kontaktdaten zum Broker bereitliegen, doch das wird häufig unterschätzt.

TIPP:

Vor allem bei DSL-Flatrates bleiben die Router bei vielen Tradern 24 Stunden online und die Internetverbindung wird nicht mehr manuell getrennt. Der Provider trennt die Verbindung allerdings in jedem Fall automatisch nach 24 Stunden kurzzeitig und stellt sie dann wieder her. In dieser Zeit besteht für einen kurzen Moment keine Verbindung. Stellen Sie daher unbedingt sicher, dass Sie die Verbindung einmal manuell außerhalb der offiziellen Handelszeiten aufbauen und so eine erzwungene Verbindungsunterbrechung dann erfolgt, wenn Sie nicht gerade in einer kritischen Handelssituation stecken. Es bietet sich dazu an, die automatische Unterbrechung in die Nacht zu verlegen. Zwischen drei und vier Uhr MEZ benötigt man in Deutschland die Rechner nicht notwendigerweise für den Börsenhandel, sodass sich in dieser Zeit die Verbindung wieder neu herstellen lässt.

Diese neuen Möglichkeiten bedeuten aber auch eine höhere Ausführungsgeschwindigkeit der in das System eingegebenen Order und damit ein höheres Handelsvolumen an den Börsen dieser Welt. Insgesamt haben sich die Handelsgeschwindigkeiten durch die technischen Möglichkeiten vervielfacht und eine Order ist für den Trader einfach zu handhaben. Er muss nirgendwo anrufen, er muss keine komplizierten Wege gehen – alles funktioniert schnell und einfach per Tastendruck (sofern der Rechner nicht ausfällt, was leider immer noch oft genug vorkommt).

Doch gerade das führt oftmals zu Problemen. Und die Probleme sind nicht nur technischer Natur. Der Trader unterliegt bei fallenden Aktien schnell dem Prinzip der Hoffnung: »Eine Aktie, die fällt, kann ja jederzeit schnell wieder verkauft werden; deshalb kann ich ruhig noch ein wenig warten«; oder: »Die Aktie kommt bestimmt zurück, das ist nur eine momentane Schwächephase«. So oder ähnlich denken Trader bei auftretenden Verlusten. Eine solche Vorgehensweise hat jedoch nichts mit einem verantwortungsbewussten Umgang mit Risiko- oder Moneymanagement zu tun. Wer so vorgeht, wird seine Verluste nur noch weiter vergrößern. Erfolgreich wird er damit nicht.

Um solchen Situationen nicht regelmäßig ausgesetzt zu sein, muss der Trader Lösungen dafür finden, möglichst viele der Faktoren des täglichen Handels zu kontrollieren. Er benötigt einen Plan. Der Weg zum Erfolg ist es, diesen Plan präzise vorzubereiten, zu entwickeln und ihn dann mit äußerster Disziplin und Geduld auszuführen und umzusetzen. »Period«, wie die Amerikaner sagen, bedeutet, sich an den Plan zu halten, ihn auszuführen, nicht rechts oder links vom ihm abzuweichen und sich so nicht von dem einmal festgelegten Weg abbringen zu lassen. Natürlich gilt das in Grenzen, denn an der Börse gibt es keine vorhersehbaren Einbahnstraßen, und nicht alle Pläne lassen sich zu jedem Zeitpunkt eins zu eins umsetzen. Auch muss ein Plan immer wieder an die sich ändernden Marktgegebenheiten angepasst werden. Vor allen Dingen aber sollte er in allen Belangen sauber durchdacht sein.

2001 wurde der Handel an den US-Börsen von 1/16 $ als kleinste Einheit auf das Dezimalsystem umgestellt. Galten vorher 6,25 US-Cent als kleinste handelbare Einheit, war es nach der Umstellung plötzlich nur noch 1 US-Cent. Die Welt des Traders hatte sich über Nacht völlig verändert, und viele Strategien, die auf dem Abstand von 6,25 Cent beruhten, funktionierten nicht mehr. Hier mussten die dazugehörigen Handelspläne also geändert werden, denn es machte keinen Sinn mehr, sich an den einmal aufgestellten Plan zu halten. Eine solche Veränderung der eigenen Handelspläne ist zu vergleichen mit der Wartung eines Pkws. Die Serviceintervalle sollten eingehalten werden, sonst bleibt der Wagen irgendwann liegen.

Professionelle Trader handeln immer nach einem vorher entwickelten Plan. Im privaten Bereich wird dieser Vorgehensweise aber nicht immer genügend Beachtung geschenkt.

Die SEC[1] hat im Februar 2000 eine Studie über amerikanische Daytrader durchgeführt und ist zu interessanten Ergebnissen gelangt. Es gab nur etwa 7.000 hauptberufliche Daytrader in den USA, jedoch mehr als fünf Millionen Online-Investoren, die gelegentlich Tradingaktivitäten nachgingen. Insgesamt bewohnten zu diesem Zeitpunkt etwa 80 Millionen Aktienbesitzer die USA.

Die Ergebnisse konnten nur geschätzt werden, da die Studie lediglich mit 47 Brokern durchgeführt wurde, die Online-Investing sowie Daytrading für den Endkunden anboten. Dies waren zu dem damaligen Zeitpunkt nicht alle am Markt befindlichen Broker. Man kann also nicht unbedingt von einer repräsentativen Studie ausgehen, dennoch zeigt sie eine Tendenz. Überaus interessant war die Feststellung, dass die vergleichsweise geringe Anzahl von nur 7.000 hauptberuflichen Daytradern einen starken Einfluss auf das Ordervolumen der großen Börsen hatte. Schätzungen des amerikanischen Fernsehsenders CNBC zufolge war diese kleine Gruppe von Tradern für etwa 15 % des täglichen NASDAQ-Ordervolumens zuständig. Nicht schlecht, wenn man bedenkt, dass zum Zeitpunkt der Studie das tägliche Volumen der NASDAQ bei durchschnittlich einer Milliarde Aktien lag. Das durch die Daytrader bewegte Volumen betrug somit täglich etwa 150 Millionen Aktien.

Mit den Kursverlusten der geplatzten Internetblase jedoch hat sich die Zahl der hauptberuflichen Daytrader verringert und Umfragen des amerikanischen Wirtschaftssenders CNBC im Jahre 2003 zufolge ist das Ordervolumen durch diese Trader auf etwa 10 % gefallen – gleichzeitig ist jedoch das Gesamtvolumen der NASDAQ gestiegen. Durchschnittlich wurden dort zu diesem Zeitpunkt etwa 1,5 Milliarden Aktien pro Tag gehandelt.

Die eher negativen Vorgaben bedeuten nun aber nicht, dass mit dem Trading kein Gewinn erwirtschaftbar wäre. Vielmehr zeigen sie den zwar schwierigen, aber notwendigen

---

[1] SEC = U.S. Securities and Exchange Commission, amerikanische Börsenaufsicht; im Internet unter www.sec.gov

Weg zum Erfolg. Um kontinuierlich Gewinne zu erzeugen, bedarf es einer durchdachten Strategie. Diese kann komplex oder sehr einfach ausfallen, aber wie immer sie sich auch darstellt, einige Punkte dürfen in keiner Strategieplanung fehlen.

Zunächst muss jeder Trader für sich selbst bestimmen, welche Wertpapiere und Märkte er handelt und welchen Zeitraum er dafür ansetzt. Dann gilt es, innerhalb der gewählten Parameter Möglichkeiten zu finden, bei denen das Risiko eines Verlusts minimiert wird, die Chancen für einen Erfolg hingegen hoch sind. Dabei darf jedoch nicht vergessen werden, dass Trade-Chancen, die einmal funktionieren, nicht automatisch immer zum Gewinn führen. Jede gefundene Möglichkeit muss demnach immer wieder auf ihre Machbarkeit hin überprüft und gegebenenfalls neu angepasst werden.

Findet der Trader eine Strategie oder ein Handelssystem, das er für gewinnbringend hält, dann folgt als nächster Schritt die statistische Überprüfung der Handelsdaten über einen aussagekräftigen Zeitraum hinweg. Der Untersuchungszeitraum darf dabei auf keinen Fall zu kurz gewählt werden, da die gefundenen Ergebnisse sonst nicht verifiziert werden können und damit eine nur geringe Aussagekraft besitzen. Sind Möglichkeiten gefunden und stimmen die erzielten Ergebnisse, dann gilt es, Tradingregeln in Form eines Plans aufzustellen. Hauptsächlich um dieses Thema dreht sich das vorliegende Buch, wobei einfache Tradingansätze aufgenommen werden und als Beispiel dienen. Zu guter Letzt kommt es darauf an, wie diszipliniert der jeweilige Trader die aufgestellten Regeln behandelt und umsetzt. Um erfolgreich zu sein, dürfen bei diesem Punkt keine Abstriche gemacht werden. Die mentale Stärke und die disziplinierte Einhaltung aller im Plan aufgestellten Regeln bestimmen maßgeblich und nachhaltig den erzielbaren Gewinn.

Erfolgreiches Traden hat nichts mit Traden zu tun!

Eine Aussage, die durchaus einer Erklärung bedarf. Sieht man sich die Gemeinsamkeiten wirklich erfolgreicher Trader an[2], dann stellt man schnell fest, dass sie alle Qualitäten besitzen, die auf den ersten Blick keine große Rolle beim täglichen Handel mit Wertpapieren spielen. Sie alle haben Methoden entwickelt, das Risiko bezogen auf die Höhe des verfügbaren Kapitalkontos erheblich zu verringern.

Um das noch einmal zu verdeutlichen: Es geht um das Risiko, das das verfügbare Kapital betrifft, nicht um das Risiko, dass das gewählte Wertpapier gegen den Trader laufen und Verluste produzieren könnte. Es wird also nicht der Markt beobachtet, sondern der Trader und seine eigene Performance.

---

[2] Siehe hierzu das Buch »Market Wizards: Interviews with Top Traders« von Jack D. Schwager.

Des Weiteren haben diese Trader erkannt, dass die Einhaltung selbst gesteckter Risikogrenzen von der eigenen mentalen Stärke und Disziplin abhängt. Sie setzen nicht nur rigoros Stop-Loss-Grenzen, sondern halten diese auch tatsächlich ein und haben Methoden entwickelt, ihre eigene Disziplin kritisch zu überprüfen und wenn nötig entsprechend anzupassen. Diese strikte Einhaltung einmal gesetzter Limits ermöglicht es ihnen, die Verluste beim Traden extrem gering zu halten und damit nur wenige Gewinner zu benötigen, um am Ende des Monats erfolgreich abzuschließen. Auch erlaubt ihnen diese kritische Analyse, dass die eigenen Risikoziele nicht zu weit gesteckt werden. So überschreiten diese Trader solche Ziele nicht durch eine schwache, mentale Einstellung.

Mentale Stärke und unbedingte Disziplin sind tatsächliche Erfolgsgaranten, werden jedoch nur selten von Tradern am Anfang ihrer Karriere als solche erkannt und entsprechend umgesetzt. Sie haben auch nicht unmittelbar etwas mit dem Traden selbst zu tun und können nicht einfach durch das Studium der klassischen Literatur erlernt werden. Vielfach hängen sie von den äußeren Lebensumständen ab und werden durch viele Faktoren beeinflusst. Sie als Schlüsselfaktoren zu identifizieren, nimmt einen Großteil der Lernphase eines Traders ein.

MENTALE STÄRKE UND DISZIPLIN

Bevor wir uns den einzelnen Elementen eines Tradingplans zuwenden, ist es zweckmäßig, ein paar Worte über die beiden Punkte mentale Stärke und Disziplin zu verlieren. Da sich Wertpapiermärkte extrem schnell ändern können und zudem hochkomplexen Regelsystemen unterliegen, ist es notwendig, dass ein Trader genügend geistige Flexibilität mitbringt, sich diesen veränderten Marktbedingungen anzupassen. Es ist also nicht damit getan, einen sinnvollen Tradingplan aufzustellen, sondern es gehört auch eine gefestigte und gereifte Persönlichkeit dazu, eine erfolgreiche Tradingkarriere aufzubauen und den mühevoll entwickelten Tradingplan tatsächlich in die Realität umzusetzen.

Die besten Voraussetzungen dafür haben Menschen, die in ihrem Leben oft Entscheidungen treffen müssen, von denen viel abhängt. Wer ein eigenes Unternehmen hat, kann in der Regel auch dann Entscheidungen treffen, wenn es in der Situation schwierig ist. Menschen, die kaum Entscheidungen treffen müssen, haben es hier schwerer, denn es gibt zu viele »Ablenkungen«, d.h. Systemsignale, die dem Trader Kontrolle suggerieren, wo keine ist.

Mentale Stärke ist dafür von besonderer Wichtigkeit. Ein Trader muss den von außen auferlegten Grenzen und Regeln folgen können (und diese Grenzen in manchen Fällen auch durchbrechen), aber – und das ist weitaus wichtiger – er muss auch seinen eigenen Regeln treu bleiben. Da es beim Trading immer um sehr viel Geld geht und der Trader die Gewinnerwirtschaftung zum Ziel hat, unterliegt er psychologischen Faktoren, die der menschlichen Natur zu eigen sind, die jedoch für den Erfolg an der Börse extrem hinderlich sein können.

Es gilt daher, diese Faktoren von vornherein entweder zu minimieren, oder besser noch ganz auszuschalten, wobei Letzteres sehr schwierig ist.

Besonders erfolgshemmend sind die beiden emotionalen Zustände Habgier und Angst. An den Börsen kann in sehr kurzer Zeit sehr viel Kapital erwirtschaftet werden. In der Regel kommt ein Trader jedoch aus einem beruflichen Umfeld, in dem das Erwirtschaften von Gewinnen einen längeren Zeitraum in Anspruch nimmt. Geht der Trader beispielsweise einer normalen beruflichen Tätigkeit nach, und erhält er dafür ein monatliches Gehalt, dann ist die Gewinnerwirtschaftung auf monatlicher Basis zu betrachten. Der Reingewinn entsteht durch die Differenz aus Gehalt und Lebenshaltungskosten. Je nach gewähltem Beruf und Höhe des Gehalts ergeben sich naturgemäß unterschiedliche Werte, aber in Relation zu den Möglichkeiten an den Börsen gesetzt ergeben sich zunächst begrenzte Gewinne. Nur in Verbindung mit dem Faktor Zeit, d.h. über einen längeren Zeitraum hinweg, kann sich für den Investor der als Sparkapital übrig gebliebene Gewinn erhöhen.

Natürlich muss hier bedacht werden, dass es erhebliche Unterschiede zwischen den einzelnen Berufssparten und den daraus resultierenden Gehaltsmöglichkeiten gibt und dass zwischen Angestellten, Unternehmern, Arbeitern und Selbstständigen unterschieden werden muss. Wie immer jedoch der Einzelne seinen Lebensunterhalt auch bestimmt, es entstehen Lebenshaltungskosten, die aus den monatlichen Einnahmen finanziert werden müssen. Die Gewinne können somit nur über einen längeren Zeitraum hinweg erwirtschaftet werden.

An der Börse hingegen kann ein hoher Gewinn in sehr kurzer Zeit entstehen – manchmal in wenigen Minuten oder etwas realistischer über Nacht. Da die dafür benötigte, kurze Zeitspanne nicht der normalen Erwartungshaltung des Traders entspricht (bezogen auf sein normales, berufliches Umfeld und der damit verbundenen Gehaltsmöglichkeiten), entsteht ein unbewusstes Gefühl der Habgier. Unbewusst deshalb, weil dieses Gefühl nicht der normalen Definition des Wortes Habgier entspricht, der Trader also nicht denkt: »Ich will mehr, ich will mehr«, sondern sich unbewusst ein Gefühl einstellt, das die Relation zwischen Gewinn und kurzer Zeitspanne zwar als unnormal, aber auch als einfach empfindet. Dieses Gefühl ist es, das es dem Trader fast unmöglich macht, sich von seiner Position zu trennen. Da es offensichtlich einfach war, in nur kurzer Zeit hohe Gewinne zu erzielen, wird die Position sich möglicherweise weiterhin für den Trader entwickeln und es gibt mental keinen Grund, sie wieder zu schließen. Die Messgröße ist nicht mehr die Höhe des Gewinns, sondern die Kürze der Zeit. Und das führt zu dem Gefühl der Habgier.

Durch dieses Gefühl unbewusst in der Handlungsfähigkeit eingeschränkt, lässt der Trader sich nun von seinen eigenen Emotionen ohne großen Widerstand überzeugen und hofft auf weitere Gewinne. Auch wenn vorher gesetzte Gewinnlimits getroffen werden, ist es durchaus möglich, dass der Trader diesen Limits keine Beachtung mehr schenkt und weiterhin auf noch größere Gewinne hofft.

Ein weiterer erheblicher Nachteil, der aus dieser Situation entsteht, ist der Umstand, dass der Trader im Falle eines Kursrückgangs die Tatsache nicht mehr akzeptiert, dass sich der theoretisch mögliche Gewinn verringert hat. Er hat von seinen Gewinnen etwas wieder zurückgegeben, wenn auch nur auf dem Papier. Die Möglichkeit, in einer solchen Situation die Position glattzustellen und den tatsächlichen Gewinn mitzunehmen, kann wegen der menschlichen Emotionen nur in den seltensten Fällen gelingen.

Ähnliches passiert auch auf der Verlustseite. Insbesondere dann, wenn das Konto des Traders noch klein ist, er also im Vergleich zu seinen normalen Lebensumständen eine hohe Summe einsetzt[3]. Verliert der Trader von dieser Summe auch nur einen kleinen Anteil, dann übernehmen die Angst und das Prinzip der Hoffnung. Da die Verluste zunächst nur auf dem Papier stehen, beginnt der Trader zu hoffen, dass der alte Kurs (Einstiegskurs) zumindest wieder erreicht wird, es setzt jedoch – auch wieder unterschwellig – eine Angst ein, die es dem Trader nicht erlaubt, die Position an dieser Stelle zu schließen, da er dann die auf dem Papier stehenden Verluste tatsächlich in die Realität umsetzen müsste.

Aus rein pragmatischer Sicht betrachtet wäre es aber sehr sinnvoll, die Verluste zu minimieren, d.h. die Position zu schließen, wenn der Verlust noch klein ist. Das ist aber aus emotionaler Sicht nur sehr selten wirklich umsetzbar. Hinzu kommt noch, dass der Trader gerade am Anfang mentale Stopps setzen wird, die vom Markt leicht erkannt werden können und die ihn die Position schließen lassen, obwohl sie eventuell kurz nach der Glattstellung in die richtige Richtung laufen würde.

---

3   Ein kleines Konto bedeutet fast immer auch, dass in Relation zum maximal verfügbaren Investitionskapital eine zu hohe Summe eingesetzt wird.

Hat ein Trader so etwas mehrere Male mitgemacht, dann wird er sich bei jedem weiteren Trade denken: »Das habe ich schon einmal zuvor erlebt, das passiert mir jetzt nicht wieder«, und wird die Position behalten. Auch dann, wenn der Verlust dabei immer größer wird.

DIE ENTWICKLUNG EINES TRADINGPLANS

Am Anfang – Fehler und deren Vermeidung

Der erste Gedanke gilt dem Beginn einer neuen Tradingkarriere. Wie gehen die meisten Trader mit ihrer neuen Berufung um? Was für Gedanken spielen eine Rolle? Welche Dinge werden geplant und welche Dinge bleiben unbeachtet?

Was genau gehandelt werden soll, ist der zentrale Punkt der Überlegungen. Aktien, Anleihen, Futures, Währungen oder zahlreiche Derivate stehen dabei zur Verfügung. Welches Produkt ausgewählt wird, ist häufig abhängig von der Größe des eigenen Kontos. Außerdem denken zahlreiche Trader, es sei egal, welche Branche oder welches Wertpapier sie tatsächlich traden, solange der Hebel groß genug ist und dem Trader genügend hohe Gewinnmöglichkeiten bietet.

Aber ganz so einfach ist es nicht – eher das Gegenteil ist der Fall. Viele Trader, die über ein nur geringes Kapital verfügen, wenden sich häufig Produkten mit einem hohen Hebel zu. Sie wollen ihr zur Verfügung stehendes Kapital in möglichst geringer Zeit vergrößern, erreichen durch den hohen Hebel leider aber sehr häufig genau das Gegenteil.

Andere Händler wählen trotz hoher Kapitaldecke nur den einfachen Hebel von Aktien.

Daneben gibt es auch viele Trader, die sich auf nur ein Produkt beschränken, wobei sie die Möglichkeiten der Märkte weitgehend ungenutzt lassen.

Welches Produkt es auch immer ist, im nächsten Schritt wird versucht, die Bewegungsrichtung dieses Vehikels mit mehr oder minder brauchbaren Mitteln zu untersuchen und vorherzusagen. Um es schon zu Beginn des Buches zu sagen: Sie können sich solch eine Vorhersage sparen, denn sie ist nicht durchführbar. Die Prognose setzt nämlich voraus, dass wir als Marktteilnehmer darüber informiert sind, was alle anderen Marktteilnehmer planen und durchführen. Da wir dieses Wissen jedoch nicht haben und auch nicht bekommen können, ist die Prognose als Hilfsmittel folglich nutzlos. Sie verändert lediglich die Trefferwahrscheinlichkeit, nicht aber Gewinn und Verlust, denn diese beiden Größen sind von anderen Einflussmöglichkeiten abhängig.

Es ist viel wichtiger, herauszufinden, wie der Markt wirklich gehandelt wird, denn in der Realität ist es nicht der Kurs, der gehandelt wird, sondern zwei völlig andere Dinge.

Grundsätzlich gilt daher, sich alle Möglichkeiten offenzuhalten und alle Märkte zu beobachten. Mithilfe von Simulationen und Planspielen bekommt der Trader einen Eindruck von den Möglichkeiten des ausgewählten Marktes und es lassen sich so der richtige Markt und die richtige Auswahl von Wertpapieren finden, die gehandelt werden.

Regel 1

Lassen Sie sich bei der Auswahl der Wertpapiere und Märkte, die Sie handeln wollen, nicht von dem Ihnen zur Verfügung stehenden Kapital leiten, sondern nutzen Sie viele Möglichkeiten parallel. Märkte verändern sich, deshalb ist die Fixierung auf einen Markt, ein Wertpapier oder ein System allein nicht gewinnbringend.

Diese folgenden beiden Dinge sind zunächst abstrakt und nicht gleich greifbar, aber wir kennen sie nun schon. Am Markt werden häufig nur Habgier und Angst gehandelt. Wenn ein Wertpapier steigt, dann handeln die Marktteilnehmer nach den Gesetzen der Habgier, und wenn ein Wertpapier fällt, dann handelt der Markt aus Angst. Das definiert auch die zweite Regel eines jeden Tradingplans.

Regel 2

Wählen Sie Analysemöglichkeiten so aus, dass Sie erkennen, ob Habgier oder Angst im Markt vorherrschen. Beziehen Sie dabei Ihre Analysen niemals auf nur einen Chart oder einen Indikator.

Beim Besuch verschiedener Tradingboards im Internet fällt auf, dass unzählig viele kreative Ideen geboren werden. Es ist häufig über interessante Strategien und neue Entwicklungen zu lesen, die mit viel Liebe zum Detail ausgearbeitet werden. All diese Ideen münden jedoch immer wieder im gleichen Ergebnis: der Suche nach dem richtigen Wertpapier und damit auch der Suche nach dem passenden Einstiegspunkt in dieses Wertpapier.

Die ganze kreative Kraft der Spekulanten, Investoren und Trader bündelt sich in der einen Idee, den richtigen Einstiegspunkt zu finden. Der Trader will die Bewegungsrichtung der Aktie und damit des Marktes vorhersagen; er will den Markt kontrollieren. Das grundsätzliche Problem mit dieser Herangehensweise ist die Tatsache, dass am Einstiegspunkt noch gar kein Geld verdient wird. Egal, an welchem Punkt eine Position eröffnet wird, ob zu teuer oder zu billig: Verlust oder Gewinn stellen sich erst ein, wenn die Position wieder glattgestellt wird. Wer also seine ganze kreative Kraft darauf verwendet, den richtigen Einstiegspunkt zu finden, der hat vielleicht nicht sorgfältig genug den richtigen Ausstiegspunkt bestimmt. Dieser ist sehr viel wichtiger, denn er bestimmt die Höhe des tatsächlichen Gewinns oder Verlusts. Jeder Trader sollte also den Ausstiegspunkt bei jedem Trade gut kennen, ebenso wann er ihn erreicht hat, in welchem Bereich er liegen darf usw.

Leider ist diese Vorgehensweise am Anfang kaum interessant, da sie keine schnellen Gewinne verspricht und auch nicht vom Markt vorgelebt wird. Analysesoftware, technische Indikatoren und andere Signalsysteme suggerieren dem Trader Kontrolle durch Ein- und Ausstiegssignale, und ohne eine psychologische Vorbildung oder eine stabile mentale Disziplin geht kein Weg an diesen Signalen vorbei. Es ist zu einfach, diesen vermeintlichen Kontrollmöglichkeiten nachzugeben. Für den Trader scheint es sehr viel interessanter, sich am Anfang einer Tradingkarriere mit der Bewegungsrichtung von Aktien und Märkten zu beschäftigen. Die Vorhersage des Marktes geschieht dabei eher zufällig und am Rande, und wird oft als Fehler gar nicht wahrgenommen. Die Kontrolle des vom Trader beobachteten Marktes spielt insgeheim eine sehr wichtige Rolle. Viele technische und fundamentale Faktoren werden untersucht und dienen als Grundlage für die eigene Analyse und die darauf aufzubauende Strategie. Wenn die Aktie schließlich gekauft wird, hat der Trader den eigentlichen Trend schon vorherbestimmt.

Der Nachteil dieser Vorgehensweise ist die mentale Fixierung auf die Bewegungsrichtung. Das bedeutet, der Trader hat sich selbst schon festgelegt, und nun muss eigentlich nur noch die Aktie in die von ihm vorher festgelegte Richtung laufen. Geschieht das nicht, müsste sich der Trader eingestehen, dass seine Analyse falsch gewesen ist und er müsste die Position glattstellen. In vielen Fällen erfolgt das jedoch nicht mehr, weil es die eigene Disziplin nicht zulässt. Das Eingestehen eines Fehlers fällt den meisten Menschen schwerer als gemeinhin angenommen wird.

Die natürliche Reaktion ist daher, bei einer gegen die eigene Analyse laufenden Aktie das Prinzip Hoffnung anzuwenden. Da die Aktie nicht den gewünschten Gewinn bringt, versucht der Trader nun die Position so lange zu halten, bis sie tatsächlich wieder im Gewinn ist. Offensichtlich ist es einfacher, eine in einer Verlustzone befindliche Aktie zu halten und eventuell immer größer werdende Verluste hinzunehmen, als diese Position mit noch geringen Verlusten glattzustellen.

REGEL 3

Langfristigen und kontinuierlichen Erfolg erreichen Sie nur, wenn Sie die entstehenden Verluste gleich zu Beginn minimieren. Wenden Sie niemals das Prinzip Hoffnung an.

So oder ähnlich verlaufen viele Gedanken und auch tatsächliche Transaktionen eines am Beginn seiner Karriere stehenden Traders. Interessanterweise haben so gut wie alle Trader am Anfang entsprechende Ideen entwickelt, die oben angesprochenen Gedankenmuster verfolgt und in der Mehrzahl aller Fälle tatsächlich auch in die Realität umgesetzt. Die Erfahrung, damit einen Verlust gemacht zu haben, lässt sie in der Folge jedoch hoffentlich solche Fehler nicht wiederholen. Aber selbst wenn erfahrene Trader ihre Erfahrungen an die Anfänger weitergeben, nutzen diese in den wenigsten Fällen solche Hilfestellungen. Stattdessen werden die Fehler selbst gemacht.

Leider hat das meist verheerende Folgen für das eigene Konto. Was zu Beginn selten verstanden wird, ist der unmittelbare Zusammenhang zwischen Verlust und Gewinn. Sehen wir uns eine Verlusttabelle mal etwas genauer an.

Dazu ziehen wir einen Vergleich zwischen auftretenden Verlusten und den darauf folgend benötigten Gewinnen, um den Ausgangszustand wiederherzustellen. Wir begrenzen das theoretische Konto auf das am Anfang vorhandene Kapital. Es wird also von außen kein Kapital hinzugefügt oder nachgezahlt. Die nachfolgenden Berechnungen beziehen sich demnach ausschließlich auf das vorhandene und sich nur durch einzelne Trades veränderliche Grundkapital innerhalb des Kontos. Tabelle 1 zeigt die Ergebnisse übersichtlich angeordnet.

Die Formel für den notwendigen Gewinn lautet wie folgt:

Gew = (1/(1-V))-1

wobei

Gew = notwendiger Gewinn

V = aufgetretener Verlust

Nummer	Verlust	Notwendiger Gewinn	Wahrscheinlichkeit
1	10 %	11,1 %	hoch
2	20 %	25 %	hoch
3	30 %	42,9 %	mittel
4	40 %	66,7 %	mittel bis gering
5	50 %	100 %	gering
6	60 %	150 %	gering
7	70 %	233 %	gering
8	80 %	400 %	sehr gering
9	90 %	900 %	sehr gering
10	100 %	No Tradezone	unmöglich

Tabelle 1: Verlustausgleich

Sie sehen in der Tabelle ganz links die Anzahl der untersuchten Möglichkeiten, daneben den Verlust, aufgelistet in jeweils 10 %-Schritten. Die dritte Spalte zeigt den notwendigen Gewinn, den Sie erzielen müssen, um das vor Beginn des Trades vorhandene Kapital wieder zu erreichen. Die letzte Spalte beinhaltet die auf Erfahrung basierende Wahrscheinlichkeit, den notwendigen Gewinn auch tatsächlich erwirtschaften zu können. Gerade die Wahrscheinlichkeit ist dabei stark abhängig von der Höhe des Kontos und der Disziplin und mentalen Stärke des jeweiligen Traders. Hier gibt es eine direkte Abhängigkeit zwischen der Höhe des Verlusts und der Wahrscheinlichkeit, die Ausgangssituation wiederherzustellen. Auch gibt es eine direkte Abhängigkeit zwischen der steigenden Gewinnvorstellung des Traders und den tatsächlich kontinuierlich zu erzielenden sehr viel kleineren Gewinnen.

Da der Verlust im Depot immer höher wird, versucht der Trader in der Regel bei den einzelnen Trades höhere Gewinne zu erzielen. Das kann auf verschiedenen Wegen erfolgen; häufig wird es durch eine sogenannte Martingale-Strategie versucht. Bild 2 zeigt die auseinanderdriftenden Kurven. Mit kleineren Konten ist es in der Regel sehr schwer, größere Verluste zurückzugewinnen. Das Risiko, einen weiteren Verlust zu erleiden, ist dagegen sehr hoch.

Sehen Sie sich nun den ersten Trade in Tabelle 1 an. Der Verlust bei diesem Trade beträgt 10 %, und um wieder auf den ursprünglichen Betrag zu kommen, müssten Sie 11,1 % Gewinn mit Ihrem nächsten Trade erzielen. Ein Gewinnziel von etwas mehr als

11 % kann als realistisch eingeschätzt werden. Der Unterschied zwischen Gewinn und Verlust ist noch gering. Sie müssen etwas mehr Gewinn erzielen, als Sie Verlust gemacht haben. Das ist in der Regel auch im kurzfristigen Tradingbereich möglich und auch ein kleineres Konto stellt hierbei kein Problem dar.

Betrachten Sie nun die nächste Stufe. Da sieht der Vergleich schon deutlich anders aus: Wenn Sie Verluste in Höhe von 20 % erleiden, dann sind 25 % nötig, um den ursprünglichen Betrag wieder zu erreichen. Hier ist die Kluft schon etwas größer. Um von diesem Punkt wieder auf das Ausgangskapital zu kommen, müssten Sie ein Viertel des noch vorhandenen Kapitals zurückgewinnen. Dazu muss der Trader sehr viel disziplinierter vorgehen als es die meisten Menschen am Anfang ihrer Karriere können.

Sie sehen beim Betrachten der Tabelle schon auf den ersten Blick, dass die Kluft zwischen Verlust und Gewinn sehr schnell immer größer wird und Sie bei hohen Verlusten extrem hohe Gewinne erzielen müssen, um lediglich die Ausgangssituation wiederherzustellen.

Wenn Sie 30 % Ihres Kapitals verlieren, dann benötigen Sie schon 42,9 %, um den Ausgangszustand wiederherzustellen; bei 40 % Verlust sind es 66,7 %. Hier machen die nötigen Gewinne schon mehr als die Hälfte des vorhandenen Kapitals aus. Psychologisch wird es hier sehr schwer, tatsächlich Gewinne zu erzielen.

Wenn Sie 50 % ihres Ausgangskapitals verlieren, sind Sie mit der Summe, die Sie zurückholen müssen, bei vollen 100 % angelangt. An dieser Stelle müssen Sie also Ihr noch vorhandenes Kapital verdoppeln, um nur den Ausgangszustand wiederherzustellen. Gerade am Anfang einer Tradingkarriere stellt das ein unüberwindbares Hindernis dar. Da Sie zu Beginn immer noch damit beschäftigt sind, sehr viele Dinge zu lernen und sich mit unbekannten Strategien und Handelsmustern auseinanderzusetzen, wird in dem komplexen Tradinggeschäft eine Verdoppelung des vorhandenen Kapitals in der Mehrzahl der Fälle unmöglich sein. Hinzu kommt, dass es psychologisch ebenfalls fast unmöglich ist, denn Sie müssten in Kauf nehmen, einen viel längeren Zeitraum mit Disziplin zu überbrücken als bei einem geringeren Verlust. Es ist schnell ersichtlich, dass es einfacher ist, einen Verlust von 10 % auszugleichen als einen von 50 %. Dennoch begeht der Trader hier für gewöhnlich einen klassischen Fehler und vergrößert zu allem Übel die Positionen zusätzlich.

Wenn Sie sich die restlichen Trades ansehen, stellen Sie fest, dass Sie bei jedem Prozentpunkt Verlust jenseits der 50%-Grenze mehr Geld wieder zurück erwirtschaften müssen als Sie zu Beginn der Tradingserie auf ihrem Konto hatten. Bei 80 % Verlust beispielsweise müssen Sie schon 400 % zurückholen, um nur neutral aus dieser Tradingserie herauszugehen. Sie müssen also Ihr vorhandenes Kapital vervierfachen. Die Erfahrung der letzten Jahre hat gezeigt, dass eine solche Vervielfachung eines Kontos gerade zu Beginn unmöglich ist, und dass kleine Konten nicht genügend Kapitalreserven bieten, um eine hohe Vervielfachung zu erlauben.

Die Tabelle und deren Auswertung zeigen einmal mehr die unbedingte Notwendigkeit, gleich von Beginn des aktiven Handels an einen vernünftigen und gut durchdachten Handelsplan aufzustellen. Das Hauptziel muss es sein, das vorhandene Kapital so gut es geht zu schützen. Es muss die Maxime gelten, keinen Verlust zu machen. Da das beim Traden unmöglich ist, wie Sie eingangs festgestellt haben, muss der Verlust so klein wie möglich gehalten werden. Es werden demnach nicht die Gewinne maximiert, sondern vielmehr die Verluste minimiert. Wenn der Verlust klein gehalten werden kann, dann werden sich Gewinne automatisch einstellen, da die Chancen, am Aktienmarkt die richtigen Werte auszuwählen, in etwa bei fünfzig-fünfzig liegen. In dem zu definierenden Tradingplan gibt es also einen wichtigen Platz für eine unbedingt benötigte Risikobegrenzung.

Martingale- und Anti-Martingale-Strategie

Machen wir an dieser Stelle einen kleinen Ausflug in die Welt der Glücksspiele. Wenn ein Spieler bei einem Glücksspiel wie Roulette in einer Verlustserie eine Strategie anwendet, bei der nach jedem auftretenden Verlust der Einsatz verdoppelt wird, dann handelt er nach der sogenannten Martingale-Strategie, die im 18. Jahrhundert in französischen Kasinos sehr populär war. Bei dieser Vorgehensweise werden in einer Verlustserie die Einsätze bei jedem erneuten Spiel verdoppelt, sodass bei dem ersten auftretenden Gewinn alle vorherigen Verlustpositionen ausgeglichen sind und der Spieler eine Einheit dazugewonnen hat.

In der Theorie ist das eine funktionierende Strategie, die letztendlich in Gewinnen resultiert. In der Realität jedoch kann sie aufgrund äußerer Umstände kaum angewendet werden. Der Versuch führt in der Realität immer zum Verlust. Dafür gibt es zwei Gründe. Der Spieler müsste in der Lage sein, auch bei einer länger andauernden Verlustserie, seine Einsätze bei jedem erneuten Spiel verdoppeln zu können. Wenn wir das in der Theorie einmal durchspielen, ergibt sich schnell eine Analogie zu der alten Sage mit dem Reiskorn auf dem Schachbrett. Das einzusetzende Spielkapital wird nach wenigen Verlusten so hoch, dass es realistisch von den meisten Spielern – selbst wenn sie sehr vermögend sind – nicht mehr gesetzt werden kann. In den allermeisten Fällen wird das Konto bzw.

der Bargeldbestand des Spielers nicht mehr ausreichen, um die hohen Summen noch aufzubringen. Hier wird also das erste Limit gesetzt.

Dazu sehen wir uns folgendes Beispiel an:

Unser Einsatz im ersten Spiel beträgt 1 $ und unser Payoff Ratio[4] liegt bei 1:1; wir bekommen also im Gewinnfall unseren eingesetzten 1 $ sowie zusätzlich den gleichen Einsatz, also einen weiteren 1 $, ausgezahlt. Wir spielen nach einer Martingale-Strategie, verdoppeln unseren Einsatz demnach nach jedem Verlust.

Die Tabelle zeigt den weiteren Spielverlauf.

Spielnummer	Einsatz	Gewinn	Verlust
1	1	1	1
2	2	1	3
3	4	1	7
4	8	1	15
5	16	1	31
6	32	1	63
7	64	1	127
8	128	1	255
9	256	1	511
10	512	1	1023

Tabelle 2

Verlieren wir im ersten Spiel unseren eingesetzten 1 $, so müssen wir im zweiten Spiel den Einsatz verdoppeln, also 2 $ einsetzen. Gewinnen wir nun, so haben wir insgesamt 3 $ eingesetzt und bekommen 4 $ ausgezahlt. Bei dieser Art der Spielweise gewinnen wir demnach immer eine Einheit mehr als wir eingesetzt haben.

Wie aus der Tabelle hervorgeht, ist dieses Spiel zwar gewinnbringend, aber nur wenn wir es unbegrenzt lange und mit unbegrenzt hohen Einsätzen spielen können.

---

[4] Payoff Ratio = Auszahlungsverhältnis

Können wir das nicht, weil einer der Parameter begrenzt ist, dann verlieren wir in diesem Spiel über einen längeren Zeitraum hinweg in jedem Fall, da sich die Höhe des Gewinnes nie ändert.

Weiterhin geht aus der Tabelle hervor, dass schon im fünften Spiel der Einsatz auf 16 $ angestiegen ist und im zehnten Spiel ein Einsatz von 512 $ benötigt wird, um nur einen einzigen Dollar Gewinn zu erwirtschaften. Es lässt sich schnell erkennen, dass mit zunehmender Dauer das Verhältnis zwischen Gewinn und Verlust zuungunsten des Spielers ausfällt. Rein mathematisch würde man dieses System deshalb nicht anwenden, aber wir vergessen hier die menschliche Psychologie.

Da der Mensch bestrebt ist, einen großen Verlust möglichst schnell wieder zurückzugewinnen, hilft die Tatsache, dass bei genügend langer Spielzeit am Ende 1 $ gewonnen wird, damit der Spieler seinen Einsatz immer weiter erhöht. Dass diese andauernde Erhöhung das Verhältnis zwischen Gewinn und Verlust ständig verringert, spielt psychologisch keine Rolle mehr.

Während im ersten Spiel dieses Verhältnis noch bei 100 % liegt – wir haben 1 $ eingesetzt und bekommen 1 $ dazu, sollten wir gewinnen – liegt das Verhältnis im zehnten Spiel nur noch bei 1/512 bzw. 0,19 %.

In den Kasinos wird das Prinzip aufgrund der menschlichen Psychologie zwar angewendet, hat jedoch keine Chance, da die Kasinos die 100%ige Gewinnwahrscheinlichkeit mit einfachen Mitteln ausgehebelt haben: Es gibt an den Spieltischen Limits, die nicht überschritten werden können, beispielsweise erlaubt ein Spieltisch einen maximalen Einsatz von 100 $, ein anderer erlaubt eine Höhe von 1.000 $. Die Höhe des Einsatzes ist daher limitiert. Kommt der Spieler an dieses Limit, kann er im Verlustfall seine Position nicht mehr verdoppeln und wäre somit nicht in der Lage, bei einem dann auftretenden Gewinn alle vorher gemachten Verluste auszugleichen. Da die Strategie jedoch auf nur einem einzigen Gewinn beruht, der alle erlittenen Verluste ausgleicht, kann sie aufgrund des Limits nicht mehr durchgehalten werden und führt unweigerlich zum Verlust.

Dreht man die oben genutzte Strategie der Verdoppelung jedoch um und wendet der Spieler eine solche Vergrößerungsstrategie nicht in einer Verlustserie, sondern vielmehr in einer Gewinnserie an, handelt er nach der sogenannten Anti-Martingale-Strategie. Hier drehen sich die Vorzeichen um; die Strategie in dieser Weise angewandt kann sehr gewinnbringend sein. Hierbei werden nicht notwendigerweise die Einsätze bei jedem neuen Trade nach einem Verlust verdoppelt, sondern lediglich während einer Gewinnphase bis hin zur Verdoppelung. Weiterhin werden im Verlustfall die Einsätze nicht erhöht, sondern es wird bei jedem neuen Trade mit einem einfachen Einsatz gespielt. So bleiben die Verluste gering und die Gewinnphasen werden maximal ausgenutzt. Es gibt dabei zum Teil sehr komplexe Ansätze, Positionen zu vergrößern. Wichtig ist jedoch nur der Umstand, dass Verlustpositionen mit einfachem Einsatz gespielt werden und nur im Gewinnfall der Einsatz erhöht wird. Die Idee, in den Verlustphasen nur geringe Verluste zuzulassen, im Gewinnfall aber größere Gewinne zu erwirtschaften, greifen wir für unseren Tradingplan auf. Wir handeln also nach einer Anti-Martingale-Strategie.

Nun aber wieder zurück zum Trading. Erfolgreiche Trader haben gelernt, dynamisch größer werdende Positionen in einem Gewinnumfeld aufzubauen, d. h. dynamisch positiv pyramidisierend. In einem Verlustumfeld hingegen minimieren sie die Verluste, wie wir gerade gelernt haben, indem sie solche Positionen schnellstmöglich schließen und bei einem neuen Trade zunächst nicht vergrößern.

Diese Trader nutzen die Anti-Martingale-Strategie, um mit ihren Trades erfolgreich zu agieren. Dabei muss die Trefferwahrscheinlichkeit des von ihnen verwendeten Handelssystems nicht einmal besonders gut sein. Sie kann sogar unter 50 % liegen. Da die wenigen Gewinne in einem solchen Fall durch recht große Positionen erwirtschaftet werden, kann es durchaus sein, dass in der Summe der Einzeltrades mehr Verluste als Gewinne auftreten.

Leider liegt es nicht in der Natur des Menschen, im Gewinnfall die Positionen zu vergrößern, sondern die umgekehrte Situation ist psychologisch einfacher. In der Gewinnsituation ist der Mensch eher bemüht, sich diesen Gewinn nicht wieder nehmen zu lassen. Er wird aus psychologischer Sicht daher die Position abbauen, sofern seine Habgier das zulässt.

Im Verlustfall dagegen will der Trader diesen möglichst schnell wieder ausgleichen und sieht häufig keine andere Chance, als den Einsatz zu erhöhen. Unglücklicherweise wird damit auch automatisch das Risiko erhöht. Kommt es zu einem weiteren Verlust bei einem erhöhten Risiko, so wird dieser neue Verlust höher sein als der erste, und der Trader kommt sehr schnell in einen Bereich, in dem es schwierig wird, die angehäuften Verluste wieder auszugleichen[5]. Selbst wenn der Trader es psychologisch schafft, die Positionen doch noch zu verkleinern, sind die notwendigen Gewinne so hoch geworden, dass sie nur in ganz wenigen Fällen wieder erwirtschaftet werden können. Die meisten Konten werden eine solche Verlustserie nicht überstehen und damit scheitern auch die Trader in einer solchen Situation.

---

[5]   Siehe hierzu Tabelle 1, Kap. 1

Die einzig vernünftige Lösung liegt darin, rigoros und diszipliniert mit kleinen Positionsgrößen zu versuchen, kleine Gewinne kontinuierlich über längere Zeiträume hinweg zu erwirtschaften. Eine solche Vorgehensweise ist jedoch psychologisch sehr schwierig und nur die wenigsten Trader schaffen es. Ein Problem liegt in der Zeit. Der Begriff des Tradens suggeriert, dass damit der Lebensunterhalt in kurzer Zeit verdient werden kann. Ist das jedoch nicht der Fall, begehen Trader regelmäßig Fehler. Erfolg mit Zeit zu erkaufen, ist zwar richtig, aber sehr schwer. Deshalb ist es so wichtig, von vornherein darauf zu achten, dass die Verluste möglichst gering gehalten werden. Dieser Umstand kann nicht genug betont werden.

Das Fehlerprinzip wird über längere Zeiträume hinweg aufgebaut. Durch eigene Fehler oder mithilfe eines Trainers kommt der Trader an einen Punkt, an dem er die Grundzüge des Tradens begriffen hat und auf eigenen Beinen steht. Es stellt sich häufig der erste Erfolg ein. Durch kleinere oder anhaltende Erfolge bestärkt, beginnt der Trader jedoch, in seiner weiteren Entwicklung in eine Routine zu verfallen, und es entstehen Fehler. Die bleiben zunächst jedoch unerkannt. Erfolge, auch wenn sie noch so klein sind, lassen den Trader in dieser Phase glauben, er hätte den Markt durchschaut. Da die Trefferwahrscheinlichkeit des vom Trader genutzten Systems recht gut sein kann, der Trader die Fehler seines Handelns jedoch nicht mehr erkennt, läuft er Gefahr, gesetzte Risikoregeln nicht mehr zu beachten. So ist es leicht möglich, eine zu große Position im Konto aufzubauen und damit das Risiko auf einen Wert erhöht zu haben, der das Konto in der Folge nur fallen lässt.

Betrachten wir den Fall einer für den Trader laufenden Position, die seinen Erwartungen entspricht: Die Position ist im Plus, und da er aus früheren Fehlern gelernt hat und statt einer Martingale-Strategie nun eine Anti-Martingale-Strategie nutzt, beginnt der Trader bei weiterer positiver Entwicklung der Aktie mit einer Pyramidisierung. Er vergrößert seine Position – und es passiert das Unvermeidliche: Die Aktie wird aus einem nicht sofort erkennbaren Grund vom Handel ausgeschlossen. Der Trader hat keine Möglichkeit, seine offene Position zu verringern; er kann nur abwarten. Und tatsächlich: Einige Tage später wird die Aktie wieder zum Handel zugelassen, beginnt jedoch den aktiven Handel sechzig Prozent tiefer als ihre letzte Notierung. Selbst wenn der Trader sofort verkauft, hat er bei dieser Transaktion einen hohen Verlust erwirtschaftet. Dabei muss sein System nicht einmal schlecht gewesen. Der Trader hat einen anderen Fehler begangen: Er hat die Position über gesetzte Limits hinaus erhöht. Gleichzeitig hat er für sein Konto keine Worst-Case-Szenarien durchgespielt.

Abhängig von der Größe der Position hat der Trader nicht erkannt, welchen Nachteil er sich einhandelt, sollte die Börse schließen. Was uns zu weiteren Regeln bringt:

Regel 4

Erhöhen Sie nie eine Position, die sich im Verlust befindet. Für diese Regel gibt es nur eine einzige Ausnahme: Sie dürfen eine einzelne Verlustposition nur dann vergrößern, wenn sich Ihr Gesamtkonto weit im Plus befindet.

Und noch etwas sollte dem Trader klar geworden sein: Durch die Akkumulation von Kapital auf der einen Aktie wurde zu viel Kapital auf einer Position vereinigt. Die Größe dieser Tradingposition im Verhältnis zum gesamten Konto gerät dadurch außer Balance.

Regel 5

Konzentrieren Sie nicht zu viel Kapital auf einer einzigen Position. Setzen Sie vor Tradingbeginn einen maximalen prozentualen Anteil, den eine Position im Verhältnis zu Ihrem Gesamtkonto einnehmen darf.

Es zeigt sich hier schnell, dass es zwar Sinn macht, Positionen nach der Anti-Martingale-Strategie zu erhöhen, dass aber die Vergrößerung nicht zu weit gehen darf. Für das Konto muss eine Risikogröße definiert werden, die nicht überschritten werden darf.

Das richtige Training

Es ist komplexes Wissen notwendig, um sowohl auf der positiven als auch auf der negativen Seite des Marktes gleichermaßen gut traden und die technische und fundamentale Analyse verstehen und anwenden zu können. Sich das Wissen anzueignen stellt ein nicht unerhebliches Problem dar. Die Technische Analyse kann genauso wie die fundamentale Analyse von Wertpapieren zum Erfolg führen, aber noch wichtiger ist das Wissen um das Risiko, dem man sich aussetzt. Wer dieses Risiko versteht und richtig damit umzugehen weiß, kommt am schnellsten zum Erfolg.

In der Regel beginnt dieser Prozess mit Büchern. Ein oder zwei grundlegende Bücher zum Thema Trading sollen dem Trader das Grundwissen vermitteln. In vielen Fällen werden auch mit Gleichgesinnten Gespräche geführt. Da jedoch die Versuchung sehr groß ist, so schnell wie möglich mit dem Eigenhandel zu beginnen, wird in der Entwicklung häufig zu früh ein Tradingkonto eröffnet und der aktive Handel begonnen.

Dass die Erfolgsaussichten bei dieser Vorgehensweise nicht sehr hoch sein können, wird schnell klar, wenn man bedenkt, dass das eigene Konto in diesem Fall gegen professionelle Trader antritt, die mitunter schon seit etlichen Jahren dabei sind. Sie haben dem Anfänger gegenüber häufig genug einen hohen Wissensvorsprung und sind in der Mehrzahl der Fälle auch mit einer besseren Technik und größeren Konten ausgestattet. Ihre Erfahrung erlaubt es ihnen, Positionen klüger einzugehen als der am Beginn seiner Tradingkarriere stehende Trader.

Trotz all dieser Widrigkeiten beginnen viele Trader ohne wirklich fundiertes Wissen mit ihrem Eigenhandel. Mit ein wenig gesundem Menschenverstand sollte einem schnell klar werden, dass der dauerhafte Erfolg auf diese Art und Weise jedoch kaum zu erreichen ist. In fast jedem anderen Beruf dauert die Lehrzeit mehrere Jahre – das Handeln mit Wertpapieren bildet hier keine Ausnahme.

Vergleichen wir diese Situation mit jemandem, der das Fliegen erlernen möchte. Unser angehender Pilot kauft sich ein Buch. Er liest es aufmerksam, macht sich Notizen, liest schwierige Passagen mehrmals und hat am Ende den Inhalt sehr gut verstanden. Die Theorie des Fliegens hat er begriffen.

Der nächste Schritt in seiner Entwicklung zum Piloten ist der Kauf eines Simulationsprogramms. Auch das Training mit diesem Programm verläuft erfolgreich. Er startet ein Flugzeug, fliegt es und führt seine ersten erfolgreichen Landungen durch. Und das macht er so lange, bis er die notwendigen technischen Vorgänge, ein Flugzeug sicher zu beherrschen, am Computer erfolgreich durchführen kann. Nach einer längeren Trainingsphase stellt die Computersimulation kein größeres Hindernis mehr dar und unser Pilot ist mit seinem Lernerfolg zufrieden.

Da er mit dem Programm auch nichts Neues mehr lernen kann und die grundlegenden Dinge des Fliegens von ihm beherrscht werden, entschließt er sich zum nächsten Schritt. Er chartert auf einem benachbarten Flugplatz ein Flugzeug, ohne dabei jedoch einen Lehrer mitzunehmen. Sein erster Flug in einem echten Flugzeug wird also ohne Lehrer auf dem Sitz neben ihm stattfinden.

An dieser Stelle können wir die Analogie verlassen. Denn hier wird jeder zustimmen, dass diese Vorgehensweise unrealistisch ist und kein angehender Pilot mit gesundem Menschenverstand sein Leben auf diese Art gefährden würde – mal ganz abgesehen davon, dass es auch rechtlich nicht möglich ist, ohne Lehrer seinen Erstflug zu absolvieren. Und das hat einen guten Grund.

Bei einer Tradingkarriere spielt es sich häufig ähnlich ab. Zunächst werden einige Bücher gelesen, dann werden einige Gespräche geführt und es wird der theoretische Hintergrund aufgebaut – jedoch nur in Grundzügen und äußerst selten intensiv genug, um am Ende wirklich erfolgreich traden zu können. Danach folgt die Simulationsphase. Der Trader übt auf dem Papier. Diese Paper-Tradingphase dauert so lange, bis es auf dem Papier erfolgreich funktioniert. Leider werden schon in dieser Simulationsphase häufig viele Fehler begangen, die zu Verlusten führen, die für den Trader aber aufgrund seiner mangelnden Erfahrung nicht als Fehler erkennbar sind.

Bei der Entwicklung eigener Strategien beispielsweise (jeder simulierte, geplante Handelsansatz ist eine Strategie) wird häufig versucht, diese Strategien zu optimieren, um einen möglichst hohen Gewinn zu erzielen. In der Realität ist diese Optimierung aber gar keine, da hier nur die Vergangenheit mit dem jeweiligen Handelsansatz verbunden wird. Für die Zukunft wird kein tragfähiges Gerüst entwickelt, weil der Trader das dazu notwendige Wissen noch nicht hat. Das Problem entsteht nun, wenn die optimierten Vergangenheitswerte einen simulierten Gewinn erzielen, denn jetzt vermutet der Trader, dass der gefundene Handelsansatz auch in der Zukunft angewendet werden kann und damit Gewinne erzielbar sind.

Nach der (theoretisch erfolgreichen) Paper-Tradingphase beginnt der Trader letztendlich auch mit dem realen Eigenhandel – und das häufig ohne Lehrer. Kein Tradingcoach steht ihm zur Seite; ein Lehrer würde ja Geld kosten und dieses Geld ist im Markt besser angelegt. Viele Trader sind zu Beginn ihrer Karriere nicht bereit, für eine hochwertige Ausbildung Kosten einzuplanen. Stattdessen beginnen sie lieber direkt mit dem Handel und verlieren enorme Summen an den Markt – Gelder, die sie nicht hätten verlieren müssen, wenn ein Tradingcoach sie konstruktiv begleitet hätte. Natürlich ist es nicht immer einfach, einen guten Lehrer zu finden, aber man sollte sich zumindest auf die Suche nach einem begeben. Was uns zur nächsten Regel bringt.

REGEL 6

Investieren Sie in jedem Fall in Ihre Ausbildung. Lernen Sie die Grundlagen des Risiko- und Moneymanagements und lassen Sie es nicht damit bewenden, zwei oder drei Tradingbücher gelesen zu haben. Das Kapital, das Sie in Ihre Ausbildung investieren, ist gerettetes Kapital und Sie bekommen es in der Zukunft durch Ihren Eigenhandel wieder.
Kapital, das Sie verlieren, weil Sie zu früh mit dem Eigenhandel begonnen und keinen Lehrer hinzugezogen haben, bekom-

men Sie in der Regel nicht oder nur sehr schwer zurück. Legen Sie bei Ihrem Studium das Hauptaugenmerk auf Risiko- und Moneymanagement.

Wenn Sie die hier aufgeführten Regeln für Ihre individuelle Situation beherzigen und während des Handels diszipliniert einhalten, werden mögliche Verlustrisiken stark verringert. Durch die Begrenzungen erlauben Sie sich selbst, den einzelnen Trades mehr Aufmerksamkeit widmen zu können und sich nicht um immer wiederkehrende Aufgaben kümmern zu müssen. Das tägliche Trading wird damit erheblich vereinfacht und Sie bauen einige wichtige, aber einfache Sicherheitsnetze ein. Sie minimieren auf diese Art Ihre Verluste und verlängern somit den Zeitraum, den Sie während einer Lernphase mit dem gleichen Kapital traden können.

Die Entwicklung eines brauchbaren Plans bedarf einer sorgfältigen und gut ausgeführten Recherchearbeit. Nehmen Sie sich am Anfang genügend Zeit, um einen guten Plan zu erstellen. Die wenigsten Trader haben zu Beginn ihrer Tradingkarriere überhaupt einen Plan. Oft werden lediglich Konten eröffnet, die dann per Überweisung schnell mit Kapital gefüllt werden, damit der Handel beginnen kann. Dass das Trading mit einem erhöhten Risiko verbunden ist und dieses Risiko einer sorgfältigen Planung bedarf, ist vielen Tradern am Anfang nicht bewusst. Das Risiko wird bei diesen Tradern nie definiert und stellt somit keine negative Größe in ihrem Tradingszenario dar.

Ein komplett entwickelter Plan umfasst viele Einzelelemente, die alle zur Entwicklung etwas Zeit benötigen. Es ist auch nicht mit der reinen Entwicklung des Plans getan, denn die spätere aktive Ausführung dieses Plans bedarf einer gefestigten Disziplin des jeweiligen Traders – und an dieser Disziplin scheitert es häufig. Einen geeigneten Weg zu finden, diese Disziplin von vornherein in den Plan einzubauen, ist sehr schwierig. Sie sollten es dennoch versuchen. Dazu müssen Sie an bestimmten Stellen eindeutige Limits setzen und innerhalb des Plans Grenzen schaffen. Um diese Grenzen später einzuhalten, werden im Verlauf der Entwicklung Checklisten geschaffen, die während des aktiven Handels abgearbeitet werden und das Einhalten der gesetzten Grenzen erlauben. Der Plan muss weiterhin eine Lösung vorsehen, eine vorher definierte Lernphase zu überstehen. Diese Lernphase ist von Trader zu Trader unterschiedlich lang und kann bis zu eineinhalb Jahre dauern. In dieser Zeit wird der Trader im Schnitt wenig bis gar kein Kapital erwirtschaften. Vielmehr ist es wichtig, diesen Zeitraum zu nutzen, um Wissen und Erfahrung erheblich zu vermehren.

Den richtigen Plan zu entwickeln ist ein schwieriges Unterfangen, an das man sich nicht unbedingt allein heranwagen sollte. Ziehen Sie auf jeden Fall jemanden hinzu, der sich mit der Materie schon einmal beschäftigt hat.

Der richtige Lehrer

Zur Ausbildung gehört neben den richtigen Lehrmethoden auch der richtige Lehrer. Traden sieht auf den ersten Blick sehr einfach aus, schließlich müssen Sie nur das richtige Wertpapier auswählen, dabei auf der richtigen Seite liegen und diese Situation möglichst oft wiederholen. Doch die Realität sieht leider ganz anders aus.

Der Handel an den Börsen dieser Welt unterliegt rigorosen kapitalistischen Regeln und Sie werden es auf der anderen Seite Ihres Handels oftmals mit professionellen Tradern zu tun haben. Wer in dieser Situation glaubt, langfristig erfolgreich antreten zu können, ohne sich in vernünftiger Weise um seine eigene Ausbildung gekümmert zu haben, der wird diesen Versuch in der Regel mit hohen Verlusten bezahlen müssen.

Doch leider beginnen viele Trader tatsächlich ohne Ausbildung und verlieren auf diese Weise schon von Beginn an. Das ist allerdings auch verständlich, sieht man sich den Ausbildungsmarkt in diesem Bereich an. Eine strukturierte Ausbildung gibt es nicht, flächendeckende Schulen schon gar nicht und auch die rechtliche Situation erfordert keine Ausbildung. Jeder kann also mit dem Handel ohne große Hürden beginnen. Die fehlende Ausbildung schlägt sich schnell in Verlusten nieder. Um diese zu vermeiden oder zumindest zu verringern, ist es sinnvoll, sich einen geeigneten Lehrer zu suchen.

Die Frage ist nur, wer geeignet ist. Dazu muss die Situation des Traders mit der Ausbildungsmöglichkeit am Markt verglichen werden. Ein Trader, der noch ganz am Anfang steht, braucht sicherlich eine intensivere und längerfristige Ausbildung als ein Trader, der lediglich ein bestehendes und für ihn gut funktionierendes System weiterentwickeln möchte.

Betrachten wir zunächst den Anfänger und die Möglichkeiten am Markt. Fürs Erste benötigt jemand am Beginn seiner Karriere einen soliden Überblick über die Möglichkeiten, die der Wertpapierhandel bereitstellt. Die Weiterbildungsmöglichkeiten hierfür sind:

- ▸ Tradingliteratur
- ▸ Internetforen, persönliche Tradingtreffs

▸   mehrtägige Seminare in größeren Gruppen
▸   Individualtrainings

Tradingliteratur

Betrachten wir die Tradingliteratur: Es gibt Bücher über den Handel, die man durchaus lesen sollte, und es gibt Bücher, die nicht unbedingt dazugehören.

Wer mit dem Handel beginnt, sollte sich auf Literatur konzentrieren, die sich mit drei großen Gruppen beschäftigt:

1. Risikomanagement
2. Moneymanagement
3. Gewinnmanagement

Das Risikomanagement stellt die größte und wichtigste Gruppe dar. Da so gut wie jeder Trade verlieren kann und auch wird, können Sie das Risiko, einen Teil Ihrer Anlagesumme zu verlieren, nie ganz ausschließen. Dieses Risiko, das Sie eingehen, muss unbedingt minimiert werden. Je mehr Sie darüber lesen und je besser Sie diese Risikominimierung in Ihren eigenen Tradingplan integrieren, desto früher werden Sie erfolgreich handeln.

Bücher, Artikel und Magazine, die sich mit diesem Thema beschäftigen, sollten also Ihre erste Wahl sein. Ich werde es in diesem Buch sicherlich noch ein paar Mal betonen: Wenn Sie Ihr Risiko minimieren und die Verluste so klein wie möglich halten, werden sich die Gewinne von selbst ergeben.

Sehr empfehlenswert zu diesem Thema sind die drei Bücher aus der Market-Wizard-Reihe von Jack D. Schwager. Er interviewte für diese Bücher eine ganze Reihe von Tradern und befragte sie zu ihrem Stil, ihren Systemen und ihrer Performance. Interessant an dieser Befragung ist die Erkenntnis, dass all diese Trader völlig unterschiedliche Ziele verfolgen, unterschiedliche Wertpapiere und Systeme traden und dennoch ausnahmslos profitabel handeln. Dies ist die zentrale Aussage der Buchreihe: Die Trader haben für sich selbst ein Risikomanagement entwickelt, das es ihnen erlaubt, profitabel zu sein. Es sind unterschiedliche Risikomanagement-Methoden, aber alle halten die Verluste klein. Beim Studium dieser Bücher wird Ihnen schnell klar werden, worauf es wirklich ankommt.

Die nächste große Gruppe ist die des Moneymanagements. Dieses Thema behandelt die Skalierung von Trades und beschäftigt sich mit den Positionsgrößen, mit denen Sie arbeiten können. Es macht allerdings erst Sinn, sich damit zu beschäftigen, wenn man das Risiko schon gut im Griff hat.

Die letzte Gruppe beschäftigt sich mit dem Gewinnmanagement. Wie der Name schon sagt, ist das erst sinnvoll, wenn Sie schon Gewinne erzielen. Solange das noch nicht der Fall ist, lohnt sich eine Beschäftigung mit dieser Thematik nicht.

Internetforen

Internetforen sind mit Vorsicht zu genießen, denn hier tummeln sich nicht immer die erfolgreichen Trader. Warum sollten sie auch? Sie haben sinnvollere Aufgaben, wenn sie handeln und damit ihren Lebensunterhalt verdienen.

Foren werden häufig von Menschen besucht, die Hilfe möchten und sich fragend an die Allgemeinheit wenden. Natürlich finden sich auch immer nette Menschen, die diese Fragen mehr oder weniger kompetent beantworten, aber darüber hinaus wird es schwierig.

Wenn Sie eine einfache Frage zum Thema haben oder ein technisches Problem lösen müssen, dann ist es sicherlich ein angebrachter Schritt, sich in ein Forum zu begeben; nicht aber, wenn Sie komplexe Probleme im Bereich des Risikomanagements lösen müssen oder gerade dabei sind, einen Tradingplan oder ein handelbares System zu entwickeln.

In Foren erfahren wir also nicht so viel zu unserem Thema.

Seminare

Mit dem Thema Seminare sind wir auch bei den Lehrern angelangt. Seminare sind ein gutes Mittel, sich selbst erheblich weiterzubringen, aber sie müssen sinnvoll durchgeführt werden.

Reine PowerPoint-Schlachten ohne Bezug zu einem Livemarkt sind selten hilfreich.

Achten Sie darauf, dass das jeweilige Seminar immer auch einen Bezug zu dem behandelten Markt hat und dass die wichtigen Schlüsselszenen live im Markt stattfinden. Seminare sollen sich außerdem auch immer mit den oben aufgeführten drei Gruppen beschäftigen.

Wenn Sie in einem Seminar nichts über Risikomanagement lernen, sondern Ihnen lediglich ein technisches Analysesystem vorgestellt wird, dann suchen Sie sich lieber ein anderes Seminar.

Lehrer, mit denen Sie in Ihrer eigenen Ausbildung zu tun haben, sollten Ihnen immer Wissen über Risiko-, Money- und Gewinnmanagement vermitteln. Tun sie es nicht, ist der Wert des Seminars für Sie eher fraglich.

Risikomanagement bedeutet übrigens nicht, dass Ihnen jemand sagt, Sie dürfen nie mehr als nur 1 % Ihres gesamten Kapitals verlieren. Das hilft Ihnen nicht weiter; der Seminarleiter muss schon tiefer in die Materie eindringen.

Individualtraining

Individualtraining ist für die meisten Trader die beste Form der Ausbildung, aber es ist auch die teuerste Form, da der Lehrer sich eine Menge Zeit nimmt, sich mit Ihnen zu beschäftigen.

Viele Menschen sehen die Ausbildungskosten als echte Kosten an, von denen sie nichts mehr haben. Nichts könnte der Wahrheit ferner sein. Das Geld, das Sie in Ihre Ausbildung investieren, bringt Ihnen viel Wissen und es trägt dadurch dazu bei, dass Sie es später mehrfach wiederbekommen. Natürlich kann kein Lehrer garantieren, dass Sie später erfolgreich handeln, aber ohne geeignete Ausbildung wird es umso schwerer.

Psychologie

Eine der schwierigsten Hürden für einen Trader ist die mentale Seite des Handels. Leider werden die psychologischen Voraussetzungen oftmals übersehen und finden weder in der Vorbereitung noch im späteren Handel Beachtung. Dabei kann dem Trader in den seltensten Fällen Absicht unterstellt werden. Oftmals gerät die psychologische Seite des Tradings aus Unwissenheit ins Abseits. Bei der Vorbereitung einer Tradingkarriere sind andere Dinge wie Technische Analyse und Handelsstrategien oft interessanter und finden beim Trader eine höhere Priorität – oder dem Trader ist die Bedeutung der Psychologie einfach nicht bewusst.

Bei der Erstellung und Pflege eines Tradingplans ist es unabdingbar, sich auch Gedanken über die eigene mentale Stärke und die psychologischen Fallen des realen Handels zu machen. Da aber gerade diese wichtigen Zusammenhänge von Mensch zu Mensch unterschiedlich sind und viele Faktoren die Belastbarkeit des jeweiligen Traders beeinflussen, ist es fast unmöglich, pauschal gültige Regeln für den Plan aufzustellen.

Der Plan selbst ist ein Hilfsmittel, die eigene Psychologie in den Griff zu bekommen. Natürlich können einzelne Passagen des Plans so gestaltet werden, dass sie dem Trader helfen und seine Abhängigkeit von »Entscheidungen aus dem Bauch heraus« erheblich verringern, aber es muss an dieser Stelle betont werden, dass das immer eine individuelle Lösung sein wird.

Alle Entscheidungen, die durch mechanische Vorgehensweisen während des Handels getroffen werden können, dienen der Eingrenzung der mentalen Abhängigkeit des Traders, haben aber ihre Grenzen. Ein rein mechanisches Handelssystem, in dem alle Entscheidungen durch vorher festgelegte Regeln bestimmt werden, kann keine menschlichen Entscheidungen mehr treffen. In den meisten Fällen ist das gewollt, um den Trader vor sich selbst zu schützen, aber spätestens bei Entscheidungen, die durch Menschen getroffen werden und den Markt direkt beeinflussen, versagen solche Systeme regelmäßig. Ein mechanisches Handelssystem kann nun einmal nicht auf die Entscheidung des amerikanischen Notenbankchefs, die Zinsen kurzfristig anzuheben, reagieren. In einem solchen Fall wird der Aktienhandel kurzfristig durch die Angst der Marktteilnehmer kontrolliert und somit durch deren psychologische Einstellung gesteuert. Ein solcher Gefühlsausbruch lässt sich aber für ein mechanisches System kaum als Regelwerk definieren. Somit sind rein mechanisch geprägte Handelsansätze zeitlich begrenzt nur über mehrere Tage bis hin zu einigen Wochen nutzbar.

KAPITEL 2:
VORÜBERLEGUNGEN

ELEMENTE EINES TRADINGPLANS

Ein gut durchdachter Tradingplan definiert eine größere Anzahl wichtiger Einzelelemente. Das Zusammenspiel dieser Bausteine muss aufgrund der Vielzahl der Punkte gut funktionieren und bedarf daher einer sorgfältigen Vorbereitung. Da der Tradingerfolg maßgeblich von der disziplinierten Einhaltung der Bereiche Risiko- und Moneymanagement abhängt, müssen die hierfür aufgestellten Regeln besonders sorgfältig bearbeitet werden. Weiterhin müssen schon bei der Erstellung des Plans die Prioritäten klar verteilt werden. Nicht alle Punkte sind als gleichwertig einzustufen. Für die Ausarbeitung der wichtigeren Elemente des Tradingplans benötigen Sie mehr Zeit und sollten sich diese auch nehmen.

Das bedeutet nun nicht, dass die anderen Punkte in der Entwicklung vernachlässigt werden können, aber einige Aspekte des Plans werden für Sie neu sein, und um diese optimal entwickeln zu können, müssen Sie sich mit den theoretischen Grundlagen beschäftigen. Das nimmt naturgemäß mehr Zeit in Anspruch. Die Erfahrung hat gezeigt, dass insbesondere im Bereich des Risiko- und Moneymanagements mit erhöhter Entwicklungszeit gerechnet werden muss. Gerade diese beiden Elemente enthalten zahlreiche Unterpunkte, die je nach Zielsetzung des Plans detailliert ausgearbeitet werden sollten. Da jeder Plan immer auch individuell auf die Bedürfnisse des jeweiligen Traders abgestimmt sein muss, ist der Zeitbedarf für die Erstellung dieses Teilbereichs sehr unterschiedlich.

Leider ist ein Tradingplan eine sehr theoretische Angelegenheit, auf die in der Mehrzahl aller Fälle wenig Zeit angewendet wird. Wenn überhaupt, dann werden häufig nur einige wenige Zeilen niedergeschrieben, nur um so schnell wie möglich ein Ergebnis zu erzielen, damit der jeweilige Trader mit dem aktiven Handel beginnen kann. Überdies deckt sich die Reihenfolge der Entwicklung eines Tradingplans nicht mit der letztendlichen Prioritätenverteilung bei der nachfolgenden aktiven Ausführung. Hier gibt es klare Unterschiede, die bei der späteren Implementierung des Plans in den aktiven Handel entsprechend umgesetzt werden müssen. Die Entwicklung stellt eine zeitliche Reihenfolge dar, während die aktive Nutzung eines Plans eine nach Risikogesichtspunkten gestaffelte Verteilung wiedergibt. Das heißt, Sie beginnen bei der Entwicklung mit dem für das Trading zur Verfügung stehenden Kapital und enden beispielsweise bei der Aufstellung der Risiko- und Moneymanagement-Regeln.

Beim späteren realen Handel ist es umgekehrt: Das Risiko- und Moneymanagement stellt die tatsächliche Messgröße dar, die die höchste Priorität besitzt und an der alle anderen Einzelheiten des Trades gemessen werden müssen. Mit anderen Worten: Bei der Entwicklung des Tradingplans wird der Trader den Wunsch verspüren, so schnell wie möglich mit dem realen Handel beginnen zu können. Je länger er nun an der Ausarbeitung seines Tradingplans sitzt, desto größer wird dieser Wunsch. Da Positionsgrößenmodelle und Moneymanagement-Strategien aber erst am Ende der Planentwicklung stehen, bekommen diese Einzelelemente möglicherweise nicht mehr die ihnen eigentlich zustehende Aufmerksamkeit, sondern werden schnell und einfach aufgelistet.

Da in vielen Fällen auch die theoretischen Grundlagen fehlen, einen brauchbaren Plan zu erstellen, ist der gewählte Zeitansatz oftmals völlig unzureichend, oder es wird gar nicht erst die Entwicklung eines Plans in Erwägung gezogen. Letzteres trifft erfahrungsgemäß auf die Mehrzahl der privaten, von zu Hause aus operierenden Trader zu. Die späteren Ergebnisse aus dem aktiven Handel dieser Trader sind folglich oft eher unzureichend. Bei der im weiteren Verlauf des Buches ausführlichen Besprechung der einzelnen Elemente werden die Prioritäten mitangegeben. Die Verteilung beruht auf meiner Erfahrung und Sicht als Trader und stellt einen Anhaltspunkt für Ihre Eigenentwicklung dar. Der erste Schritt zu einem erfolgreichen Tradingplan ist der Entschluss, einen solchen überhaupt zu entwickeln. Diesen Schritt haben Sie schon getan. Für die weitere Entwicklung müssen folgende übergeordnete Rubriken betrachtet werden:

1. Grundvoraussetzungen
2. Zielsetzungen
3. Zeitraum
4. Ablaufplan und Checklisten
5. Stufen der Implementierung
6. »Was wäre, wenn …«-Szenarios
7. Ergebnisanalyse
8. Nachbereitung

Grundvoraussetzungen

Für den erfolgreichen Handel müssen im Vorfeld die richtigen Voraussetzungen geschaffen werden; nur dann kann mit kontinuierlichen Gewinnen gerechnet werden. Es macht keinen Sinn, sich kurz ein Szenario auszudenken, um dann gleich mit dem aktiven Handel zu beginnen. Der Grundstein muss sorgfältig gelegt werden und er muss zu Ihnen passen. Die meisten Trader verlieren später im realen Handel, weil sie mit den Positionsgrößen meist ihre eigenen emotionalen Grenzen überschreiten. Sie machen eine Position größer als es ihr Konto erlaubt und bleiben bei einem Rücksetzer in dieser Position engagiert. Geht dieser Rücksetzer nun weiter und verliert die Position, merken sie schnell, dass sie viel mehr Geld verloren haben, als sie es sich leisten können.

Hier gibt der Trader emotional auf; von nun an wird der Trade gehalten und das Prinzip »Hoffnung« setzt ein. Wenn das mit einer Position passiert, liegt es noch im vertretbaren Rahmen, aber wenn diese Situation häufig eintritt, ist ein sinnvoller Handel nicht mehr möglich.

Der Trader sollte also von Anfang an die richtigen Zielsetzungen haben, die auch zu ihm passen. Mit einer Kontogröße von nur 5.000 handelt man nicht den DAX-Future; das Konto würde nicht lange genug halten. Mit einem solchen Konto ist man Investor im Markt und nutzt die Zeit für sich.

Zielsetzungen

Es ist außerdem wichtig, die richtige Zielsetzung zu haben. Das erste Ziel der meisten Trader ist die maximale Vermehrung des Kapitals. So viel wie möglich in so kurzer Zeit wie möglich. Doch natürlich kann das kein realistisches Ziel sein. Spekulation und Investition haben sehr viel mit der eigenen Psychologie zu tun. Der Trader tut also gut daran, realistische Ziele zu setzen, die auch in seinem normalen Umfeld vorkommen.

Wenn das eigene Gehalt 2.500 monatlich beträgt und diese Summe im Wertpapierhandel plötzlich in zwei Stunden verdient wird, dann stimmen die Voraussetzungen nicht mehr mit der Realität überein. Hier gerät jeder Trader schnell in eine unbewusste Habgiersituation. Und die wiederum gilt es unbedingt zu vermeiden. Die ersten Tradingziele sollten demnach so eng wie möglich mit den Summen übereinstimmen, die der Trader mit seinem bisherigen Beruf erzielt hat.

Zeitraum

Am Anfang benötigen Sie mehr Zeit als später, wenn Sie Erfahrungen mit dem Handeln gesammelt haben. Zu Beginn gilt es viel zu lernen, viel zu lesen, den eigenen Plan immer wieder zu verbessern und den Markt zu beobachten. Das alles kann natürlich nur geschehen, wenn Sie auch genügend Zeit dafür einplanen.

Auch die Ziele müssen zum Zeitrahmen passen. Der Zeitansatz sollte so bemessen sein, dass ein Lernerfolg auch sichtbar wird.

Ablaufplan und Checklisten

Gerade am Anfang sollten Sie möglichst geplant vorgehen und die Dinge immer wieder gleich gestalten. Es macht wenig Sinn, jeden Tag etwas anderes am Markt auszuprobieren.

Dafür lohnt es sich, eine Checkliste anzulegen, die die folgenden Punkte auf jeden Fall umfasst. In diesem Fallbeispiel nutze ich eine Checkliste für den Aktienhandel in den USA. Für andere Märkte muss diese Checkliste entsprechend abgewandelt werden:

VORBEREITUNGSPHASE:

- ▸ Habe ich mich auf den Markt gut vorbereitet?
- ▸ Habe ich meine Watchlists analysiert?
- ▸ Gibt es wichtige Daten für meine Watchlistwerte (Earnings)?
- ▸ Habe ich bei Watchlistwerten Entry Points gefunden?
- ▸ Habe ich Overnight Scans durchgeführt (nur Aktien)?
- ▸ Habe ich Zeit zum Traden?
- ▸ Sind meine Systeme in Ordnung?
- ▸ Wie hoch ist die Geschwindigkeit der Internetanbindung?
- ▸ Stimmen meine Systemzeiten (Atomzeitabgleich)?
- ▸ Wie hoch ist die Geschwindigkeit meiner Dummy-Order?
- ▸ Habe ich Störungen von außen abgestellt?
- ▸ Gibt es wichtige Events für den Tag (Fed Announcement)?
- ▸ Habe ich ein Tagesgewinnziel gesetzt?
- ▸ Habe ich ein Tagesverlustziel gesetzt?
- ▸ Habe ich meine Risk/Reward-Ratio berechnet (z. B. 1/3)?

ERSTE HANDELSPHASE

- ▸ Habe ich die Richtung der Märkte in der ersten halben Stunde überprüft?
- ▸ Gibt es Aktien oder Futures, die gegen die Richtung der Märkte tendieren?
- ▸ Habe ich mir $TRIN/$TICK und $TRINQ angesehen?
- ▸ Habe ich den Spooz angesehen (S&P 500 Future Contract)?
- ▸ Kann ich meine Watchlistwerte handeln?
- ▸ Habe ich mir Volumen und Prozentgewinner angesehen?
- ▸ Habe ich Positionen eröffnet?
- ▸ Habe ich für alle offenen Positionen einen Stop-Loss?
- ▸ Habe ich für alle offenen Positionen Gewinnziele gesetzt?
- ▸ Stimmt die Korrelation meiner Positionen?
- ▸ Habe ich mehr als fünf offene Positionen?
- ▸ Kann ich Positionen mit Gewinn schließen?
- ▸ Habe ich bei einer dieser Positionen ein ungutes Gefühl?
- ▸ Vermeide ich Overtrading?
- ▸ Halte ich mich an meine Ziele?
- ▸ Halte ich mich an meine Disziplin?
- ▸ Habe ich ein Gefühl für die allgemeine Marktstimmung?

MITTAGSHANDELSPHASE

- ▸ Überwache ich noch immer alle offenen Positionen?
- ▸ Bin ich noch immer konzentriert?
- ▸ Gibt es neue Volume- und/oder Prozentgewinner?
- ▸ Habe ich die Anzahl der Best Bids überprüft?
- ▸ Habe ich Tagesgewinnziele erreicht?
- ▸ Habe ich Tagesverlustlimits erreicht?
- ▸ Habe ich »langsame« Werte an der NYSE überprüft?
- ▸ Führe ich mein Tradingjournal?
- ▸ Habe ich meinen Depotstand aktualisiert?
- ▸ Habe ich meine Midday Scans laufen lassen (nur Aktien)?

DIE LETZTEN BEIDEN STUNDEN

- ▸ Habe ich noch offene Positionen?
- ▸ Habe ich $TRIN/$TICK und $TRINQ überprüft?

- ▶ Habe ich die Indexstände überprüft?
- ▶ Habe ich die Korrelation der Indexstände überprüft?
- ▶ Sind meine Systeme noch stabil?
- ▶ Stimmen meine Systemzeiten noch?
- ▶ Habe ich Tagesgewinnziele erreicht?
- ▶ Habe ich Tagesverlustlimits erreicht?
- ▶ Habe ich die Marktstimmung überprüft?
- ▶ Habe ich meine Watchlists analysiert?
- ▶ Habe ich interessante Aktien gefunden?
- ▶ Habe ich noch alle offenen Positionen unter Kontrolle?
- ▶ Laufen die offenen Positionen in Marktrichtung?
- ▶ Gibt es Kandidaten für Overnight Trades?
- ▶ Ist die Volatilität im Markt hoch oder niedrig?
- ▶ Habe ich meine Risk/Reward-Ratio angepasst?

NACHBEREITUNG

- ▶ Habe ich alle Positionen geschlossen?
- ▶ Habe ich Tagesgewinnziele erreicht?
- ▶ Habe ich Tagesverlustlimits erreicht?
- ▶ Habe ich mein Tradingjournal ausgefüllt?
- ▶ Habe ich mein Portfolio berechnet?
- ▶ Habe ich meine Overnight Scans gestartet?
- ▶ Habe ich die Tagesnachrichten analysiert?

Tradingjournal

Eines der wichtigsten Hilfsmittel in der Nachbereitung des Tradingtages ist ein Trading-journal. Den höchstmöglichen Nutzen ziehen Sie aus einem solchen Journal, wenn Sie es auf die althergebrachte Art von Hand schreiben. Das hat den unschätzbaren Vorteil, dass Sie sich sehr genau überlegen, was Sie aufschreiben.

Es gibt einige Softwarehilfen in diesem Bereich; ich bin aber der Meinung, dass die erfolgreiche Anwendung eines Tradingjournals von Hand eher gelingt. Die Software nimmt einem zu viel Arbeit ab.

Wenn Sie ein Tradingjournal beginnen, achten Sie darauf, dass die folgenden Punkte in jedem Fall aufgenommen werden:

1. Datum und Uhrzeit
2. Das gehandelte Wertpapier
3. Die Positionsgröße
4. Die gehandelte Richtung: Long oder Short
5. Die Strategie
6. Der Gewinn oder Verlust
7. Der Kontostand
8. Bemerkungen

Datum und Uhrzeit

Es ist fast selbsterklärend, aber Sie benötigen das Datum und die Uhrzeit, um auch später noch nachvollziehen zu können, was sich eventuell verändert hat. Vergessen Sie nicht die Uhrzeit, denn ganz oft stellt man sich Wochen später die Frage, warum ein Wertpapier direkt nach dem eigenen Kauf der Position die andere Richtung eingeschlagen hat, nur um festzustellen, dass man das nicht mehr nachvollziehen kann, weil sich innerhalb des fraglichen Tages einiges geändert hat, man selbst die Uhrzeit aber nicht notiert hat und somit nicht mehr weiß, ob man früher oder später, vor oder nach den Nachrichten in die Position eingestiegen ist.

Das gehandelte Wertpapier

Es ist ebenfalls selbsterklärend, dass Sie notieren, um welches Wertpapier es sich handelt. In dieser Rubrik können Sie auch noch den Sektor, die Branche oder sonstige das Wertpapier charakterisierende Merkmale notieren.

Die Positionsgröße

Die Positionsgröße ist sehr wichtig, denn mit ihr können Sie später das richtige Verhältnis zwischen Gewinn oder Verlust und Ihrer Position nachvollziehen. Insbesondere wenn die Positionsgröße zu groß gewählt wurde, lässt sich das am besten mit ein wenig zeitlichem Abstand zu diesem Trade beurteilen. Im Moment der Positionsöffnung sind Sie als Trader eher geneigt, anzunehmen, dass die Größe richtig gewählt wurde. Ein bis zwei Wochen später in der Nachbetrachtung kann das schon wieder ganz anders aussehen.

Die gehandelte Richtung: Long oder Short

Es ist auch wichtig, sich die Richtung der Position zu notieren, um später bei der Nachbetrachtung die eigenen Ideen besser beurteilen zu können.

Bei einer späteren Beurteilung sehen Sie Fehler sofort, wenn Sie feststellen, dass der gesamte Markt am betreffenden Tag stark gestiegen ist, Sie aber aus unerfindlichen Gründen Short eingestiegen sind und einen Verlust erlitten haben.

Die Strategie

Notieren Sie sich den Grund des Wertpapierkaufs. War es ein durch die Technische Analyse geprägter Kauf oder haben Sie die Position wegen einer interessanten Nachricht eröffnet? Oder folgen Sie einem eigenen Handelssystem, das Sie selbst entwickelt haben?

Diese Fragen sind wichtig bei der Nachbetrachtung und der Analyse, ob Sie bei diesem Trade alles richtig gemacht haben. Es lässt sich so auch sehr gut feststellen, in welchen Marktszenarien welche Strategien gut arbeiten.

Wenn sich z. B. Märkte in Seitwärtsphasen befinden, Sie aber eine Strategie verfolgen, die trendfolgend ist, dann werden Sie bei der späteren Nachbetrachtung sehr leicht herausfinden, dass diese Strategie nicht hätte funktionieren können.

Gewinn oder Verlust

Sich den tatsächlichen Gewinn oder Verlust zu notieren ist selbsterklärend, es hilft vor allen Dingen auch bei der eigenen Analyse: Eine Reihe von Verlusten nacheinander aufgeschrieben zu sehen ist eine wichtige Hilfestellung in der Beurteilung der eigenen Strategie. Läuft die Strategie in der richtigen Marktphase? Trifft man selbst als Trader eine gute Entscheidung? Diese und andere Fragen helfen bei der Analyse.

Hier können Sie für sich selbst auch sinnvolle Statistiken anfertigen, die einem sonst verborgen bleiben. Beispielsweise könnten Sie die Ergebnisse über Nacht saldieren oder sich ansehen wie Sie von Freitag bis Montag, also über das Wochenende abschneiden.

Noch wichtiger ist aber die Höhe des einzelnen Gewinns oder Verlusts. Übersteigen beispielsweise einzelne Verluste die 3–5 % des zur Verfügung stehenden Kapitals, dann müssen Sie sich fragen, ob Ihre Strategie die richtige ist.

Kontostand

Der Kontostand ist ein Parameter, der sich aus den einzelnen Gewinnen ergibt. Nicht immer geht aus den Broker-Statements der aktuelle und korrekte Kontostand unmittelbar hervor. Hier spielen Zinsen, nicht aktualisierte Kontostände und Kreditmöglichkeiten eine Rolle. Das Saldieren der einzelnen Trades bringt Ihnen Klarheit darüber, ob Ihr Kontostand steigt oder fällt.

Bemerkungen

Die Bemerkungen sind der wichtigste Teil des Tradingjournals. Hier notieren Sie alles, was Ihnen vor dem Trade, währenddessen und danach aufgefallen ist.

Haben Sie sich bei dem Trade gut gefühlt oder sind Sie den Trade nur eingegangen, weil er gut aussah, obwohl Sie Ihre Zweifel hatten? Was waren die Begleitumstände des Trades? Hat es beispielsweise Nachrichten in einem anderen Sektor oder sogar makroökonomischer Natur gegeben, die Sie veranlasst haben, gerade diesen Trade zu machen?

Wie hat sich der Markt verhalten? War er in der gleichen Richtung unterwegs wie die Aktien, die Sie gekauft haben, oder hat sich der Markt in die andere Richtung bewegt?

Notieren Sie auch, wenn Sie feststellen, dass Sie eine ungewollte Korrelation in Ihren Trades erzeugt haben. Dies wäre beispielsweise der Fall, wenn Sie Intel als Chiphersteller kaufen und in Ihrem Portfolio auch noch AMD halten.

In der Rubrik Bemerkungen sollten Sie wirklich alles vermerken, was Ihnen seltsam vorgekommen ist, was Ihnen nicht gefällt oder auch, was Ihnen wirklich gut gefällt. Diese Rubrik bietet nachher das größte Potenzial für eine Verbesserung bezogen auf Ihren Handelsstil.

Sie sollten das Tradingjournal insgesamt sehr wichtig nehmen, denn es ist ein wirklich gutes Hilfsmittel, Ihr Trading zu verbessern.

Von vielen Tradern wird das Tradingjournal am Anfang motiviert geführt – nach einer Weile lässt diese Motivation aber nach, doch gerade dann wäre es wichtig, es sorgsam weiterzuführen.

Stufen der Implementierung

Für einen Tradingplan gilt immer auch, dass dieser nach und nach umgesetzt werden muss. Kein Trader kann vom ersten Tag an den gesamten Plan perfekt einhalten. Die Punkte sollten also der Reihe nach angegangen werden. Es ist dabei wichtig, den Plan so gut wie möglich umzusetzen; es macht also keinen Sinn, den Plan so schnell wie möglich abzuarbeiten, nur um alle Punkte abhaken zu können.

Als Trader sollten Sie die einzelnen Punkte des Plans gut verinnerlichen. Nehmen Sie sich einige Wochen Zeit, um z. B. die Vorbereitungsphase zu lernen, die richtigen Webseiten zu finden, sich selbst mit dem Zeitansatz vertraut zu machen, den Sie für die Vorbereitung benötigen usw.

Gehen Sie erst zum nächsten Punkt über, wenn Sie den vorherigen gut beherrschen.

»Was wäre, wenn ...«-Szenarios

Es ist ebenso wichtig, bereits während der Entwicklung eines Tradingplans Regelwerke für verschiedene Szenarien zu erstellen.

Überlegen Sie sich genau, welche Märkte Sie handeln wollen und welche unterschiedlichen Regeln Sie dafür benötigen. Beispielsweise haben Sie andere zeitliche Ansätze, wenn Sie Futures-Märkte anstatt Aktienmärkte handeln.

Regeln Sie genau, wie Sie vorgehen wollen, wenn Sie ein bestimmtes Gewinnziel erreicht haben.

Angenommen, Sie wollen im Jahr 20 % erwirtschaften und nach einem halben Jahr haben Sie dieses Ziel schon erreicht, doch Ihr Gewinn steigt noch weiter. In diesem Fall könnten Sie beginnen, mit dem aufgelaufenen Gewinn das Risiko leicht zu erhöhen, indem Sie eine sehr spekulative Aktie handeln. Doch beschränken Sie sich in diesem Fall darauf, nur eine spekulative Aktie hinzuzunehmen und nicht mehrere Werte.

Sie müssen auch Regeln für den Verlustfall aufstellen. Was machen Sie, wenn Sie gleich am Anfang hohe Verluste erleiden müssen? Wie ändern Sie Ihren Tradingstil? Natürlich muss die Volatilität verringert werden, aber es ist wichtig, dass Sie diese Dinge schon vor dem Beginn Ihres Handels im Plan festhalten. Planen Sie ebenso Ihr Vorgehen, falls einmal die Technik ausfällt, die Börsen schließen oder etwas anderes Unvorhergesehenes eintritt.

Ergebnisanalyse

Überprüfen Sie zu vorher festgelegten Zeiten Ihr Ergebnis. Beispielsweise könnten Sie einmal am Ende des jeweiligen Monats Ihren Kontostand überprüfen. Es macht wenig Sinn, jeden Tag Ihr Konto mit Ihrem Handel zu vergleichen, denn Sie werden manchmal Aktien besitzen, die erst später einen Gewinn zeigen.

Legen Sie auch fest, welche Rechnungen Sie nutzen, um Ihr Konto zu überprüfen. Wann ist ein Gewinn ein guter Gewinn und wann ist er zu klein, um weiterhin im Konto zu verbleiben? Hat eine Aktie beispielsweise eine tägliche Volatilität von 4$ und Sie halten 100 Stück über sechs Wochen und verdienen damit nur 300$, dann haben Sie zwar einen Gewinn erzielt, aber es ist fraglich, ob dieser Gewinn sinnvoll war, denn er ist kleiner als die Tagesbewegung der Aktie. Hier binden Sie möglicherweise zu viel Kapital, das Sie an anderer Stelle besser einsetzen könnten.

Überprüfen Sie auch regelmäßig Ihre Jahresziele. Was haben Sie nach drei Monaten erreicht, was nach sechs Monaten? Wenn Sie weit hinter Ihren eigenen Erwartungen zurückbleiben, dann müssen Sie vielleicht an Ihrer Strategie etwas ändern. Wenn Sie dagegen weit vor Ihrem Ziel liegen, dann könnten Sie Ihr Risiko erhöhen usw.

Nachbereitung

Legen Sie einen Zeitpunkt fest, zu dem Sie alle im Tradingplan aufgeführten Punkte genauestens überprüfen. Dies muss nicht ständig geschehen – es genügt, das einmal im Quartal zu tun, es sei denn, Sie sehen während des täglichen Handels einen offensichtlichen Fehler in Ihrem Plan.

Mit dieser Nachbereitung können Sie herausfinden, ob die in Ihrem Tradingplan festgelegten Punkte auch nach einiger Zeit noch Gültigkeit haben oder ob sich möglicherweise die Märkte so verändert haben, dass Sie auch Ihren Tradingplan verändern müssen.

FLEXIBILITÄT DES TRADINGPLANS

Der Aufbau eines Tradingplans unterliegt drei grundsätzlichen Schritten. Zunächst müssen Sie den Plan entwickeln und zu Papier bringen. Der zweite Schritt besteht darin, Kontrollmechanismen zu entwickeln, diesen Plan auch tatsächlich in die Realität umzusetzen. Die Umsetzung ist nicht immer ganz einfach, da ein Plan ja nicht zwingend von Beginn an perfekt sein muss und es auch nie sein wird. Deshalb muss der jeweilige Trader unbedingt Disziplin mitbringen, den Plan auch tatsächlich in die Realität umsetzen zu können. Wenn sich dann bei der Umsetzung jedoch durch messbare Ergebnisse nachweisen lässt, dass der Plan an der ein oder anderen Stelle Nachteile aufweist, dann muss so viel Flexibilität eingebaut sein, dass er an die neue Realität angepasst werden kann.

Genauso ergeben sich durch variable Höhen des einzusetzenden Tradingkapitals Möglichkeiten und Notwendigkeiten, den entwickelten Plan an der ein oder anderen Stelle später neu anzupassen. Die Höhe des einzusetzenden Kapitals wird sich ständig ändern – entweder nach oben oder nach unten – und darauf muss der Trader mit schnellen und unkomplizierten Anpassungen reagieren können.

Diese Anpassungen müssen unbedingt durchgeführt werden. Mit wachsender Erfahrung des Traders können neue Entwicklungen selbst durchgeführt werden, doch am Anfang empfiehlt es sich, einen erfahrenen Tradingcoach oder zumindest einen aktiven Trader an seiner Seite zu haben, den man begleitend befragen kann.

Damit ergibt sich auch der dritte Schritt einer Tradingplan-Entwicklung: Der Plan selbst muss so gestaltet sein, dass von vornherein Veränderungsmöglichkeiten eingebaut sind und diese mit geringem Aufwand durchgeführt werden können. Damit lässt sich ein Plan fortwährend an die Realität der Börsen dieser Welt anpassen – und die Börsen ändern sich in der Tat fortwährend.

Achten Sie also darauf, dass Ihr Plan in Modulen verfasst ist. Die Module könnten die folgenden sein:

Disziplinmodul

Stellen Sie Regeln auf, die es Ihnen erlauben, Ihre eigene Disziplin zu überwachen und sie gegebenenfalls anzupassen. Machen Sie sich dazu eine Checkliste, auf der Sie beispielsweise vermerken, ob Sie sich jeden Tag genügend Zeit für die Vorbereitung genommen haben. Wenn Sie nach einiger Zeit feststellen, dass Sie für die Vorbereitung stets zu wenig Zeit einplanen, können Sie das in Ihrem Tagesablauf verändern.

Überlegen Sie sich Punkte auf der Checkliste, die Ihre Disziplin verbessern.

Das könnten z. B. folgende Punkte sein:

- ▶ Überprüfen Sie Ihren gesamten Tradingplan regelmäßig quartalsweise?
- ▶ Halten Sie Stopps diszipliniert ein oder lassen Sie manche Positionen laufen, weil Sie glauben, es wird schon wieder besser?
- ▶ Bereiten Sie sich gut auf den Markt vor?
- ▶ Haben Sie mehr offene Positionen als Sie überwachen können, oder ist die Anzahl der offenen Positionen in Ihrem Konto klein genug?
- ▶ Hören Sie auf zu traden, wenn Ihr Verlust das vorher definierte Ziel erreicht hat?
- ▶ Hören Sie auf zu traden, wenn Ihr Gewinn das vorher definierte Ziel erreicht hat?

Es gibt noch mehr Fragen und Punkte, die die Disziplin betreffen, doch das ist eine sehr individuelle Angelegenheit, die jeder Trader für sich selbst finden muss.

Vorbereitungsmodul

Nehmen Sie alles auf, was für Ihren Markt eine gute Vorbereitung bedeutet. Suchen Sie Webseiten, die Ihnen helfen, lesen Sie Zeitungen, stellen Sie Berechnungen an, aber schreiben Sie alles auf, sodass in Ihrer Vorbereitung nichts verloren geht.

Versuchen Sie auch hier wieder eine Checkliste zu erstellen, die es Ihnen erlaubt, die notwendigen Punkte zu strukturieren und mit Prioritäten zu versehen. Arbeiten Sie jeden Tag die wichtigsten Punkte ab und vernachlässigen Sie nur dann die weniger wichtigen Punkte, wenn Sie beispielsweise zu spät kommen oder keine Zeit mehr haben. Wenn Sie die Punkte nämlich nicht aufschreiben, vergessen Sie spätestens an dem Tag, an dem Sie wenig Zeit haben den ein oder anderen wichtigen Punkt.

Risikomanagement-Modul

Berechnen Sie in diesem Modul Ihr Risiko für jede einzelne Aktie. Stellen Sie auch Regeln für die Risikobehandlung in Ihrem Konto auf.

Sammeln Sie in diesem Modul alle Berechnungen, die Sie für das Risikomanagement benötigen.

Moneymanagement-Modul

Stellen Sie in diesem Modul alle Regeln auf, die Sie benötigen, um Positionen zu vergrößern oder zu verkleinern. Regeln Sie, wie viel Kapital zum Einsatz kommt, wie groß
die einzelnen Anfangspositionen verglichen mit Ihrem Gesamtkonto sein dürfen und wie
viele Positionen Sie gleichzeitig im Konto halten wollen.

Trading-Modul

Notieren Sie in diesem Modul, wie Sie handeln. Schreiben Sie detailliert die Strategie
auf, nach der Sie vorgehen; vergessen Sie dabei keinen Punkt. Notieren Sie, welche
Software Sie nutzen möchten, welche Webseiten Sie benötigen usw.

KONTROLLINSTANZ

Nachdem ein Tradingplan entwickelt und in die Realität umgesetzt wurde, ist es nicht
nur notwendig, diesen Plan an die sich ändernde Realität anzupassen, sondern es ist
vor allem unabdingbar, sich selbst zu kontrollieren und herauszufinden, ob man dem
eigenen Plan folgt oder nicht. Es geht darum, eine Performancemessung des eigenen
Tradings bezogen auf die eigene Person und die gehandelten Wertpapiere durchzuführen. Ein Plan ist immer nur so gut wie seine Ausführung.

Die den Tradingbereich und die verschiedenen Märkte umfassenden Bereiche lassen
sich mit Kennzahlen, Daten und Fakten wiedergeben und somit auch im Computer abbilden. Die nackten Zahlen lassen sich so mit statistischen Methoden aufbereiten und es
können Trends, Abhängigkeiten oder andere interessante Erkenntnisse dargestellt und
für den Trader aufbereitet werden. Nichts anderes liegt letztendlich der technischen
Analyse zugrunde. Für die Messung des persönlichen Gewinns oder Verlusts gibt es
verschiedene Softwareprodukte am Markt. Für die einfachste Variante reicht schon ein
Verwaltungsprogramm, wie eine handelsübliche Tabellenkalkulation, vollkommen aus.
Für die Messung der eigenen Performance als Trader gibt es solche Programme jedoch
kaum, jedenfalls dann nicht, wenn es um die Performancemessung des Risikos bezogen
auf den eigenen Account geht.

Was versteht man darunter? Um zu zeigen, was die eigene Risikobetrachtung bedeutet,
greifen wir zu einem extremen Beispiel:

Ein Trader hat ein Handelskonto mit 4.000 $ Einlage und will damit Futures handeln. Da er weiß, dass sein Konto nicht sehr groß ist, entscheidet er sich von vornherein für die amerikanischen E-Minis (S&P-500-Mini, NASDAQ-Mini und DOW-Mini)[6]. Die E-Minis sind elektronisch gehandelte Futures, deren Kontraktgröße verkleinert wurde, um größeren Teilnehmerzahlen die Möglichkeit zu verschaffen, an den Futures-Märkten zu partizipieren. Unser Trader entscheidet sich für den DOW-Mini, weil die Margin-Hinterlegung derzeit etwa 2.300–2.500 $ kostet (variiert je nach Stand des Dow-Jones-Index). Mit einer Kontoeinlage von 4.000 $ kann der Trader also lediglich einen Kontrakt handeln. Nun betrachten wir einmal sein Risiko – wohlgemerkt das Risiko des Traders zu verlieren, nicht das Risiko des Marktes, gegen ihn zu gehen.

Läuft der Kurs des Futures gegen die Position des Traders, und lässt dieser den Trade unbeobachtet, dann wird irgendwann der Margin Call des Brokers die Position schließen. Damit ist der Trade glattgestellt, der Trader ist jedoch aufgrund seines damit unter 2.300 $ gefallenen Kontos nicht mehr in der Lage, weiterhin am Handel teilzunehmen. Damit ist klar geworden, dass das Verlustrisiko für diesen Trader sehr groß ist, obwohl er es sich eigentlich nicht leisten kann. Verliert er hingegen bei seinem ersten Trade »nur« 100 $, dann ist er hinterher immerhin noch in der Lage, weiterhin am Handel teilzunehmen. Jedoch steigt durch den Verlust sein Risiko für den zweiten Trade.

Man sieht, dass das Verlustrisiko von anderen Größen abhängig ist als vom Markt, nämlich unter anderem von der Höhe des zur Verfügung stehenden Kapitals und der Positionsgröße pro Trade. Würden die obigen Trades von jemandem gemacht, dessen Konto 20.000 $ vorweist, und würde dieser Trader auch nur einen Kontrakt handeln, so wäre das Risiko des Traders, aus dem Markt genommen zu werden, erheblich geringer.

Der Ansatz zahlreicher Programmhersteller dagegen ist die Messung des absoluten Gewinns oder Verlusts bezogen auf die durchgeführten Trades und die Ableitung einiger Performancedaten daraus. Bei der Risikobetrachtung geht es oftmals lediglich um das Risiko von gegen den Trader laufenden Aktien oder Futures. Wohlgemerkt,

---

[6] Siehe auch www.cbot.com

es wird das Risiko betrachtet, mit dem die jeweilige Aktie oder der Future nach der Positionseröffnung gegen den Trader läuft. Dieser Ansatz mag für die meisten Trader und Programmierer den Eindruck vermitteln, das Risiko des Traders tatsächlich darzustellen, wirft jedoch erhebliche Schwierigkeiten auf. Will man nämlich das Risiko einer Aktie bestimmen, in den Verlust zu laufen, begibt man sich auf sehr dünnes Eis, da man zwangsläufig in den Bereich der Kursvorhersagen kommt. Es sollte jedoch mittlerweile jedem Trader klar sein, dass Kursvorhersagen von niemandem zuverlässig gemacht werden können. Wenn es jedoch keine Zuverlässigkeit in der Kursvorhersage geben kann, kann auch das jeweilige Risiko bezogen auf den Kurs einer Aktie nur unzureichend festgelegt werden.

Die Vertreter dieser Richtung berechnen folglich ein Risiko, das als Grundlage keine festen, mathematischen Berechnungsgrößen kennt, sondern auf variablen Daten eines größeren Wahrscheinlichkeitsbereichs beruht. Mit einer solchen Berechnung werden demnach nicht das Risiko und die Performance des Traders betrachtet, sondern lediglich der Risikobereich der Kursbewegung einer Aktie. Wie viel Kapital der Trader in dieser einen Position verlieren darf und ob ihn das aufgrund des nach dem Trade vielleicht zu klein gewordenen Kontos vom weiteren Handel ausschließt, kann mit einer auf dem Kurs der Aktie basierenden Risikobetrachtung nicht wirklich festgestellt werden. Hier muss man zu anderen Lösungen greifen.

Da alle Trades vom Trader selbst initiiert werden und auf den entwickelten Systemen beruhen (es sei denn, man handelt intuitiv aus dem Bauch heraus) lassen sich die Ergebnisse auch auf die jeweilige Person des Traders und sein individuelles Konto übertragen und auswerten. Eine solche Auswertung wiederum lässt sich mit einfachen Mitteln grafisch darstellen und zeigt dem Trader unmittelbar und unmissverständlich seine Stärken und Schwächen an. Denn nur wenn der Trader seine Schwächen kennt, kann er das von ihm benutzte System so umstellen, dass diese Schwächen minimiert werden.

Dass die Kontrolle immer durch den jeweiligen Trader ausgeübt werden muss, steht außer Frage und ist leicht einsehbar. Die dazu verfügbaren Mittel sind jedoch unterschiedlich.

Zunächst muss jeder Trader verstehen, welche Dinge des eigenen Wertpapierhandels er kontrollieren kann und auf welche er keinen Einfluss hat. Wir werden uns mit den kontrollierbaren Parametern noch sehr ausführlich beschäftigen.

ERFOLGSAUSSICHTEN

Einer der grundlegendsten Fehler vor Aufnahme des aktiven Handels ist eine völlig absurde Gewinnerwartung einiger Trader. Kleine Konten werden in der Vorstellung in kürzester Zeit auf einige Hunderttausend Euro hochgehandelt und alles, was dazu benötigt wird, ist das Wissen aus einigen wenigen Tradingbüchern, ein halbwegs brauchbarer PC und ein wenig Geld auf dem Konto. Viele Trader scheinen daran zu glauben, dass sie die gesamte Finanzindustrie mit Tipps aus Newslettern und Tippblättern hinter sich lassen können.

Wer einen halbwegs gesunden Menschenverstand mitbringt, wird einsehen, dass solche Überlegungen von vornherein zum Scheitern verurteilt sein müssen. Insbesondere wird viel zu oft vergessen, dass auf der anderen Seite des Trades ja jeweils ein Spekulant, Trader oder professioneller Wertpapierhändler einer Bank sitzen könnte, der gegenüber dem Anfänger kaum die schlechteren Informationen haben dürfte, dessen Meinung über den Kursverlauf des zugrunde liegenden Wertpapiers in der Mehrzahl der Fälle möglicherweise besser sein könnte, und der mit allergrößter Wahrscheinlichkeit ein besseres Risiko- und Moneymanagement haben wird. Wie kann der Anfänger der Meinung sein, gegen eben diesen Profi tatsächlich kontinuierlich einen Erfolg zu erzielen? Das ist absurd. Noch dazu, wenn man bedenkt, dass Trading ein komplexer Vorgang ist, der eine entsprechend lange Einarbeitungs- und Lernphase benötigt, so wie ein entsprechend komplexer Beruf eine lange Ausbildungszeit voraussetzt.

Das hat zur Folge, dass nur derjenige überhaupt eine Chance auf Erfolg hat, dessen Einstellung zum Trading sich an tatsächlich erreichbaren Zielen orientiert. Der geforderte Tradingplan muss demnach realistische Ziele vorgeben, die mit den eingesetzten Mitteln auch wirklich erreicht werden können. Gerade in der Anfangsphase dürfen diese Ziele nicht zu hoch angesetzt werden. Sie sollten sich an vergleichbaren Alternativinvestments orientieren. Wenn der Zinsmarkt kein höheres Niveau als 4–5 % vorgibt, dann sind 10 %, die durch das Traden erreicht werden können, ein hervorragendes Ergebnis. Wer hingegen 100 % oder mehr in weniger als einem Jahr erzielen will, der wird wenig Chancen auf Erfolg haben.

INFORMATIONSEXPLOSION

Ein professionell eingerichteter Tradingplatz wird heutzutage immer über mehrere PCs und Monitore verfügen und somit die Möglichkeit bereitstellen, auch selten genutzte Informationen anzuzeigen. Naturgemäß ergeben sich dadurch Probleme in der Informationsbewältigung durch den Trader.

Sehen wir uns dazu die Informationsvervielfachung etwas näher an. Der französische Ökonom George Anderla hat wissenschaftliche Untersuchungen über die Veränderungen des Informationsflusses angestellt und ist zu folgenden Ergebnissen gekommen. Mit Beginn der Zeitrechnung dauerte es 1.500 Jahre, bis die vorhandene Menge an Informationen verdoppelt werden konnte. Die nächste Verdoppelung brauchte nur noch wenige Jahrhunderte und mit Einführung des Computerzeitalters schrumpfte dieser Zeitraum auf etwa fünf Jahre. Im heutigen multimedialen Zeitalter errechnen Wissenschaftler nur noch einen Zeitraum von einem Jahr. Computer und moderne Handelsplattformen sind mithilfe des Internets heute in der Lage, so viele Informationen bereitzustellen, dass der Trader schier erschlagen wird und die richtige Information leicht übersieht. In einem solchen Umfeld pragmatisch und effizient mit dem Handelsgut Information umzugehen, wird den meisten Tradern schwerfallen. Die wirklich wichtigen Nachrichten vom eher unwichtigen Grundrauschen zu trennen bedeutet, dass der moderne Trader in der Hauptsache ein Informationsmanager wird. Die Suche, die richtige Aufbereitung und Filterung des Informationsflusses wird zu einer der wichtigsten Aufgaben und bestimmt maßgeblich den Erfolg oder Misserfolg der jeweiligen Strategie.

Die Börse wird durch das Gut Information und die Psychologie der Menschen beeinflusst und gesteuert, und nur die Kenntnis sowie die richtige Anwendung dieser Zusammenhänge ermöglichen eine Chance auf anhaltenden Erfolg.

KAPITEL 3:
DIE ELEMENTE

GRUNDVORAUSSETZUNGEN

Selbst wenn Sie den Handel am Anfang nur nebenbei betreiben, sollten Sie es als vollwertigen Beruf ansehen. Um diesen Beruf erfolgreich auszuüben, müssen Sie die richtigen Voraussetzungen schaffen. Dazu gehört der Aufbau der Hardware, die Implementierung der Software, der Umgang mit der Software, die Überprüfung der eigenen Finanzen und des eigenen Wissens und noch vieles mehr. All diese Dinge bedürfen einer gründlichen Untersuchung, bevor mit dem eigentlichen Handel begonnen werden kann. Sie müssen sich ein geeignetes Umfeld schaffen. Dieses Umfeld muss frei von äußeren Störungen sein und sollte so angenehm wie möglich gestaltet werden.

Zu den wichtigsten Voraussetzungen gehören im Einzelnen folgende Punkte:

- ► Analyse der eigenen Finanzsituation
- ► Selbstanalyse
- ► Erstellung des Tradingplans
- ► Festlegung der Risikokapitalhöhe
- ► Aufbau der Hardware
- ► Installation der Software
- ► Aufbau der übrigen Infrastruktur
- ► Einarbeitungszeit Software
- ► Einarbeitungszeit Tradingstrategie
- ► Simulation / Papertrading
- ► Verwaltungsangelegenheiten
- ► Wissenserweiterung
- ► Redundanz
- ► Tradinggemeinschaften
- ► Marktanalyse

PRIORITÄTENVERTEILUNG

Bevor die einzelnen Elemente des Tradingplans vorgestellt und besprochen werden können, ist es notwendig, kurz die richtige Prioritätenverteilung anzusprechen und das Punktesystem zu erklären, mit dem die einzelnen Elemente versehen sind. Um Ihnen die Entwicklung und Aufstellung eines Tradingplans so einfach wie möglich zu machen, sind die Prioritäten nach folgendem Punktesystem aufgegliedert. Dabei ist dennoch Wert darauf gelegt worden, das Punktesystem so einfach wie möglich zu halten.

Priorität 1

Diese Kategorie stellt die geringste Priorität dar und bezeichnet Punkte im Tradingplan, die nicht unbedingt für einen funktionierenden Tradingansatz benötigt werden, sondern diesen nur ergänzen oder an verschiedenen Stellen optimieren.

Als Beispiel sei hier der Aufbau eines privaten Chatsystems mit verschiedenen anderen Tradern im Internet genannt. Sicherlich ist es sinnvoll und hilfreich, sich mit anderen, aktiven Tradern während des Handels zu unterhalten, es ist aber keine unabdingbare Voraussetzung für den Erfolg des Eigenhandels.

Weiterhin fällt unter diese Kategorie Software, die ergänzend zur eigentlichen Handelsplattform erworben wird und zusätzliche Informationen bereitstellt. Sie ergänzt die für den Trader vorhandene Infrastruktur, ist aber nicht unbedingt notwendig.

Priorität 2

Die Punkte mit Priorität 2 bezeichnen Elemente des Tradingplans, die in diesen zwar unbedingt hineingehören, die aber keinen direkten Einfluss auf den Gewinn oder den Verlust des Tradingansatzes haben.

Als Beispiel dient der Aufbau der Hardware, hier die Anzahl der verfügbaren Monitore und Computer. Ein erfolgreicher Handel kann mit nur einem PC und zwei Monitoren aufgebaut werden, dagegen erleichtert die Nutzung mehrerer Computer und insbesondere mehrerer Monitore die tägliche Datenaufbereitung ungemein. Mehrere PCs haben dennoch keinen direkten Einfluss auf die Höhe des erzielbaren Gewinns.

Weiterhin fällt in diese Kategorie beispielsweise ein zweiter Datenanbieter, der vielleicht aus Redundanzgründen angeschafft wird. Ein solches Vorhaben sollte im Tradingplan zwar aufgeführt sein, hat aber keinen direkten Einfluss auf den Gewinn oder Verlust, außer in Notfällen oder wenn die Serverfarm des Hauptdatenanbieters ausfällt.

Priorität 3

Die Elemente mit Priorität 3 stellen die absolute Erstrangigkeit dar und gehören unbedingt in jeden Tradingplan. Sie haben außerdem direkten Einfluss auf die Höhe des erzielbaren Gewinns bzw. Verlusts.

Als Beispiel sei die sorgfältige Planung eines gut durchdachten Risiko- und Moneymanagements aufgeführt. Die richtige Entwicklung dieser Punkte kann den Unterschied ausmachen zwischen Erfolg und Misserfolg.

Ein anderes Beispiel ist die richtige Auswahl des Marktes, an dem gehandelt werden soll. Je nach Kontogröße und Auslegung sowie dem Wissensstand des Traders kann hier sehr schnell die falsche Entscheidung getroffen werden, die dann wiederum zu erheblichen Einbußen führen kann.

Die im Tradingplan mit Priorität 3 bezeichneten Punkte müssen folglich sehr sorgfältig bearbeitet werden.

Nachdem wir diese Einteilung vorgenommen haben, können wir uns die einzelnen Punkte eines Tradingplans und dessen Aufbau genauer ansehen.

TRADINGPLAN FIXIEREN

Priorität 3

Eine Voraussetzung für kontinuierlichen Erfolg ist nicht nur die Entwicklung des Plans selbst, sondern auch das Fixieren der gefundenen Punkte. Es ist daher wichtig, diesen Plan in Schriftform aufzustellen. Der Punkt mag trivial klingen, wird aber immer wieder übersehen.

In meiner Arbeit als Berater komme ich oft mit Anfängern zusammen, die hervorragende Ideen haben, diese aber nicht notieren und ausarbeiten. Frage ich einige Wochen später nach, sind diese Ideen zwar noch vorhanden, werden aber in den meisten Fällen nicht in die Tat umgesetzt, da der Markt die Prioritäten der Trader längst verändert hat. Manchmal sind auch einfach nur die Details verloren gegangen und der Trader kann sich nicht mehr an wichtige Punkte erinnern. Das alles passiert nicht, wenn die Details zu Papier gebracht und dort weiterentwickelt werden.

Märkte befinden sich in ständigem Wandel und bedingen dadurch eine andauernde Veränderung der einzelnen Prioritäten des Traders. Hat er seine Vorstellungen nicht in einem Regelwerk definiert und kann er dieses nicht anwenden, weil vielleicht einige Aspekte nie aufgeschrieben wurden, so ist es sehr schwierig, sich an die eigenen Vorgaben zu halten. Insofern gibt es keine echte Alternative zur Fixierung aller eigenen Tradingvorgaben.

Es gibt ganz unterschiedliche Wege, dieses zu erreichen, doch ein Tradingplan ist ähnlich einem Businessplan, der für die Eröffnung eines Unternehmens Pflicht ist. Wer hier noch keine Erfahrungen gesammelt hat, kann sich eine umfangreiche Hilfestellung im Internet holen. Eine gute Anlaufstelle ist das Bundesministerium für Wirtschaft und Technologie, das unter der Webadresse http://www.softwarepaket.de einen umfangreichen Download anbietet und darüber hinaus verschiedene Links zum Existenzgründerportal bereithält. Dort finden sich wirklich hilfreiche Einführungen, die grundlegend erklären, wie ein Businessplan zu erstellen ist und auf was man dabei achten muss. Die dort angesprochenen Punkte können für das Traden zwar nicht direkt umgesetzt werden. Wer sich aber an den Ablauf hält und die Punkte für seinen Eigenhandel entsprechend umsetzt, hat eine gute Ausgangsbasis geschaffen.

Ein weiterer Anlaufpunkt im Internet ist Wikipedia. Dort findet sich ebenfalls ein ausführlicher Artikel zum Thema. Er kann unter der folgenden Webadresse aufgerufen werden: http://de.wikipedia.org/wiki/Geschäftsplan#Quelle

Analyse der eigenen Finanzsituation

Priorität 3

Das Ziel der Finanzanalyse ist es, herauszufinden, welche Kapitalhöhe sicher eingesetzt werden kann, ohne dass ein eventuelles Risiko für die normale Lebensführung eintritt. Es muss möglichst eine Maximierung des in einem Tradingaccount eingesetzten Kapitals erreicht werden, und zwar unter Überprüfung aller Einnahmen und Ausgaben des jeweiligen Traders, sodass das Risiko tatsächlich von Beginn an gering gehalten werden kann und im weiteren Verlauf des normalen Tradingalltags keine versteckten Ausgaben auftreten, die dem Trader die Ausübung seiner Tätigkeit unmöglich machen. Als Minimum müssen folgende Punkte beachtet werden:

- ▶ Vorhandenes Vermögen
- ▶ Regelmäßige Einnahmen
- ▶ Sonstige Einnahmen
- ▶ Ausgaben
- ▶ Zahlungsverpflichtungen
- ▶ Notwendiges Tradingkapital
- ▶ Tatsächliches Tradingkapital
- ▶ Möglicher Tradingansatz

Vorhandenes Vermögen

Bei der Aufstellung des vorhandenen Vermögens scheiden sich die Geister. Für einen echten Businessplan wäre es notwendig, alle vorhandenen Vermögenswerte aufzulisten und in die Gesamtbilanz einzubringen. Für einen Businessplan im Tradingbereich ist es jedoch wichtiger, die liquiden Mittel festzustellen, da aufgrund der hochspekulativen Situation die Veräußerung tatsächlich vorhandener, aber illiquider Mittel (Immobilien, Schmuck, Kraftfahrzeuge etc.) nicht wirklich in Betracht gezogen werden kann.

Illiquide Aktiva sollten daher nicht als vorhandenes Vermögen gewertet werden. Dieses besteht demnach aus dem Barvermögen, eventuell zum Zeitpunkt der Analyse bestehenden Investments, Sparbüchern, Sparplänen und anderen, liquiden Mitteln. Die notwendige Aufstellung kann sehr leicht mit einem Tabellenkalkulationsprogramm wie Microsoft Excel erstellt werden. Es gibt aber auch vorgefertigte Lösungen wie z. B. Quickbooks von Lexware. Wichtig ist, dass Sie nicht all Ihre Mittel bis auf den letzten Cent heranziehen, denn der Handel mit Wertpapieren ist sehr spekulativ und sollte daher nur mit risikofreiem Kapital durchgeführt werden, also Kapital, das im schlimmsten Fall auch komplett verloren werden kann.

Regelmäßige Einnahmen

Zu den regelmäßigen Einnahmen zählen Gehälter und andere Einnahmen für Ihre möglicherweise noch vorhandene berufliche Tätigkeit. Wollte man eine Gesamtanalyse des vorhandenen Investmentkapitals durchführen, wäre naturgemäß die Aufstellung der Gesamtzahlen notwendig. Für den Tradingbereich jedoch ist eine Teilung sehr zweckmäßig, da für den eigentlichen Tradingplan nur diejenigen regelmäßigen Zahlungen in Betracht kommen, die später nach Abzug aller Lebenshaltungskosten auch tatsächlich für das Traden eingesetzt werden könnten. Es lässt sich mit dieser Rechnung feststellen, wie schnell anfänglich auftretende Verluste mit regelmäßigen Einnahmen wieder ausgeglichen werden können. Diese Erkenntnis bestimmt in erheblichem Maße die Anfangsstrategie des Traders. Auch das eingesetzte Übungsszenario wird an dieser Stelle festgelegt. Wie wir später noch sehen werden, lässt sich mithilfe des Tradingplans sehr genau festlegen, wie viel Geld der Trader in einem beliebigen Zeitraum – sei das nun ein Tag oder eine Woche – während der Lernphase maximal verlieren darf, ohne frühzeitig aufgeben zu müssen. Kennen Sie aber die Höhe des maximal möglichen Verlusts und die Höhe der regelmäßigen Einnahmen, die den Tradingaccount wieder auffüllen können, dann können Sie festlegen, wie lang die Paper-Tradingphase sein muss.

Sonstige Einnahmen

Zu den sonstigen Einnahmen gehören all diejenigen Einnahmen, die nicht regelmäßig stattfinden, die also nicht oder nur bedingt planbar sind. Hierzu zählen Prämien, Urlaubsgelder, Steuerrückzahlungen usw.

Auch hier gilt natürlich wieder, dass nur solche Gelder in den Plan aufgenommen werden können, die neben der normalen Lebensführung übrig bleiben. Da es sich hier häufig um Einmalzahlungen handelt, ist es sinnvoll, nur einen kleineren Teil dieser Summen zu nutzen. Für den Plan lassen sich diese Summen vorab nur schwer berechnen, deshalb macht man am besten eine Beispielrechnung und nimmt nur einen bestimmten Prozentsatz solcher Beträge als Berechnungsgrundlage. Würde man beispielsweise eine Musterrechnung mit Zahlen des Vorjahres aufstellen und käme dabei zu dem Ergebnis, dass es insgesamt Einmal- und Sonderzahlungen im Wert von 10.000 € gegeben hat, dann könnte man zum Beispiel 15 % davon in den Tradingplan einbeziehen. Die Zahlen muss jedoch jeder für sich selbst festlegen, da es eine sehr individuelle Sache ist und von den Einnahmen abhängt.

Ausgaben

Anders als bei den Einnahmen interessieren hier natürlich alle Ausgaben, ganz besonders die immer wiederkehrenden. Es müssen alle Ausgaben ganz genau aufgelistet und gegen die Einnahmen verrechnet werden, damit der Trader ein genaues Bild über seine tatsächliche Finanzsituation erhält.

Nicht immer ganz einfach ist dabei die Berechnung der Daten, die man selbst vorab nur schätzen kann. Wer kann schon auf Heller und Pfennig seine monatlichen Stromkosten berechnen? Gerade diese Ausgaben sind aber für eine komplette Auflistung von besonderer Bedeutung, d.h. in Bezug auf die Stromkosten sollte man sich die Rechnungen der letzten Monate vornehmen, um dann zumindest zu einem Annäherungswert zu kommen, der in den Plan eingetragen werden kann. Es ist bei diesen Schätzungen immer von Vorteil, ruhig etwas auf der pessimistischen Seite zu liegen. Höhere Planzahlen, die sich in der Realität dann nicht bestätigen, sind weitaus besser, als zu Beginn die tatsächlichen Ausgaben zu gering zu halten. Neben den persönlichen Ausgaben interessieren natürlich auch die Kosten, die für das eigentliche Trading anfallen, darüber aber mehr in einem eigenen Absatz.

Zahlungsverpflichtungen

Verpflichtungen sind ein heikles Thema. Aber sie müssen natürlich ebenfalls in den Plan aufgenommen werden. Auch hier gilt: lieber etwas pessimistisch rechnen. Es ist nicht schlimm, wenn die Ausgaben ein wenig höher angesetzt werden als sie am Ende tatsächlich sind.

Notwendiges Tradingkapital

Priorität 2

Zu Beginn einer Tradingkarriere muss in jedem Tradingplan das zur Verfügung stehende Kapital definiert werden. Da es beim Traden unter wenig idealen Umständen zu einem Totalverlust des verfügbaren Kapitals kommen kann, ist es unabdingbar, sich vor Beginn der Tradingkarriere über das Verlustrisiko und die Höhe der einzusetzenden Summen Gedanken zu machen. Selbst bei einem Totalverlust der gesamten Investitionssumme sollte sie so berechnet und definiert sein, dass sie für eine zeitlich begrenzte Lernphase, die bei einem Anfänger mit Sicherheit eintritt, ausreichend dimensioniert ist und den Trader nicht schon gleich am Anfang aus dem Tradinggeschäft herausnimmt. Daneben ist es wichtig, dass auch nach einem solchen Misserfolg, bei dem das gesamte Tradingkapital verloren wurde, der Trader genügend Reserven für den normalen Alltag hat.

Eine Lernphase ist je nach Vorwissen, Befähigung, verfügbarem Kapital und persönlichen Voraussetzungen für jeden Trader unterschiedlich und kann nicht pauschal vorbestimmt werden. Die Erfahrung der letzten Jahre hat jedoch gezeigt, dass mit einem Minimum von sechs Monaten gerechnet werden muss, und dass sich die Lernphase bei nicht optimalen Voraussetzungen bis zu drei Jahre hinziehen kann. Da es hier keine vordefinierten Lehrwege gibt und die Anzahl der verschiedenen Ausbildungslösungen sehr hoch ist, kann der Zeitraum der Ausbildung von Trader zu Trader differieren. Eine gesetzliche Lösung gibt es nicht, obwohl sie wünschenswert wäre, um eine gewisse, standardisierte Grundlage zu schaffen. Die oben aufgeführten Zahlen sind Erfahrungswerte aus der Praxis, sind jedoch auf der kurzfristigen Seite angesiedelt. Je nach Eignung des jeweiligen Traders kann der Zeitraum durchaus länger sein. Geht es jedoch wesentlich über den 3-Jahres-Zeitraum hinaus, ohne echte Erfolge zu erzielen, dann sollte sich der Trader die Frage stellen, ob eine weitere Ausbildung in dieser Situation noch sinnvoll ist bzw. ob er die Ausbildung wirklich vernünftig betrieben hat.

Lehrer sind enorm wertvoll, müssen aber über eigene Tradingerfahrung verfügen und dürfen nicht reine Theoretiker sein.

Nach Abschluss der Lernphase sollte der Trader noch immer genügend Kapitalreserven besitzen, um mit dem erworbenen Wissen erfolgreich traden zu können. Zu diesem Zweck wird das am Anfang zur Verfügung stehende Kapital zweigeteilt. Die eine Tranche ist das sogenannte Frontside-Trading-Capital (FTC), die zweite Tranche ist das Backside-Trading-Capital (BTC). Was heißt das im Einzelnen?

Das FTC ist das unmittelbare Risikokapital, dessen Berechnung im Tradingplan sehr sorgfältig erfolgen muss, da dieses Kapital mehreren Ansprüchen genügen soll. Zunächst muss es die gesamte Lernphase des Traders überstehen. Gleichzeitig aber dient es während dieser Lernphase als Tradingkapital und kann deshalb möglicherweise komplett verloren werden. Da der Trader während seiner anfänglichen Ausbildung viele unterschiedliche Fehler machen kann, ist gerade dieses Kapital als eine Art Puffer für die Fehler gedacht. Es muss also bei der Berechnung zumindest in der Theorie davon ausgegangen werden, dass dieses Geld zu 100 % verloren werden kann. Mit anderen Worten: Der Trader bezahlt für seine Ausbildung. Zwar muss es nicht zu einem Totalverlust kommen; es muss aber als Möglichkeit in Betracht gezogen und in den Plan eingebaut werden. Später werden wir es noch mit einer Bedarfsrechnung zu tun bekommen, die jedoch nur den Bedarf berechnet, den der Trader nach seiner eigenen, realistischen Einschätzung aus dem Eigenhandel erzielen möchte – entweder um seinen Lebensunterhalt zu bestreiten oder ein anderes Ziel zu verfolgen. Die in diesem Kapitel gemachten Überlegungen dienen dazu, das Risiko unter Kontrolle zu bringen und sicherzustellen, dass auch nach einem erheblichen Verlust noch immer genügend Kapital für den Eigenbedarf übrig bleibt.

Das BTC hingegen ist das Kapital, das nach der Lernphase noch zur Verfügung steht. Dieses Kapital unterliegt zwar weiterhin dem Marktrisiko. Das Risiko insgesamt, dieses Geld zu verlieren, hat sich aber stark verringert, da der Trader während der Ausbildungsphase genügend Wissen aufgebaut hat. Insbesondere im Bereich Risiko-Management werden während der Ausbildungsphase Erfahrungen gesammelt, die erhebliche Tradingsummen einsparen können und somit das Kapital erhalten helfen. Das BTC dient folglich nach der Lernphase dazu, dem Trader genügend Kaufkraft zur Verfügung zu stellen und ihn somit aktiv im Markt zu halten. Nichts wäre fataler als ein Trader, der zwar die mehr oder minder lange Trainingsphase abgeschlossen hat, jedoch keine Reserven mehr hat und somit nicht weiter aktiv am Marktgeschehen teilhaben kann.

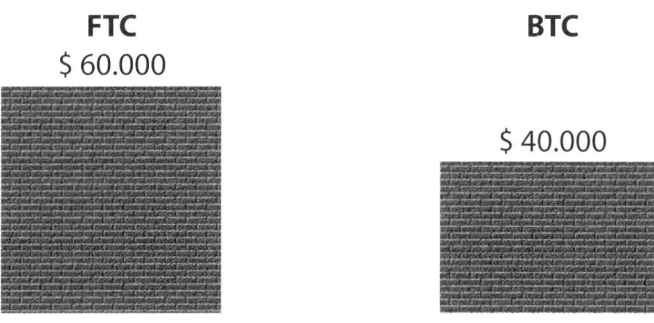

Bild 3.1

Die am Anfang der Tradingkarriere getroffene Zweiteilung des Kapitals dient somit hauptsächlich dazu, den Trader zunächst auszubilden und ihm danach Liquidität zur Verfügung zu stellen. Bei komplexeren Tradingplänen kann es mitunter auch zu sehr viel mehr Teilungen des vorhandenen Kapitals kommen. Das Anfangskapital wird dann in FTC, BTC und verschiedene Strategie-Test-Blöcke aufgeteilt. Nicht immer ist es einfach, die verschiedenen Summen richtig zu berechnen. Die folgende einfache Beispielrechnung zeigt die korrekte Vorgehensweise bei einer Ermittlung von FTC und BTC für einen einfachen Tradingplan, ohne dabei auf ausgefeilte Moneymanagement-Strategien einzugehen.

Als Beispiel soll ein Tradingaccount dienen, auf dem zu Beginn 100.000 $ zur Verfügung stehen. Dieses Geld soll so aufgeteilt werden, dass auf der einen Seite genügend Risikokapital – also FTC – zur Verfügung steht, auf der anderen Seite aber auch genügend Liquidität nach der mehrmonatigen Ausbildungsphase übrig bleibt – das BTC. Dabei wird die Zeitdauer der ersten Lernphase mit sechs Monaten festgelegt. Das dafür eingesetzte Kapital (FTC) muss für diese sechs Monate ausreichen und darf nicht frühzeitig ausgehen. Bei der Berechnung der Summe geht man nun in umgekehrter Reihenfolge vor. Zunächst wird nicht das FTC ermittelt, sondern vielmehr das BTC, also das Kapital, das nach den sechs Monaten noch für das Trading übrig bleiben soll.

Warum diese umgekehrte Vorgehensweise?

Da in der Regel davon ausgegangen werden kann, dass der Trader in seiner Ausbildung genügend Wissen ansammelt, um damit erfolgreich handeln zu können, muss das erste Ziel darin bestehen, von Anfang an im Tradingplan die Möglichkeit einzuräumen, genügend Tradingkapital für die Zeit nach der Ausbildung bereitzustellen.

Die Berechnung ist denkbar einfach: Es wird lediglich eine zum Traden notwendige Summe definiert. Da man aufgrund der von der NASD in Zusammenarbeit mit der NASDAQ, NYSE und der amerikanischen Börsenaufsicht SEC im Jahr 2001 neu festgelegten Regeln mindestens ein Minimum von 25.000 $ benötigt, um tagesgleich glattzustellen – also echtes Daytrading im Aktienhandel betreiben zu können –, muss die gewählte Summe immerhin deutlich über diesem Minimum liegen. Das gilt natürlich nur für reine Aktienkonten in den USA. Im Derivate- und Futures-Handel müssen nur die Initial-Margins bereitgestellt werden und die sind durchaus geringer. Auf anderen Märkten kann es andere Bedingungen geben. Uns interessieren hier aber aufgrund der hohen Liquidität und der zumeist sehr fairen Behandlung die US-Märkte. Es können Konten in der Regel auch mit weniger als 20.000 $ eröffnet werden. Es stellt sich hierbei jedoch sofort die Frage, ob eine solche Vorgehensweise überhaupt sinnvoll ist.

Viele Trader haben nicht die geforderten 25.000 $ und setzen daher weniger Kapital ein, um überhaupt am Handel teilnehmen zu können. Weil weniger Kapital zur Verfügung steht, wird als zu handelndes Instrument oft ein Future oder ein anderes Derivat gewählt. Der Hebel ist hoch und das soll er ja auch, denn der Trader möchte sein vorhandenes Kapital möglichst schnell vermehren. Leider passiert in der Realität häufig das genaue Gegenteil: Der hohe Hebel wirkt auf der falschen Seite, der Trader verliert Geld, und oftmals handelt es sich hierbei um erhebliche Summen. Deshalb sollte immer die ungefährlichste Art des Handels ausgewählt werden, d.h. die, bei der ein Hebel sehr feinfühlig geregelt werden kann. In den meisten Fällen ist das der Aktienhandel. Der Hebel ist auf den ersten Blick eins zu eins, kann aber durchaus erhöht werden, was bei fortschreitendem Lernerfolg auch gewollt ist.

Wieder zurück zu den Grenzen beim Aktienhandel: Würde man im Aktienbereich genau die Grenze von 25.000 $ wählen, so wäre es nicht möglich, auch nur einen einzigen Verlust-Trade hinzunehmen, ohne unmittelbar unter das Minimum zu fallen, welches eine weitere tagesgleiche Glattstellung verhindern würde. Die Summe muss folglich deutlich höher gewählt werden. Das Verlustrisiko kann leider auch nach einer Ausbildung nie gänzlich ausgeschlossen werden. Kontinuierlicher Erfolg entsteht nicht durch das fortschreitende korrekte Voraussagen von Aktienbewegungsrichtungen, sondern vielmehr durch das angesammelte und umgesetzte Wissen über Risiko- und Moneymanagement.

> In unserem Beispiel werden als BTC daher auch 40.000 $ definiert und im Plan von den verfügbaren 100.000 $ abgezogen. Damit bleiben noch 60.000 $ übrig, die als FTC eingesetzt werden können.

Als letzter Schritt wird eine Berechnung durchgeführt, die zeigen soll, dass die gewählte Summe auch den Ansprüchen an das FTC genügt. Dazu muss zunächst der eigentliche Anspruch definiert werden. Was will der Trader erreichen? Warum überhaupt diese Berechnungen? Nun, da ein Kurzfristtrader jeden Tag handelt, muss als Zielgröße ein Wert berechnet werden, der als maximale Verlustgröße pro Tag eingesetzt werden kann, aber gleichzeitig niedrig genug ist, damit das vorhandene Kapital über die gesamte Lernphase von sechs Monaten reicht. Die dazu notwendige Berechnung ist nicht weiter schwierig, aber unbedingt notwendig, und wird doch in den meisten Tradingplänen vernachlässigt.

Das verfügbare Handelskapital wird sehr simpel auf die tatsächlich vorhandenen Tradingtage aufgeteilt. In der Regel hat ein Monat 20 Handelstage, sofern es keine Feiertage gibt.

> Insgesamt ist die Lernphase im Beispiel-Tradingplan mit sechs Monaten festgelegt. Damit gibt es in der ersten Ausbildungsphase theoretisch 120 mögliche Handelstage. Die FTC-Summe von 60.000 $ wird nun einfach durch diese 120 Tage geteilt und als Ergebnis erhält man 500 $ pro Tag. Diese 500 $ stellen die Zielgröße dar und damit hat der Trader die Möglichkeit, während der Trainingsphase Fehler zu machen oder normale Tradingverluste zu erleiden. Der Drawdown[7] bezogen auf den Account darf pro Tag demnach nicht mehr als 500 $ betragen.

---

[7]   Drawdown = Traderslang für Verlust

Damit sind die Berechnungen für das FTC abgeschlossen. Die Frage, ob die FTC-Summe von 60.000 $ ausreicht, um damit eine sechsmonatige Lernphase zu überstehen, kann eindeutig mit Ja beantwortet werden. Die Erfahrung hat gezeigt, dass auch bei größeren Verlustserien eine maximale Verlustsumme von 500 $ pro Tag ausreicht, um eine länger andauernde Lernphase zu überstehen – vorausgesetzt der Trader ist in der Lage, sich an den von ihm aufgestellten Plan und die darin enthaltenen Risikogrenzen zu halten. Zwar kann ein Einzelverlust höher ausfallen; in solch einem Fall darf aber nicht weitergehandelt werden. Verliert der Trader beispielsweise durch ein unvorhergesehenes Ereignis 1.000 $ anstatt der erlaubten 500 $, dann muss er einen Tag aussetzen oder nur Papertrading betreiben. Bei einem maximalen Tagesverlust von 500 $, ist es nachvollziehbar, dass der Wochenverlust maximal 2.500 $ betragen darf. Durch eigenes Verschulden, sprich Disziplinlosigkeit im Umgang mit Stop-Loss-Punkten, darf der Einzelverlust die vorher berechnete Maximalgröße jedoch nicht überschreiten. Dazu gehört prinzipiell eine gehörige Portion Disziplin, die in späteren Kapiteln noch genauer besprochen wird. Weiterhin stellt die hier vorgestellte Verlustsumme eine Obergrenze dar und wird sicherlich nicht an jedem Tradingtag voll erreicht. Darüber hinaus wird eine solche Grenze nach oben relativiert, kann also zumindest teilweise neu definiert werden, wenn der Trader während der Ausbildung Gewinne macht. Da die Gewinne etwaige Verluste ausgleichen können, verringert sich dabei das Risiko. Umgekehrt kann man sagen, dass der mögliche Tagesverlust bei gleichbleibendem Risiko vergrößert werden kann. Allerdings dürfen aus Gewinnsicherungsgründen nicht die vollen 100 % des Gewinns wieder als Risikosumme zurück in das FTC fließen. Hier sollten maximal 50 % des Gewinns angesetzt werden. Die anderen 50 % fließen sofort in die ohnehin schon zurückgelegte BTC-Summe. In diesem Zusammenhang darf auch nicht vergessen werden, dass jegliche Kurzfristgewinne zu versteuern sind. Es sind also auf jeden Fall Rücklagen zu bilden. Diese Überlegungen gelten naturgemäß auch nur für den rein mathematischen Handel bei einer Trefferwahrscheinlichkeit von 50:50. Kann der Trader mit einem System seine Trefferwahrscheinlichkeit erhöhen, dann kann er auch die hier gemachten Überlegungen nach oben oder unten verändern. Das gilt aber nur, wenn der Trader eindeutig bestimmen kann, dass seine Trefferwahrscheinlichkeit höher liegt, d. h. wenn er schon zumindest in der Simulation gehandelt hat.

Damit sind die Berechnungen der ersten wichtigen Tradingzahlen abgeschlossen und im Tradingplan definiert. Der Trader kennt nun sein maximales Tagesverlustlimit. Die Zahlen in diesem Beispiel müssen naturgemäß auf die eigene Kapitalsituation umgerechnet werden, aber der Sinn und die Berechnung sind klar geworden.

An dieser Stelle muss zusätzlich auf die Bedeutung einer genügend hohen Anfangskapitalisierung eines aktiven Tradingaccounts eingegangen werden. Die für den hier vorgestellten Tradingplan durchgeführte Beispielrechnung zeigt eindeutig, dass das verfügbare Tageslimit im Verlustbereich bei kleineren Konten sehr schnell zu gering ist, um damit noch erfolgreich traden zu können.

Da Tradingverluste ab einer bestimmten Höhe nur sehr schwer wieder auszugleichen sind (siehe Kap. 1, Tabelle 1) und der Trader bei höheren Verlusten auch schnell in eine psychologische Falle gerät, ist die richtige Kapitalisierung am Anfang von erheblicher Bedeutung. Daneben gibt es noch andere Gründe für eine ausreichende Kapitaldecke.

Zumindest an amerikanischen Börsen muss ein Tradingaccount verschiedenen Anforderungen genügen. Aufgrund der seit September 2001 geänderten Margin-Requirements an den US-Märkten sollte die zur Verfügung stehende Summe 25.000 $ keinesfalls unterschreiten – zumindest dann, wenn mit dem Konto Kurzfriststrategien im Intra-Day-Bereich geplant sind. Hierzu zählen besonders alle Scalping-Stile. Da beim Scalping die geplante Verweildauer innerhalb eines Trades nur wenige Sekunden bis einige Minuten dauern kann, ist eine tagesgleiche Glattstellung der eingegangenen Trades fester Bestandteil der Tradingstrategie. Um mit einem Tradingkonto, das weniger als 25.000 $ enthält, Kurzfriststrategien durchzuführen, muss der jeweilige Trader den Status des Kontos auf »Cash Only« setzen. Dabei wird als Tradingkapital lediglich das tatsächlich verfügbare und vom Trader eingezahlte Kapital als Grundlage hergenommen. Ein Margin-Requirement entfällt somit. Allerdings kann der Trader auch keinen Kredit erhalten. Mit einem solchen Konto lässt sich zwar handeln, allerdings nur in Richtung steigender Kurse. Short-Trades, das sogenannte Leerverkaufen von Aktien – eine Strategie, die auf fallende Aktienkurse ausgerichtet ist – lässt sich ohne die Möglichkeit eines Margin-Kontos nicht realisieren. Insofern ist es also keine wirklich brauchbare Lösung, ein Handelskonto als »Cash-Only«-Konto zu betreiben.

Für anfängliche Strategien ist das jedoch nicht wirklich von Nachteil, sodass kleinere Konten auch gehandelt werden können. In einem späteren Stadium oder bei Nutzung komplexer Strategien muss jedoch mit einem Margin-Konto gehandelt werden. Unter bestimmten und vom Gesetzgeber auch vorgesehenen Bedingungen ist es auch mit einem »Cash Only«-Konto möglich, tagesgleich glattzustellen. Vorausgesetzt der Trader überschreitet nicht die Grenze von vier tagesgleich glattgestellten Trades in fünf aufeinanderfolgenden Geschäftstagen, so können auch mit kleineren Konten Daytrading-Strategien durchgeführt werden. Überschreitet der Trader jedoch diese Grenze oder handelt von Haus aus sehr viel öfter mit tagesgleicher Glattstellung, so stuft der Broker das Konto als »Pattern Daytrader«-Konto ein und dann gelten alle für einen Daytrading-Account aufgestellten Regeln. Dabei ist übrigens besonderes Augenmerk auf die Einstufung als »Pattern Daytrader« zu richten. In der Regel ist es äußerst schwierig, ein solcherart eingestuftes Konto wieder rückgängig zu machen. Wer einmal von seinem amerikanischen Broker als Pattern-Daytrader eingestuft wurde, der bleibt es, auch wenn er längst nicht mehr tagesgleich glattstellt.

> Angenommen, ein Trader eröffnet ein Konto und beginnt mit einem Scalping-Stil und tagesgleicher Glattstellung bei allen Trades. Sein Account enthält zu Beginn 30.000 $ und der Trader macht im ersten Monat 150 Trades. Schon nach den ersten fünf Trades würde der Broker diesen Kunden als »Pattern Daytrader« einstufen, wenn diese Trades innerhalb der Grenze von fünf aufeinanderfolgenden Handelstagen ausgeführt würden. Nehmen wir weiter an, dass der Trader nach einem Monat jedoch weniger als 25.000 $ auf seinem Konto hat, da er durch seine Trades – und weil er ganz am Anfang seiner Karriere steht – einige Verluste erlitten hat. Unterhalb von 25.000 $ ist es dem Trader nun nicht mehr möglich, tagesgleich glattzustellen, was dazu führt, dass er seinen Tradingstil von Scalping auf Swingtrading ändern muss. Die meisten seiner Positionen hält er nun über Nacht, und obwohl er jetzt nach den Grundsätzen eines Cash-Only-Kontos handelt, bleibt er bei seinem Broker weiterhin als »Pattern Daytrader« eingestuft. Damit unterliegt jedoch auch sein Konto den sehr viel restriktiveren Bedingungen eines Daytrading-Margin-Accounts.

Bei längerfristiger Planung, also beispielsweise einem Swingstil, der über mehrere Tage hinweg angewendet wird, kann die Summe durchaus auch darunter liegen, wenn diese Trades alle innerhalb des jeweiligen Tages wieder geschlossen werden, also sogenannte Daytrades sind. Der Broker wird dem Trader dann ebenfalls den Status »Pattern Daytrader« zuweisen.

KAPITALKOSTEN

Priorität 3

Trading im Kurzfristbereich ist eine Form des Investments. Wie wir bereits gesehen haben, muss für ein solches Investment genügend Kapital zur Verfügung gestellt werden. Für den Trader ist es nun wichtig zu erfahren, wie dieses Kapital bereitgestellt werden kann und was es kostet. Den Idealfall stellt naturgemäß das frei verfügbare Kapital dar, das nicht für andere Zwecke eingesetzt werden muss.

Der Verlust insgesamt stellt eine Größe dar, die sich wiederum in kleinere Bereiche unterteilen lässt. Das kann jedoch nicht in allen Situationen gewährleistet werden. Der beste Schutz vor einem finanziellen Desaster auch über den Tradingbereich hinaus ist es also, die Höhe des Kapitals so zu wählen, dass auch bei einem eventuellen Totalverlust des Tradingaccounts eine weitere finanzielle Unabhängigkeit gewährleistet ist.

Die Kapitalvoraussetzungen selbst müssen einigen Ansprüchen genügen. Viele Trader beginnen heutzutage mit zu kleinen Konten. Die Werbung der Tradingindustrie suggeriert dem Trader, er könne sehr schnell sehr hohe Gewinne erzielen. Das ist theoretisch zwar möglich, kann jedoch weder garantiert werden noch ist es der Normalfall. Trading ist ein komplexes Geschäft, das einer hohen Konzentration von Arbeitskraft, Zeit, Kapital, mentaler Stärke und Disziplin bedarf. Beginnt man mit zu wenig Kapital, müssen von vornherein hohe Gewinne erzielt werden. Das bringt den jeweiligen Trader in eine psychologisch schwierige Situation: Es erhöht den Leistungsdruck. Auch die Geduld des jeweiligen Traders wird stark auf die Probe gestellt. Der Weg zum Erfolg mit einem kleinen Konto führt über kleine Gewinne. Hier muss also die Höhe des zu erzielenden Gewinns auf einen niedrigeren Wert angepasst werden und dafür die zu nutzende Zeit erhöht werden. Psychologisch ist das eine schwierige Vorgehensweise, die nur die wenigsten Trader über einen längeren Zeitraum hinweg durchhalten können. Deshalb muss bei den Überlegungen zur Höhe des Kapitals gleich von Beginn an ein realistisches Ziel gesetzt werden. Wichtig ist natürlich der Markt, der gehandelt werden soll. Je nach Markt verändern sich die Relationen des einzusetzenden Kapitals: je nachdem ob man mit Margin arbeiten kann oder die Position vollständig abgesichert sein muss. Handelt der Trader Optionen oder Futures, so sind zwar anfangs die zu hinterlegenden Gelder nur Bruchteile der tatsächlichen Position. Aufgrund des Hebeleffektes erhöht sich jedoch auch gleich von Beginn an das vom Trader eingegangene Risiko.

Handelt der Trader hingegen den Aktienmarkt, so muss zwar die volle Position hinterlegt werden (es sei denn, man handelt mit einem Margin-Konto). Das eigentliche Risiko ist jedoch aufgrund des maximal dreifachen Hebels sehr viel geringer. Das offene Risiko betrifft also nicht überschüssiges Kapital.

Weiterhin muss das Kapital an die Bedingungen der Regulierungsbehörden angepasst werden. Betrachtet man beispielsweise den amerikanischen Aktienmarkt, so hat dort die SEC in Verbindung mit dem Gesetzgeber Richtlinien erlassen, die die Höhe eines Aktienkontos klar regeln. Bei solchen Margin-Konten beträgt das einzuzahlende Minimum

2.000 Dollar. Ein solches Konto benötigt der Trader, wenn er nicht nur Long-, sondern auch Short-Positionen handeln möchte, denn für Short-Positionen ist ein Margin-Konto zwingend erforderlich. Natürlich kann auch ein Konto angelegt werden, bei dem die Höhe des eingezahlten Kapitals keine Rolle spielt. Das ist dann allerdings ein »Cash Only«-Konto und der Trader kann damit ausschließlich auf der Long-Seite des Marktes handeln. Im Futures-Bereich müssen üblicherweise nur Margins hinterlegt werden. Diese bilden Bruchteile der tatsächlichen Kontraktgrößen.

Weiterhin ist zur Bestimmung des einzusetzenden Kapitals die durchschnittliche Haltedauer der Einzelpositionen festzulegen. Da ein Tradingplan wirtschaftlich gesehen auf eine Überschusserzielung hin entwickelt und optimiert wird, d.h. kontinuierliche Gewinne generieren soll, ist es nicht sinnvoll, den Zeitraum für offene Positionen von Beginn an zu lang zu wählen. Da der Gewinn schon nach kurzer Zeit eintreten kann, muss es dem Trader aufgrund des von ihm entwickelten Plans möglich sein, auch nach einer sehr kurzen Zeit die Position wieder zu schließen. Der kürzeste Zeitraum, der hierbei beachtet werden muss, ist der Intraday-Bereich. Von Beginn an muss folglich die Höhe des für das Trading zur Verfügung gestellten Kapitals ausreichend sein – nicht nur wegen der Lernphase, die der einzelne Trader durchläuft, sondern auch wegen der äußeren Bedingungen, die bei zu kleinen Konten schnell zu deren Liquidation beitragen.

ANLAGEZEITRAUM

Der Anlagezeitraum gibt die Risikoparameter vor, die für die eigene Tradingperformance notwendig sind. Es ist wichtig, dass sich der Trader Gedanken macht, welchen Zeitraum er für seinen Handel vorsieht.

Als extremes Beispiel sei hier Warren Buffett genannt, dessen Anlagehorizont nach eigener Aussage »für immer« ist. Bei einem solchen Zeitraum interessiert er sich für ein völlig anderes Risikoszenario als ein Trader, der jede seiner Positionen nach drei Minuten wieder aufgibt.

Der gewählte Tradingzeitraum hängt von vielen Parametern ab, die das eigene Ergebnis erheblich beeinflussen.

Dazu ein Beispiel: Ein Trader, der jeden Abend zu Handelsschluss all seine Positionen glattstellt, verschenkt mitunter das, was er über Nacht mit seinen Positionen einnehmen könnte. Und dieser Wert kann durchaus mehr als 50 % des Gesamteinkommens des Traders ausmachen. Über Nacht kann der Trader seine Positionen in der Regel jedoch nicht glattstellen. Insofern müsste er vor Handelsschluss sicherstellen, dass das Risiko in der Position nicht zu groß ist. In unserem Beispiel erreicht er das durch das Glattstellen der Position. Es gibt allerdings noch andere Möglichkeiten, das Risiko zu minimieren und sich dabei die Chance offenzuhalten, doch noch einen Gewinn über Nacht zu erzielen.

Der Trader könnte zum Beispiel die Nachrichten analysieren und sich ein Bild von der Gesamtlage sowie der speziellen Lage in dem Wert machen, den er handelt. Würde die Nachrichtensituation stabil auf eine weitere positive Entwicklung hindeuten, dann könnte der Trader die Position über Nacht stehen lassen, ohne ein zu großes Risiko einzugehen.

Wenn beispielsweise ein Unternehmen mit einer sehr großen Naturkatastrophe in Zusammenhang gebracht wird, dann wird dessen Wert in den ersten Wochen nach Auftreten des Ereignisses fallen und nicht steigen. Hier ist es also durchaus sinnvoll, diese Position Short zu halten und nicht jeden Abend glattzustellen.

Noch wichtiger aber ist die Betrachtung der Positionsgröße. Dazu sieht sich der Trader die Schwankungsbreite des jeweiligen Wertes, d.h. die Volatilität, an und entscheidet anhand des Ergebnisses, ob seine Position zu groß gewählt ist. Ist das der Fall, verkleinert er die Position und lässt diese über Nacht stehen. Hierbei spielen aber noch andere Überlegungen eine Rolle. Hat der Trader während des Tages beispielsweise einen Gewinn in Höhe von 1.000 $ erzielt und seine einzige Position besteht aus 100 Aktien, die eine Schwankungsbreite von 4 $ pro Tag haben, dann könnte seine Position über Nacht im schlimmsten Fall auf 600 $ fallen oder bestenfalls auf 1.400 $ steigen. Uns interessiert hier jedoch nur der Verlustfall. Fällt die Position tatsächlich auf 600 $, so ist immer noch ein Gewinn vorhanden. Die Position muss daher nicht aufgegeben werden.

Anders verhält es sich, wenn bei gleicher Aktienauswahl der Gewinn während des Tages nur 400 $ beträgt. Im schlechtesten Fall könnte die Position um eben diese 400 $ fallen und in diesem Fall wäre der gesamte Gewinn verloren. Hier wäre es folglich sinnvoll, die Position entweder zu verkleinern oder ganz aufzugeben.

Es zeigt sich, dass es durchaus nicht immer gut ist, am Tagesende jede Position aufzugeben und glattzustellen. Bei dieser Vorgehensweise verschenkt man mitunter zu viel Geld.

Notwendige Gewinnminimum-Ermittlung

Eine der wichtigsten Kennzahlen für den Trader ist die Ermittlung des Stundensatzes oder des Minimums, das im Gewinnbereich unbedingt erzielt werden sollte, um alle anfallenden Kosten zu decken. Analog zu Berechnungen aus dem Wirtschaftsbereich handelt es sich dabei um eine Break-even-Analyse. Dafür müssen alle Kosten betrachtet werden, um herauszufinden, an welchem Punkt der Trader mit seinen Aktivitäten erstmalig im Gewinn liegt.

Plausibilitätsanalyse

Die Plausibilitätsanalyse dient dazu, festzustellen, ob auch wirklich sämtliche Kosten eingerechnet wurden. Hier werden noch einmal alle angefallenen Kosten in einer Übersicht eingetragen, und es wird mit dem realen Ablauf des Handels verglichen, ob es Punkte gibt, die bisher nicht aufgeführt sind.

Natürlich werden im Vorfeld alle Kosten eingerechnet, doch sinnvollerweise wird die Plausibilitätsanalyse wiederholt, wenn der Handel schon einige Zeit läuft, damit Sie sicherstellen können, auch wirklich alle Kosten erfasst zu haben.

Als Kostenarten sind unterschiedliche Faktoren aufzunehmen – sie sind immer auch abhängig von der individuellen Situation eines Traders. Folgende Hauptkostenarten sind jedoch in jedem Falle einzuberechnen:

Setup-Kosten

- ▸ Mietkosten für das Büro oder den Handelsraum
- ▸ Hardwarekosten, zu denen PCs, Monitore, Router, Drucker, Kabel, Netzwerkkomponenten und andere den technischen Aufbau betreffende Dinge gehören
- ▸ Büroausstattung
- ▸ Anschlusskosten für das Internet
- ▸ Miet- und Kaufkosten für Software
- ▸ Ausbildungskosten, zu denen Abonnements von Fachmagazinen, Bücher sowie Kosten für Seminare, Schulungen etc. gehören
- ▸ Sonstige Kosten (Tradingstrategien etc.)

Laufende Kosten

- ▸ Mietkosten
- ▸ Stromkosten
- ▸ Softwarekosten
- ▸ Brokerkommissionen
- ▸ Durchschnittliche Verluste

Insbesondere die durchschnittlichen Verluste sind ein interessanter Posten. Zu Beginn des eigenen Handels sind die Verluste natürlich noch nicht bekannt; nach etwa drei bis vier Monaten haben Sie aber schon einen recht guten Überblick über die Höhe der eigenen Verluste und können diese dann in die Kosten mit einrechnen.

Jeder Trader muss sich von Beginn an klar darüber werden, dass ein Eigenhandel ohne Verluste nicht darstellbar ist. Wenn wir also von Anfang an versuchen, auf keinen Fall einen Verlust machen zu wollen, so wird unser Handel nicht lange gut gehen, weil wir dann schnell jeden Gewinn zu früh abgeben und die Verluste länger laufen lassen werden. Der umgekehrte Fall soll aber eigentlich eintreten: Wir möchten gerne die Gewinne laufen lassen und die Verluste begrenzen. Doch die Verluste gehören zum Handel dazu wie das Tanken des Autos zum Fahren.

Die menschliche Psyche spielt einem gerne einen Streich. Mit jeder offenen Position haben wir als Trader immer auch eine Entscheidung getroffen. Wir mussten im Vorfeld das Wertpapier aussuchen und wir mussten auch die Richtung aussuchen, in die wir die Position eröffnen wollten. Mit diesen beiden Entscheidungen haben wir uns mental festgelegt und es wird uns daher schwerfallen, diese Position wieder aufzugeben, sollte sie später gegen uns laufen. Aus diesem Grund ist es so wichtig, in die laufenden Kosten auch die Verluste einzurechnen, sobald Sie Ihnen bekannt sind. Die Höhe der durchschnittlichen Verluste gibt Ihnen einen guten Hinweis darauf, ob es entweder die Strategie ist, die Sie ändern müssen oder aber Ihre psychische Einstellung.

BEDARFSBERECHNUNG

Priorität 3

In den meisten Fällen, die ich in der täglichen Schulungspraxis erlebe, wird der notwendige Bedarf relativ einfach ermittelt. Wenn man es genau nimmt, wird er nicht wirklich ermittelt – er ist einfach da. Es soll nämlich immer der maximal mögliche Gewinn aus jeder Situation erwirtschaftet werden. Jeder Chart, jede Nachricht und jede Tradinggelegenheit, die sich in irgendeiner Form anbietet, soll zu einem maximalen Gewinn für den Trader führen. Das ist das Ziel der meisten Anfänger. Diese Vorgehensweise ist aber leider in den seltensten Fällen wirklich gewinnbringend.

Für den Trader ist es wichtig, das Zeitfenster, in dem er handelt, so zu nutzen, dass er in dieser Zeit und mit den Möglichkeiten, die ihm zur Verfügung stehen, die richtigen Entscheidungen treffen und damit einen maximal möglichen Gewinn erzielen kann. Es soll also nicht jede Situation zu einem maximalen Gewinn führen, sondern es sollen vielmehr Situationen ausgewählt werden, die zu der Kontogröße, dem Umfeld, den Nachrichten und dem Tradingstil des Traders passen.

Die Situation am Markt stellt für den Trader eine wichtige Kenngröße dar. Er muss zunächst ermitteln, welches Minimum er mit seinem Tradingstil erreichen kann. Dies kann jeder Trader mit einfachen Planspielen und Simulationen herausfinden. Ziel ist es dabei nur zu ermitteln, ob das gesetzte Minimum erreicht werden kann. Ist dies nicht der Fall, müssen Parameter oder eventuell sogar ganze Strategien verändert werden.

Die gesteckten Ziele müssen auch immer erreichbar sein. Es macht keinen Sinn, sein Geld innerhalb eines Monats verdoppeln zu wollen, wenn man nur 5.000 € zur Verfügung hat und gerade erst beginnt, die Märkte kennenzulernen. Auch wenn jemand einem anderen Beruf nachgeht und erst am Abend die Zeit findet, sich dem Trading zu widmen, können hochgesteckte Ziele nicht schnell erreicht werden.

In meiner Schulungspraxis begegnet mir jedoch immer wieder eine weitaus schlimmere Zielsetzung von Tradern: den einmal verdienten Gewinn immer wieder machen zu wollen.

Angenommen, ein Trader verdient an einem Tag 50 € und am nächsten Tag 700 €. Dementsprechend versucht der Trader in den folgenden Tagen immer wieder den höheren Betrag zu erreichen, und häufig wählt er dafür die gleiche Methode, die beim ersten Mal zum Erfolg geführt hat. Diese Vorgehensweise aber führt natürlich nicht zum gewünschten Ziel, da der hohe Betrag in der Mehrzahl der Fälle deshalb erwirtschaftet wurde, weil die Marktkonstellation an diesem einen Tag zu der Position des Traders passte. Wird demzufolge die gleiche Methode an einem anderen Tag mit völlig anderen Voraussetzungen und Nachrichten angewendet, funktioniert sie natürlich nicht mehr.

Das wichtigste Ziel für einen Trader ist die Kontinuität. Schafft er es, jeden Tag annähernd die gleiche Summe zu erzielen, so ist er einen wichtigen Schritt weiter, denn jetzt kann er die Methode beibehalten und muss nur die Positionsgrößen skalieren. An dieser Stelle muss jedoch ausdrücklich gesagt werden, dass der Handel mit kleiner werdendem Zeitfenster immer schwieriger wird. Es ist einfacher, über einen Zeitraum von sechs Monaten einen vorher definierten Gewinn zu erzielen, als in einem Zeitraum von sechs Tagen den verhältnismäßig gleichen Gewinn erwirtschaften zu können. Übrigens ist es eine weitverbreitete Anfängermeinung, es sei genau umgekehrt. Kontinuität gehört folglich zu den wichtigen Zielen, die sich ein Trader stecken kann, doch es gehört auch dazu, zu bestimmen, wie hoch der Betrag sein muss, der verdient werden soll.

Der reale Bedarf kann relativ einfach ermittelt werden. In einem normalen Jahr hat jeder Trader zwischen 220 und 225 Tage zur Verfügung, an denen er seinem Handel nachgehen kann. Diese Zeit muss vom Trader so genutzt werden, dass er den für den Lebensunterhalt benötigten Betrag erwirtschaften kann – sofern das das Ziel ist. Zunächst muss also festgelegt werden, welches Einkommen der Trader in einem Jahr mit seinem Handel erzielen möchte. Sehen wir uns dazu ein Beispiel an:

> Ein Trader ist in seinem ersten Jahr, hat die Schulung erfolgreich hinter sich gebracht und beginnt nun mit dem Eigenhandel. Er möchte in seinem ersten Jahr ein Gesamteinkommen von 15.000 $ erzielen. Seine Gesamtkontogröße liegt bei 100.000 $, der Handel soll demnach 15 % der zur Verfügung stehenden Summe im ersten Jahr erwirtschaften. Das ist sicherlich schwierig, aber durchaus möglich. Es wäre dagegen nicht realistisch, anzunehmen, dass er im ersten Jahr 50 %, also 50.000 $, erzielen kann.

Um herauszufinden, wie hoch der Tagesgewinn sein muss, wird folgende Formel verwendet:

Tagesgewinnziel = zu erzielendes Einkommen/Handelstage

> Auf den ersten Blick scheint es richtig, die in einem Handelsjahr verfügbaren 220-225 Handelstage einzusetzen. Unser Trader würde demnach die Werte in die obige Formel einsetzen und bekäme das folgende Ergebnis:

15.000 $/220 = 68,18 $

Der Trader müsste also laut Formel einen Tagesgewinn von 68,18 $ erzielen. Damit hat er einen realen Wert und kann nun mit dem Handel beginnen.

Diese Vorgehensweise kommt der Realität jedoch leider nicht sehr nahe. Wir sind zu optimistisch vorgegangen und würden diesen Gewinn nicht wirklich erzielen, denn ein einziger Tag, an dem wir nicht handeln, würde das Ergebnis verändern. Realistischer ist es, anzunehmen, dass der Trader nicht an jedem Tradingtag des Jahres handeln kann. Erfahrungsgemäß zeigt sich, dass Werte zwischen 180 und 190 Tagen der Realität sehr viel näher kommen. Doch auch hierbei würden noch immer große Kostenfaktoren außer Acht gelassen. Miete, Steuern, Softwarekosten und andere müssen mit eingerechnet werden. Dies wird durch die Verringerung der möglichen Handelstage erreicht. Verringert der Trader in seinem Handelsplan die mögliche Anzahl der Tradingtage, so baut er einen Versicherungsfaktor ein, da er in der Realität vermutlich mehr handelt als in der Rechnung angenommen. Auf diese Weise erhält der Trader einen realistischen Wert, der auch nach allen Kosten de facto erreicht werden kann. Zwar ist die tatsächliche Rechnung für jeden Trader individuell und muss im Einzelfall aufgrund der eigenen Lebenssituation berechnet werden, aber die Erfahrung hat gezeigt, dass Werte von 150 bis 160 Tagen einen guten Durchschnitt darstellen.

Wählen wir für unser Beispiel demnach 150 Tage, ergibt die Rechnung nun:

15.000 $/150 Tage = 100 $

Die Bedarfsermittlung zum Minimum hat für diesen Trader bei einem zu erzielenden Einkommen von 15.000 $ pro Jahr demnach erbracht, dass er ein Tagesgewinnziel von 100 $ erreichen sollte.

Hier spielen individuelle Überlegungen natürlich nach wie vor eine große Rolle. Durch diese einfachen Berechnungen aber hat der Trader sein erzielbares Ergebnis wesentlich realistischer ermittelt und kann nun versuchen, dieses Ergebnis auch wirklich zu erreichen. Er muss nun überlegen und analysieren, ob sein derzeitiger Tradingstil einen solchen Gewinn erlaubt.

Hierzu ein anderes Beispiel:

Wenn unser Trader an einem einzigen Handelstag einen durchschnittlichen Wert von 100 $ erzielen möchte, aber beispielsweise eine Aktie mit einer Tagesschwankungsbreite von 0,50 $ handelt, wäre es nicht sinnvoll, nur 100 Stück dieser Aktie zu kaufen, denn die könnten sich lediglich um 50 $ auf oder ab bewegen. Der Trader müsste also entweder die Position vergrößern oder eine weitere Aktie im Konto zulassen. Doch allein die Tatsache, dass ihm dieser Umstand mit den obigen Berechnungen bekannt ist, ändert und verbessert seine Handelsstrategien, da er sich auf das zu erzielende Einkommen einstellen kann.

In die Bedarfsrechnung muss stets alles eingerechnet werden, was den Handel betrifft. Eine solche Bedarfsrechnung sieht für einen Vollzeithändler naturgemäß anders aus als für jemanden, der lediglich in seiner Freizeit am Abend handelt.

Aktive Handelsregeln

Für unseren späteren Handel ist es sehr wichtig, dass wir Kontrolle ausüben. Wir sollten in der Lage sein, die Dinge zu kontrollieren, die wir als Händler kontrollieren können und die nicht der Gewalt des Marktes unterliegen. Kontinuierliche Gewinne erzielen wir im Handel nämlich dann, wenn wir aktiv einen Plan verfolgen und nicht passiv traden. Sobald wir uns vom Markt oder dessen Umfeld in einen Trade drängen lassen, sind wir passive Trader und das führt nur in wenigen Fällen zum Erfolg. Wenn Sie beispielsweise eine Nachricht lesen und darauf sofort reagieren, dann sind Sie ein passiver Trader und werden sehr viel arbeiten müssen, um ständig Gewinne erzielen zu können.

Sehen wir uns dazu wieder ein Beispiel an:

> Wir lesen eine Nachricht eines Flugzeugherstellers, dass er sein Flaggschiff nicht zum vorgesehenen Zeitpunkt auf den Markt bringen und an die Kunden ausliefern kann. Diese Nachricht führt für das Unternehmen zu hohen Konventionalstrafen. Das wiederum nehmen die Investoren ernst und werden aller Voraussicht nach die Aktie am Markt abstrafen.

Reagieren wir also unmittelbar auf die Nachricht, können wir Short gehen und werden damit auch einen Gewinn erzielen. Das aber ist ein passiver Trade und der führt nur zu einem begrenzten Gewinn für den heutigen Tag. Nachdem die Position glattgestellt ist, müssen wir uns wieder um eine neue Nachricht bemühen, die wir handeln können.

Wir sind folglich auf der Suche nach einem weiteren Trade. Stattdessen könnten wir von einem passiven auf einen aktiven Trade wechseln, indem wir folgendes Szenario handeln:

> Wir wissen, dass der Flugzeughersteller Konventionalstrafen zahlen muss und wir wissen auch, dass das an der Börse sicherlich nicht zu stetig steigenden Kursen führt. Wir könnten also die Aktie an jedem Tag Short handeln, an dem der Gesamtmarkt fällt und das über einige Wochen hinweg. Wir handeln diese Aktie demnach nicht an positiven Tagen, sondern nur an negativen Tagen. Und dann auch nur auf der Short-Seite.

So sind wir als Trader von der passiven auf die aktive Seite gewechselt. Diese eine Nachricht bringt uns für einen längeren Zeitraum Gewinne, und wir wissen im Vorfeld ganz genau, wann wir wie einzusteigen haben.

Um nun die Kontrollparameter eingrenzen zu können, müssen wir sie zunächst definieren. Die nachfolgenden Punkte bilden verschiedene Unterpunkte unseres Tradingplans, die uns die Möglichkeit geben, unseren Handel so zu gestalten, wie wir das möchten, und uns nicht von außen kontrollieren zu lassen, also proaktiv zu handeln, was uns wesentlich bessere Gewinnchancen einräumt.

Selbstanalyse

Ein direkter Bestandteil des Tradingplans ist die Selbstanalyse eines Traders.

Eine der wichtigsten Eigenschaften, die ein Trader mitbringen muss, ist die Disziplin, den einmal aufgestellten Plan auch wirklich durchzuführen. Der Trader sollte bei seiner Selbstanalyse sehr ehrlich zu sich selbst sein und feststellen, ob er diese Disziplin mitbringt. Hier wird zunächst oft sehr optimistisch vorgegangen und angenommen, dass man die nötige Disziplin schon mitbringt. Später während des Handels zeigt sich dann jedoch, dass dies nicht der Fall ist und dass aufgrund der fehlenden Disziplin häufig Verluste erzeugt werden.

Neben der Disziplin benötigt ein Trader Geduld. Es ist leicht ersichtlich, dass die Verbindung dieser beiden Charaktereigenschaften Geduld und Disziplin eine schwierige Voraussetzung für die meisten Trader darstellt. Je weniger diese Eigenschaften bei einem Trader ausgeprägt sind, desto länger muss der Zeitraum sein, in dem er anlegt.

Vielen ist dieser Umstand nicht klar; sie glauben, je kürzer der Anlagezeitraum ist, desto weniger Geduld müsse man aufbringen. Es ist zwar richtig, dass man in einer offenen Position weniger Geduld aufbringen muss, wenn man diese Position nur für eine Stunde anstatt für einen Tag halten will, aber in gleichem Maße steigt die Qualität der Disziplin, die man an den Tag legen muss. Darüber hinaus benötigt man durchaus eine große Portion Geduld, da man auf die richtige Situation warten muss und nicht jede Tradinggelegenheit ergreifen kann. Wir brauchen die Geduld also, bevor wir einen Trade eröffnen.

Bei der Selbstanalyse muss demnach sehr sorgfältig und ehrlich vorgegangen werden, denn der spätere Tradingerfolg hängt stark davon ab. Es nützt nichts, sich hierbei selbst zu belügen.

Wenn in anderen Lebensbereichen Probleme bestehen, diszipliniert vorzugehen, ist nicht einzusehen, wieso diese Vorgehensweise gerade im Tradingbusiness anders sein soll. Hier werden aller Voraussicht nach die gleichen Fehler gemacht. Sollten Sie also feststellen, dass solche Probleme existieren, dann ist es notwendig, einen Zusatzplan zu erstellen, der ausschließlich die Disziplin behandelt. Beispielsweise könnten Sie mit einem einfachen Stundenplan die Zeit festlegen, die Sie im Tagesablauf für das Handeln eingeplant haben.

Gibt es Probleme mit der Disziplin bei der Glattstellung von Verlustpositionen (die häufigste Variante eines Disziplinproblems), so wird rigoros ein Tradingjournal angefertigt, in dem auf jeden Fall die Gründe für den Trade und für den Ausstieg aufgeführt werden müssen. Der Nutzen hiervon besteht darin, dass man den Grund für seinen Fehler selbst aufschreiben muss. Spätestens an dieser Stelle wird man sich Gedanken machen, warum dieser Fehler überhaupt begangen wurde. Das wiederum hilft bei der Vermeidung des gleichen Fehlers in der Zukunft.

Eine etwas elegantere Möglichkeit besteht in der Nutzung eines grafischen Analyseprogramms, das die Defizite des Traders und seiner Performance klar aufzeigt. Software, die als Tradingjournal genutzt werden kann, gibt es erst seit Kurzem. Die meisten Handelsplattformen bringen leider auch kein Modul mit, das diesen Zweck erfüllen könnte. Dabei wäre das eine sehr sinnvolle Erweiterung.

Doch unabhängig davon, ob man ein Tradingjournal manuell führt oder eine integrierte grafische Lösung verwendet, kann diese Maßnahme nur dann unterstützend wirken, wenn das Journal korrekt und vor allen Dingen bei jedem Trade mit Daten gefüllt wird. Auch hier gilt natürlich, dass man sich nicht selbst belügt, sondern realistische Daten eingibt. Nur so ist man in der Lage, seine eigene Disziplin oder seinen eigenen Tradingstil zu verbessern.

Wenn Sie mit dem Handel beginnen, lassen sich die hauptsächlichen Fehler in zwei Gruppen aufteilen. Zum einen können Sie Schwierigkeiten mit dem Glattstellen von Positionen bekommen, zum anderen können erhebliche Fehler bei der Größe der Position auftreten. Insbesondere im Verlustfall wählt man schnell eine zu große nächste Position und vergrößert damit seine Probleme. Nachfolgend werden die Punkte noch einmal etwas ausführlicher dargestellt und mit den Dingen in Verbindung gebracht, die Sie als Trader kontrollieren können.

Kontrollparameter

Die folgenden Punkte gehören in jeden Tradingplan, völlig unabhängig davon, welches Wertpapier oder welcher Markt gehandelt wird. Jeder dieser Punkte, der in einem Tradingplan nicht berücksichtigt wird, vermindert die Qualität des Handels und des Tradingplans. Werden alle Punkte berücksichtigt, schließt es zwar den Verlust nicht gänzlich aus; es vermindert ihn aber in solchen Phasen und erlaubt dem Trader die Kontrolle über viele wichtige Punkte in seinem täglichen Handel.

Wir unterscheiden zwischen der Kontrolle, die wir als Trader ausüben können und der Kontrolle, die der Markt über unsere Positionen ausübt. Wann immer wir dem Markt die Kontrolle überlassen, vermindert sich unser Potenzial, Gewinne zu erwirtschaften. Effizient zu handeln bedeutet daher, möglichst viel Kontrolle über die eigenen Aktivitäten auszuüben.

Emotion

Priorität 3

Dieser Punkt unterliegt bei vielen Händlern nicht deren Kontrolle; er sollte dies aber unbedingt tun. Je emotionaler wir werden, desto schwieriger wird der Umgang mit einer einzigen Position.

Angenommen, Sie haben eine Position analysiert und sind auf der Long-Seite eingestiegen, spekulieren also auf steigende Kurse. Ihre Analyse war hervorragend und alles passt ins Bild; Sie sind sich also sicher, dass die Aktie steigen wird. In diesem Fall haben Sie ein Problem, denn Sie sind emotional mit Ihrem Trade verbunden. Macht die Aktie nun nicht die gewünschte Bewegung, so wird es Ihnen schwerfallen, sie aufzugeben. Sie müssten sich in diesem Fall einen Fehler eingestehen und das gehört nicht zu den einfachen menschlichen Fähigkeiten. Die Position aufzugeben oder im besten Fall umzudrehen gestaltet sich aus emotionalen Gründen fast unmöglich.

Dieser Fall zeigt eindeutig, wie schnell wir die Kontrolle aus der Hand geben, wenn wir unsere Emotion nicht beherrschen können.

Ein weiteres Problem besteht in der Schnelligkeit, mit der Gewinne erzielt werden können. Wir Menschen tendieren dazu, uns an unser Umfeld zu gewöhnen. Wenn jemand in seinem Beruf 2.500 € im Monat verdient, an der Börse jedoch diese 2.500 € an nur einem Tag verdient, dann ist nicht die Summe selbst das Problem, sondern die Geschwindigkeit, mit der sie verdient wurde. Da das nicht dem normalen Umfeld des Traders entspricht, gerät er hier leicht in eine Situation, in der sich die Habgier durchsetzt. Die Überlegung ist simpel und immer gleich. Es war in diesem Fall kein Problem, diese Summe zu verdienen und es hat sich sehr schnell so ergeben – also lässt sich auch mehr verdienen. Die Position wird nicht abgesichert und oftmals läuft sie wieder zurück und gibt den Gewinn wieder ab.

Mit den Emotionen umzugehen, ist einer der wichtigsten Kontrollfaktoren. Am einfachsten gelingt das am Anfang durch das Setzen von Zielen und natürlich das rigorose Einhalten dieser Ziele. Für das Öffnen einer Position müssen Sie klare, aber unbedingt einfache Regeln definieren. Wenn Ihr Szenario zu kompliziert wird, dann benötigen Sie zu viel Energie, eine Position zu eröffnen, und in dem Fall wird es Ihnen auch schwerer fallen, diese Position wieder zu schließen, sollte sie sich nicht so entwickeln, wie Sie sich das vorgestellt haben.

Geduld

Priorität 3

Geduld ist ein weiterer Punkt, der der Kontrolle des Traders unterliegt. Nicht jeder Trade ist schon gleich am Anfang ein guter Gewinner, manchmal dauert es etwas, bis ein Trade das gewünschte Ziel erreicht. Oder es gibt Nachrichten, die sich erst einige Wochen später am Markt durchsetzen.

Märkte sind im Allgemeinen sehr ungeduldig; deshalb ist es auch schwierig, einen Gewinn längerfristig zu realisieren. Alles soll sofort passieren, der Gewinn soll heute noch erreicht werden. Wall Street hat daran eine gewisse Mitschuld. Es geht bei vielen institutionellen Investoren um kurzfristige Ergebnisse und Leistungen. Ein Hedgefonds-Manager muss alle drei Monate das Quartalsergebnis präsentieren – und das sollte gut sein. Er wird also alles dafür tun, in kurzer Zeit Geld zu verdienen; dafür sind kurzfristige Kursbewegungen notwendig. Es ist dabei nicht so wichtig, wie die tatsächliche Unternehmenssituation eines Unternehmens aussieht, das in die engere Wahl genommen wurde. Wichtig ist nur, wie sich der Kurs der Aktie in den nächsten drei Monaten bewegt.

Da die Medien auch in diesem Fahrwasser unterwegs sind, ist es schwer, sich als individueller Investor von dieser Denkweise abbringen zu lassen.

Bild 3.2 Quelle: www.esignal.com

Ein gutes Beispiel ist die Apple-Aktie (Symbol: AAPL) von Januar 2009 bis April 2010. Die Aktie hat in diesem Zeitraum eine stetige Bewegung nach oben gemacht, unterbrochen nur von wenigen Seitwärtsphasen. Es hätte wenig Sinn gemacht, diese Aktie intensiv zu traden und jeden Tag zu kaufen und wieder zu verkaufen. Vielmehr Sinn machte es, den Trade die ganze Zeit zu halten. Der Gewinn lag bei nahezu 100 %. Ob das mit kurzfristigem Handel auch zu erreichen gewesen wäre, ist fraglich. Die Geduld eines Traders, diesen Trade die ganze Zeit durchzuhalten und möglicherweise sogar zu vergrößern, wurde folglich sehr wohl belohnt. Aber diese Geduld aufzubringen, ist keineswegs einfach. Es hängt davon ab, welche Gewinnziele der Trader verfolgt. Wenn es ihm nur um den schnellen Gewinn geht, dann nimmt er einige Prozent mit und steigt wieder aus.

Geduld gehört zu den Parametern, die ein Trader kontrollieren kann – und sie zu kontrollieren, ist sehr wichtig, aber auch sehr schwierig.

Disziplin

Priorität 3

Der nächste wichtige Kontrollparameter ist unmittelbar verbunden mit der Geduld: Disziplin. Wenn wir uns als Trader ein Ziel setzen, dann müssen wir es auch einhalten. Märkte ändern sich ständig. Unsere Ziele dürfen daher nicht auf die Märkte ausgerichtet sein, sondern auf unser Konto, unsere Gewinne und Verluste. Die Ziele, die wir uns in dieser Hinsicht setzen, müssen dann aber auch diszipliniert umgesetzt werden.

Angenommen, wir haben uns für das laufende Tradingjahr als Zielmarke das Erreichen von +10% gesetzt und in unserem Tradingplan festgelegt, dass bei Erreichen des Ziels das Risiko verringert wird. Wenn jetzt das Portfolio tatsächlich diesen Wert erreicht und unsere Einlagen um 10% gestiegen sind, aber der Markt weiterhin sehr interessant aussieht, dann kommen wir vielleicht auf die Idee, alle Positionen so zu belassen, wie sie im Moment sind. Das würde jedoch eine Beibehaltung des derzeitigen Risikos bedeuten und das ist nicht die ursprüngliche Idee gewesen.

Das Problem ist nicht die Ignorierung unseres eigenen Plans in diesem Punkt, sondern die Disziplinlosigkeit im Allgemeinen. Wenn wir an diesem Punkt nicht diszipliniert handeln und unseren Plan ausführen, dann werden wir es auch in der Zukunft nicht tun und das führt mitunter zu späteren Verlusten. Erst wenn definierte Regeln auch wirklich eingehalten und umgesetzt werden, gelingt es, kontinuierlich in den Gewinn zu gelangen.

Märkte sind schnell bewegliche Monster, die uns in jeder Sekunde eine andere Gelegenheit bieten. Wir müssen entscheiden, ob diese nächste Gelegenheit wirklich annehmbar ist und ob wir damit einen Gewinn erzielen können.

Marktauswahl

Priorität 3

Der Markt, den wir für unseren Handel auswählen, spielt eine große Rolle. Es ist ein Unterschied, ob wir Aktien, Futures, Optionen oder Währungen handeln.

Die Aktienmärkte bieten die feinfühligste Möglichkeit, den Hebel anzupassen, da hier grundsätzlich eine 1:1-Situation gehandelt wird und der Hebel sich aus dem Verhältnis des eingesetzten Kapitals zum verfügbaren Kapital im eigenen Konto ergibt. Da wir von einer Aktie auch nur ein Exemplar kaufen können, wenn das gewünscht ist, lässt sich mit Aktien hervorragend das Risiko im Konto kontrollieren. Für kleinere bis mittlere Kontengrößen ist demnach der Aktienmarkt der beste Anlagemarkt.

Hier lässt sich nun noch auswählen, welcher Markt es sein soll. Den größten Vorteil bieten immer die liquidesten und fairsten Märkte. Es macht einen Unterschied, ob ich am deutschen Markt tätig bin, und hier immer das von mir eingegebene Limit akzeptieren muss, oder ob ich an den US-Markt gehe, wo ich auch einen fairen Wert erhalten kann, der durchaus einige Cent unter dem von mir eingegebenen Limit liegen kann.

Gerade die US-Märkte sind für Trader sehr interessant, denn hier tummeln sich sehr viel mehr Teilnehmer als an den europäischen Börsen.

In Deutschland haben wir es noch immer mit einer verschwindend geringen Rate an Marktteilnehmern zu tun. Unser Land hat etwa 85 Millionen Einwohner, aber nur etwa 6 % der Einwohner besitzen Aktien oder haben mit Aktienmärkten zu tun. Das sind also etwas mehr als 5 Millionen Menschen.

Im Vergleich dazu haben die USA etwa 250 Millionen Einwohner und die Rate der Börsenteilnehmer liegt bei etwa 50 % – also etwa 125 Millionen Teilnehmer. Das ist grob die 25-fache Anzahl der Teilnehmer, die wir in Deutschland haben.

Für uns Trader bedeutet das einen Vorteil, den wir beim Handel ausnutzen sollten. Da bei der Vielzahl der Teilnehmer in den USA die Rate der Anfänger höher liegt, werden wir es in vielen Situationen einfacher haben, Gewinne zu erzielen. Wir nehmen das Geld den Anfängern weg. Diesen Vorteil müssen wir als Trader erkennen und ihn damit zum Bestandteil unseres Tradingplans machen.

Sehen wir uns statt der Aktienmärkte mit ihren fairen Chancen im Gegenzug die Futures-Märkte an. Hier ist der Hebel immer schon in den Kontrakt eingebaut, den wir handeln wollen. Beim DAX-Future beispielsweise beträgt die Schwankungsbreite für einen Punkt 25 €, aber das eigentliche Risiko beträgt:

DAX-Punkte * 25

Ein solches Risiko ist hoch und nur dann geeignet, wenn wir entweder über ein großes Konto verfügen oder aber sehr viel Erfahrung im Umgang mit den Märkten haben. Haben Sie nur ein kleines Konto zur Verfügung, dann ist das Risiko exorbitant hoch und nicht zu vertreten.

Bei Optionen sieht es nicht besser aus. Optionen müssen vernünftig berechnet werden. Der Handel mit ihnen unterliegt aufgrund des Zeitwerts und des hohen Hebels vielen mathematischen Parametern, die präzise berechnet werden müssen. Es macht keinen Sinn, Optionen nach Gefühl zu kaufen, hier liegt man manchmal richtig und hat Glück; in der Mehrzahl der Fälle wird das aber nicht glücken, sodass kein kontinuierlicher Gewinnfluss erzielbar ist.

Gleiches gilt für die Währungsmärkte. Hier müssen Parameter wie Kontogröße und Broker, der genutzt wird, stimmen. Die durchschnittlichen Positionsgrößen im Währungsmarkt sind sehr groß und daher müssen die Stopps in dem Markt sehr weit vom Einstiegspunkt entfernt liegen. Wird der Währungsmarkt mit einem kleinen Konto gehandelt, so ist das nicht immer möglich, und Positionen werden ausgestoppt, nur weil die Stopps wegen der Kontogröße zu eng gelegt waren.

Da die Auswahl des Marktes immer dem Trader selbst unterliegt, die Kontrolle über den zu handelnden Markt also bei uns liegt, gilt es, diese Kontrolle auch korrekt auszuüben. Wir müssen den für unser Konto, unseren Tradingstil und unsere emotionale Situation richtigen Markt auswählen.

Sektorauswahl

Priorität 3

Wenn wir den Markt ausgewählt haben, müssen wir einen Schritt weitergehen und auch die Kontrolle über die Sektorwahl ausüben.

Wenn wir beispielsweise Intel, AMD, Dell und Microsoft kaufen würden, dann hätten wir alle Investments in einem Sektor korreliert. Wir hätten nur in Computerhard- und -software investiert, und wenn dieser Sektor als Ganzes fallen würde, wären auch alle unsere Investments betroffen.

Auf diese Art behalten wir keine Kontrolle über unsere Investments. Ein wenig Diversifikation schadet in diesem Fall nicht. Die Annahme nämlich, wir hätten schon diversifiziert, ist falsch, da wir zwar unterschiedliche Aktien gekauft haben, diese sich aber alle in der gleichen Branche befinden. Es ist durchaus besser, eine Aktie aus dem Computersektor zu kaufen, eine andere aus dem Lebensmittelbereich und eine dritte Aktie wieder aus einem anderen Sektor.

Das Gleiche gilt auch für die Futures-Märkte. Wenn wir uns entscheiden, einen Index-Future wie den E-Mini auf den Dow-Jones-Index zu handeln (Symbol: YM), dann macht es wenig Sinn, auch noch den Future auf den NASDAQ-Index zu handeln oder den auf den S&P 500.

Die Kontrolle über die Sektorauswahl liegt immer beim Trader, nie beim Markt. Hier gilt es also, diese Kontrolle auch nutzbringend einzusetzen.

Long oder Short

Priorität 3

Ob wir auf steigende oder auf fallende Kurse setzen, unterliegt ebenfalls unserer Kontrolle. Wir haben keinen Einfluss darauf, ob ein Kurs nach unserem Einstieg steigt oder fällt, aber wir können sehr wohl vorher die Entscheidung treffen, in welche Richtung wir spekulieren wollen. Es ist wichtig, diese Entscheidung strategisch richtig im Portfolio einzusetzen. Wenn die Märkte insgesamt steigen, macht es Sinn, die Mehrzahl der im Portfolio befindlichen Aktien auf der Long-Seite zu handeln; wenn dagegen die Märkte fallen, sind Short-Positionen die bessere Wahl.

Auch für die Absicherung des Kontos ist diese Auswahl nicht ganz unwichtig. Haben wir beispielsweise mehrere Positionen, bei denen wir auf steigende Kurse spekulieren und die in den letzten Stunden oder Tagen gut gestiegen sind, dann kann eine strategisch eingesetzte Short-Position auf einen Index sehr wertvoll sein. Sie sichert die Gewinne, denn wenn die Long-Positionen fallen, wird die Short-Position im Gegenzug steigen.

Auf diese Weise lassen sich völlig unterschiedliche Strategien handeln, bei denen das Zusammenspiel der offenen Positionen im Konto wichtiger ist als die Bewegungsrichtung der einzelnen Aktie.

Anzahl der Positionen

Priorität 3

Ein weiterer Punkt, der unserer Kontrolle unterliegt, ist die Anzahl der Einzelpositionen im Konto. Es macht einen Unterschied, ob nur eine oder ob mehrere Positionen im Konto geöffnet sind.

Wenn das Konto in den letzten Tagen nicht gut gelaufen ist und wir im Minus liegen, benötigen wir etwas mehr Zeit und weniger Risiko, um wieder ins Plus zu gelangen. Viele Einzelpositionen im Konto zu halten würde in diesem Szenario nur unnötig das Risiko erhöhen; es macht demnach mehr Sinn, nur wenige Positionen zu öffnen.

Die Situation dreht sich um, wenn das Konto einige Tage gut gestiegen ist, denn dann gibt es einen kleinen Gewinnpuffer, der für neue Positionen eingesetzt werden kann. In diesem Fall wäre die Erhöhung der Anzahl der Einzelpositionen möglicherweise gewinnbringender als wenn wir nur einige wenige Titel hielten.

Gleiches gilt, wenn wir eines unserer Investmentziele erreicht haben. Angenommen, wir haben uns für den Monat ein bestimmtes Ziel gesetzt, z. B. dass wir mindestens 1.000 $ erwirtschaften wollen. Aufgrund glücklicher Umstände und einer rigorosen Kontrolle nach den hier aufgelisteten Punkten ist es uns gelungen, unser Ziel schon am 15. des laufenden Monats zu erreichen. In unserem Konto befinden sich zu diesem Zeitpunkt zehn Einzelpositionen. Jede dieser Einzelpositionen unterliegt der Gefahr, einen Teil des Gewinns wieder abzugeben. Die beste Lösung ist also, die schlechtesten Gewinner aus dieser Liste zu verkaufen und für den Rest des Monats mit weniger Aktien unseren Kontostand langsamer, aber dafür auch mit weniger Risiko zu erhöhen.

Auch hier gilt: Die Anzahl der im Konto gehaltenen Positionen unterliegt unserer Kontrolle und diese muss unbedingt ausgeübt werden.

Zeitfenster

Priorität 3

Das Zeitfenster unterliegt ebenfalls der Kontrolle des Traders. Wir können sehr kurzfristig handeln oder sehr langfristig. Wir können aber auch mischen und einige Positionen länger laufen lassen, während wir andere nach kurzer Zeit wieder schließen. Oder wir können entscheiden, an einem bestimmten Tag überhaupt nicht zu handeln.

Eine Aktie, die jeden Tag in den Medien ist, über die also jeden Tag webweit berichtet wird, die jeder kennt und die als solides Investment gilt, ist in bestimmten Situationen im Konto besser aufgehoben, wenn wir sie länger liegen lassen. Hier gibt es oft Bewegungen über Nacht, die wir nicht ausnutzen könnten, würden wir die Position am Abend kurz vor Handelsschluss wieder schließen.

Ein gänzlich unbekanntes Unternehmen, dessen Kurs nur heute steigt, weil es eine Nachricht zu diesem Unternehmen gibt, ist möglicherweise kein gutes Langfristinvestment, weil der Kurs morgen schon wieder fallen kann. Es gilt für uns Trader also immer abzuwägen, ob ein Investment langfristig oder kurzfristig als Position in unserem Konto geöffnet sein sollte.

Neben diesen Überlegungen ist es auch wichtig, den einzelnen Tradingtag anzusehen. An fast allen Börsen dieser Welt sind die ersten beiden Handelsstunden interessant, die folgenden aber in vielen Fällen nicht mehr.

Sehen wir uns den amerikanischen Markt genauer an, stellen wir fest, dass in der ersten halben Stunde von 09:30 Uhr bis 10:00 Uhr EST (15:30 Uhr bis 16:00 Uhr MEZ) die Bewegungen oft sehr wild und unberechenbar sind und dass diese Situationen nur selten vorhergesagt oder systematisch ausgenutzt werden können. Das liegt daran, dass viele Amerikaner als Altersvorsorge sogenannte 401k-Konten besitzen, in denen ein Teil der Altersvorsorge in Aktien angelegt sein kann. Jeder darf die darin gehaltenen Aktien selbst bestimmen und das führt dazu, dass ein Amerikaner, der gar nicht an der Börse beschäftigt ist oder mit diesem Sektor beruflich wenig zu tun hat, abends von seiner Arbeit nach Hause kommt, vielleicht eine Änderung in seinem 401k-Konto vornehmen will und diese Order am Abend noch an seinen Broker übermittelt. Da diese spezifische Order nichts mit den Nachrichten des Tages zu tun hat und der Broker diese Order am nächsten Tag zur Börseneröffnung ausführt, kann es in den ersten Minuten zu nicht vorhersehbaren Kurskapriolen kommen, die sich aus ebendiesen Gründen nur schwer vorhersagen lassen. So ergeben sich Bewegungen, die sich nicht einordnen lassen und die ein uneinheitliches Bild vermitteln.

Doch das Zeitfenster des Handels unterliegt der Kontrolle des Traders, und wenn wir diese Zusammenhänge kennen, können wir beispielsweise entscheiden, dass wir in der ersten halben Stunde des Marktes nicht handeln.

Die nächsten zwei Stunden sind fast jeden Tag sehr interessant, bilden sich hier zwei Wellen aus, von denen die erste Welle die stärkere ist. Wenn wir auf eine Seite des Marktes spekulieren wollen, dann bietet es sich an, in dieser Zeit unser Hauptinvestment zu tätigen. Auch hier gilt wieder unsere Kontrollmöglichkeit: Wir entscheiden selbst, ob wir in dieser Zeit am Marktgeschehen teilnehmen wollen oder nicht.

Im Anschluss an diese ersten beiden volatilen Stunden folgt eine mehr oder minder ruhige Mittagspause. Haben wir in dieser Zeit eine oder mehrere Positionen, so bewegen die sich nicht notwendigerweise mit der Vehemenz, die wir von den Aktien erwarten. Hier ist es daher oftmals besser, die Positionen aufzulösen und zu einem späteren Zeitpunkt wieder neu einzukaufen.

Es ist sehr wichtig, sich mit diesen Kontrollmöglichkeiten auseinanderzusetzen. Eine Aktie ist nicht zu jedem Zeitpunkt ein gutes Investment. Sie ist nur ein gutes Investment, wenn sie zum Zeitpunkt des Handels in unser Portfolio passt und die bestehenden Positionen gut ergänzt.

Verlust

Priorität 3

Der Verlust gehört natürlich in die Kategorie der Dinge, die wir nicht nur kontrollieren können, sondern sogar müssen. Wir haben keinen Einfluss darauf, ob wir einen Verlust erleiden oder nicht – mit der Ausnahme, dass wir überhaupt nicht handeln könnten, doch dies ist nicht unser Anliegen. Wenn wir aber Positionen öffnen, ist es möglich, einen Gewinn und einen Verlust zu erzielen. Was wir demnach kontrollieren können, ist die Höhe des Verlusts, die von vielen Komponenten abhängig ist.

Die in der klassischen Literatur viel propagierte Regel, nicht mehr als 1 % des verfügbaren Kapitals verlieren zu dürfen, ist irreführend. Wenn Sie einen Stopp bei 1 % des verfügbaren Kapitals setzen, aber die Schwankungsbreite des Wertes, den Sie handeln, größer ist als 1 %, dann würde die Position ständig ausgestoppt. Sie könnten auf diese Weise eine ganze Anzahl an Trades durchführen und würden dennoch immer nur verlieren, obwohl Sie sich strikt an Ihr Regelwerk gehalten hätten.

Sehen wir uns dazu ein konkretes Beispiel an:

> Unser Handelskonto umfasst 100.000 $ und wir wollen 300 Stück Apple-Aktien kaufen. Stand Mai 2010 wären das in etwa 255 $ pro Aktie, multipliziert mit den 300 Stück, die wir kaufen wollen, ergibt das eine Summe von 76.500 $ zzgl. der anfallenden Gebühren. Das Investment wäre für unser Konto von 100.000 $ nicht zu groß, denn es sind etwa 75 % der verfügbaren Summe eingesetzt. Gemäß der oben aufgeführten Regel müssten wir jetzt unseren ersten Stopp bei 1 % der verfügbaren Summe 100.000 $ setzen, d. h. bei 1000 $.
>
> Die Schwankungsbreite der Apple-Aktie während eines Handelstages beträgt jedoch (Stand Mai 2010) etwa 4 $. Multiplizieren wir das mit der Stückzahl, die wir besitzen, also den 300 Stück, dann ergibt das eine Veränderung von rund 1200 $ an einem Handelstag. Ohne große Nachrichtenentwicklung kann die Aktie folglich um etwa 1200 $ am Tag schwanken. Unser Stopp liegt aber bei nur 1000 $. Wir würden demnach in jedem Fall ausgestoppt, wenn die Aktie ihre normale Schwankungsbreite tatsächlich ausnutzt. Wir hätten zwar unsere Regel eingehalten, aber es würde dennoch ein Verlust anfallen. Wenn nun noch hinzukommt, dass wir die Aktie nach den Regeln eines technischen Analysesystems handeln, das pro Tag drei oder vier Handelssignale generiert, so könnte sich dieses Szenario an einem einzigen Tag mehrmals wiederholen. Jeder einzelne Trade würde ausgestoppt (sofern der Kurs der Aktie gegen uns geht), und wir würden jedes Mal einen Verlust erzielen, obwohl wir in keinem Fall unsere eigenen Regeln gebrochen hätten.

Wir sehen an diesem Beispiel, dass der zu kontrollierende Verlust von vielen Faktoren abhängt, z. B. von der Volatilität des Wertes. In unserem Beispiel ist es einfach, die Verlusthöhe zu kontrollieren: Wir verringern dazu einfach die Positionsgröße und kaufen von vornherein nicht 300 Stück, sondern nur 200 Stück, und schon wäre die Schwankungsbreite innerhalb der von uns gesetzten 1000 $. Wir würden vermutlich nicht mehr innerhalb des Handelstages ausgestoppt.

Dieses Beispiel zeigt allerdings auch, warum die 1%-Regel keine besonders gute Regel ist. Was wäre, wenn wir in den letzten drei Monaten unser Konto verdoppelt hätten? Dann wäre es durchaus möglich, einen größeren Verlust zuzulassen als 1%, schlicht, weil wir einen Puffer hätten, aus dem wir schöpfen könnten. Bietet eine Aktie erhebliche Chancen, unterliegt dabei aber auch einer hohen Schwankungsbreite, so wäre hier die Spekulation interessant und wir könnten sie eingehen, weil wir im Gewinn liegen. 1% für den Stopp wäre demnach zu eng bemessen.

Was aber, wenn wir in den letzten drei Monaten unser Konto halbiert haben? In dem Fall wäre 1% ebenfalls unangemessen, da es im Verhältnis zur Schwankungsbreite des zu handelnden Wertes viel zu klein wäre und dadurch die Stopps viel zu oft auslösen würde.

Sehen wir uns hierzu noch einmal die Schwankungsbreite an.

> Unser Konto halbiert sich von 100.000 $ auf nunmehr 50.000 $, doch die Volatilität der Apple-Aktie verändert sich nicht; sie beträgt unverändert 4 $. 100 Aktien schwanken folglich um etwa 400 $; unser Stopp beträgt aber bei 1% von 50.000 $ lediglich 500 $.

Damit würde unsere Position sehr eng am Stopp schwanken und möglicherweise ausgestoppt. Hier müssten wir einen deutlich höheren Verlust zulassen oder eine wesentlich kleinere Position traden. Dass wir keinen höheren Verlust zulassen möchten, ist klar ersichtlich, und so bleibt uns in diesem Fall nur die Verkleinerung der Position.

Die 1%-Regel ist daher nicht praktikabel, aber wie lösen wir das Problem dann?

Eine einfache Variante ist es, die Verlusthöhe von den Gewinnzielen abhängig zu machen, dies in Verbindung mit den Volatilitäten der einzelnen Werte. Solange wir in unserem Konto das Monatsziel noch nicht erreicht haben, halten wir uns z. B. an eine Regel, nach der wir die Hälfte aller Gewinne realisieren, sobald die Werte wieder fallen und den Verlustfall von der Schwankungsbreite in unserem Konto abhängig machen. Schwankt das Konto stark, verringern wir den Verlust, schwankt es weniger stark, dann erhöhen wir den möglichen Verlust. Wir könnten die Regel aufstellen, dass wir eine bestimmte Anzahl von Werten mit einer Volatilität oberhalb von 5 $ handeln. Unser Verlustrisiko liegt damit zwar höher, aber auch die Gewinnchance ist gestiegen.

Dagegen könnten wir die Volatilität erheblich verringern, wenn wir das Ziel nach einer bestimmten Anzahl von Tagen noch nicht erreicht hätten. Die beste Variante, die Verluste gering zu halten, ist die Möglichkeit, einen Verlust durch die Volatilität einer Aktie bestimmen zu lassen.

> Dazu berechnen oder bestimmen wir den möglichen Tagesverlust – in unserem Fall 250 $ als Maximum. Wir lesen daraufhin die ATR des Wertes ab, den wir handeln möchten – in unserem Fall 4 $ Tagesvolatilität der Apple-Aktie. Wenn wir nun den Verlust durch die Tagesvolatilität teilen, erhalten wir 250:4=62,5. Anders ausgedrückt: Wir können 62,5 Aktien kaufen. Natürlich rundet man hier auf die nächste Zehnerpotenz ab, sodass wir 60 Aktien kaufen würden. Wenn sich diese 60 Aktien nun um 4 $ gegen uns bewegen, dann wäre das ein Verlust von 240 $ und läge unter unserem Maximum.

Wir haben hier allerdings noch einen kleinen Fehler gemacht, da dieses Szenario den maximalen Verlust mit nur einer Aktie erreichen könnte. Besser ist es daher, den möglichen Verlustbetrag zunächst durch die Anzahl der Aktien zu teilen, die wir handeln möchten.

> Angenommen, wir wollen an einem Handelstag fünf unterschiedliche Positionen handeln, dann wäre es sinnvoll, den maximal möglichen Verlust von 250 $ zunächst durch diese fünf Positionen zu teilen und so auf einen Verlust von 50 $ pro Aktie zu kommen. Dieser Verlust hört sich zunächst nach wenig an, aber er gilt auch nur solange, bis sich ein Wert in den Gewinn bewegt hat. Zu diesem Zeitpunkt kann der Stopp in dem Wert auf Breakeven nachgezogen werden und die vorher theoretisch benötigten 50 $ könnten auf die verbleibenden Werte, die sich noch nicht im Plus befinden, verteilt werden.

Gewinnziele

Priorität 3

So wie die Verluste müssen natürlich auch die Gewinne (realistisch) definiert werden. Auch das unterliegt der Kontrolle des Traders.

In meinen Schulungen erlebe ich es immer wieder, dass Trader zwar ein monatliches Ziel angeben, dass dieses Ziel aber völlig unerheblich wird, sobald der Trader eine gut laufende Position hält. In diesen Fällen gilt plötzlich vielmehr das Ziel, so viel Gewinn wie möglich aus der Position zu holen. Diese Idee ist völlig ungeeignet, denn sie erlaubt uns keine Möglichkeit, unsere verschiedenen Kontrollparameter einzuhalten. Wie steht es beispielsweise mit der Disziplin, wenn wir »so viel Gewinn wie möglich« in der laufenden Position erzielen möchten? Wir könnten in dem Fall nicht diszipliniert handeln, da wir kein Ende definiert haben.

Es muss also unbedingt ein Gewinnziel definiert werden. Dabei sollte so realistisch wie möglich vorgegangen werden. Ein Anfänger wird hier geringere Ziele haben als ein fortgeschrittener Trader.

Es ist wichtig, die Zahlen aus dem realen Leben abzuleiten. Das hat psychologische Hintergründe: Wenn jemand in seinem Hauptberuf pro Jahr 60.000 Euro verdient, ist es völlig unrealistisch, mit dem Handel im ersten Jahr 100.000 Euro verdienen zu wollen. Das wird nahezu unmöglich sein, es sei denn, der Trader hat viel Glück.

Es ist viel sinnvoller, einen Bruchteil dessen, was man in seinem Beruf verdient, festzulegen. Die Hälfte sollte hier ausreichen. Wenn wir das obige Beispiel betrachten, dann wäre es also ein realistisches Ziel, 30.000 Euro im Jahr verdienen zu wollen. Aber wie soll dieser Gewinn erzielt werden? Reicht es, in einer gut laufenden Position den maximalen Gewinn zu erzielen, oder sollen wir die Gewinne lieber klein halten und auf viele Positionen verteilen?

Zunächst müssen wir uns wieder darüber im Klaren sein, dass wir nicht jeden Tag handeln können. Ein Jahr hat nur gut 220-225 Handelstage, zieht man die Wochenenden und Feiertage ab. Und selbst danach wird es uns nicht gelingen, jeden einzelnen Tag zu handeln. Wie wir bei der Bedarfsrechnung schon festgestellt haben, zeigt sich, dass etwa 150 Tage als realistisches Ziel angenommen werden können.

Bei der Bedarfsrechnung haben wir bereits das Tagesziel bestimmt. In dem Beispiel wurden 100 $ pro Tag ermittelt, die verdient werden sollten. Diese Zahl muss sich jeder Trader selbst anpassen, da sie abhängig von seiner persönlichen Situation ist. Doch definieren sollte er ein solches Ziel für sich selbst unbedingt, denn es ermöglicht erst die Disziplin. Schließlich können wir Ziele nur dann diszipliniert einhalten, wenn wir sie vorher auch definiert haben.

Bei den Gewinnzielen spielt allerdings noch ein anderer Punkt eine gewichtige Rolle. Wenn wir richtig und verantwortungsbewusst handeln, werden wir die 100 $ am Tag erzielen können, doch was passiert, wenn wir sehr viel mehr oder sehr viel weniger erzielen?

Im Falle des geringeren Wertes ist es wichtig, dass wir nicht versuchen, unbedingt in der letzten Konsequenz diese 100 $ doch noch zu erzielen, sondern vielmehr das akzeptieren, was wir tatsächlich erwirtschaftet haben. Wenn wir nicht 100 $, sondern vielleicht nur 80 $ erzielt haben, geben wir uns mit diesem Wert zufrieden. Am Ende drückt es lediglich das Jahresergebnis. Wir verdienen also weniger als 15.000 $, das ist aber auch schon alles. Gerade im ersten Jahr sollte uns das nicht abschrecken. Vermeiden müssen wir natürlich den Verlust. Wenn es beim Ergebnis nicht um einen leicht verringerten Gewinn geht, sondern ständig nur ein Verlust erzeugt wird, dann gilt es, einen oder mehrere der in diesem Kapitel angesprochenen Parameter zu ändern, denn in dem Fall stimmt etwas nicht mit unserer Handelsweise.

Sollte dagegen der glückliche Fall eintreten, dass wir sehr viel mehr Gewinn erzielen als wir berechnet haben, ist es etwas einfacher. In dem Fall müssen wir in den nächsten Tagen und Wochen weniger verdienen, wir können also das Risiko im Portfolio senken. Wir müssen keine Aktien mehr mit hoher Volatilität handeln, sondern wir wählen Werte, die eine geringere Volatilität aufweisen. Eine andere Methode ist es, Werte, die sich schon in unserem Portfolio befinden, über einen längeren Zeitraum zu halten und sie nicht nach kurzer Zeit wieder glattzustellen.

Um überhaupt in die Lage versetzt zu werden, kontinuierlich Gewinne zu erzielen, müssen diese zusammen mit den angesprochenen Methoden zunächst definiert werden, denn erst wenn wir unser Ziel kennen, können wir auch die richtige Methode wählen, dieses Ziel zu erreichen.

Volatilität

Priorität 3

Bei jedem Handel ist die Volatilität der Schlüssel zum Erfolg. Sie steht deshalb auch am Schluss unserer Betrachtungen, denn sie kann erst bestimmt werden, wenn alle anderen Parameter gesetzt sind.

Die Volatilität bezeichnet die Schwankungsbreite eines Wertes. Wenn eine Aktie an einem normalen Handelstag im Schnitt um 2 $ oder ein Future-Kontrakt um 100 Punkte schwankt, so sind das die Volatilitäten dieser beiden Wertpapiere. Die Aktie beispielsweise kann sich während der normalen Börsenöffnungszeiten um 2 $ nach oben oder unten bewegen und wird das am nächsten Handelstag wieder tun.

Diesen Wert zu kennen ist für uns als Trader sehr wichtig. Glücklicherweise bieten heutige Softwareprodukte und Webseiten in der Regel einen Indikator an, der uns diese Information liefert. Das Schlüsselwort hierbei lautet ATR. Die ATR, oder auch Average True Range, liefert die durchschnittliche Schwankungsbreite des Zeitfensters, auf das der jeweilige Chart eingestellt ist.

Bild 3.3 Quelle: www.esignal.com

Das Beispiel zeigt die AAPL-Aktie als Tageschart mit nur einem Indikator. Die ATR ist in den meisten Softwareprodukten mit einem Wert von 14 voreingestellt. Sie zeigt also den durchschnittlichen Wert der letzten 14 Zeiteinheiten. Wird die Aktie als Tageschart dargestellt, bekommen wir demnach den Durchschnitt der letzten 14 Tage angezeigt. Dagegen zeigt die ATR bei einem 5-Minuten-Chart 14 mal 5 Minuten, also den Durchschnitt von 70 Minuten an.

Mit dieser Volatilität des Wertes lässt sich viel anfangen. Zum einen können wir Aktien gruppieren, indem wir sie in verschiedene Gruppen nach Volatilitäten einsortieren. Wir könnten eine Gruppe bilden mit Aktien, deren Volatilitäten unter 2 $ liegen, eine Gruppe mit Volatilitäten über 2 $ usw.

Diese Gruppenbildung erleichtert uns später die Auswahl während des Handels, weil wir dann nicht erst suchen müssen. Solche Listen können in Handarbeit angelegt werden, z. B. in einer Tabellenkalkulation.

Da wir je nach Gewinn oder Verlust in unserem Konto für den nächsten Trade eine unterschiedliche Volatilität benötigen, geht die Auswahl der Werte schneller und wir machen auch nicht den Fehler, mehrere Werte mit gleicher Volatilität in unser Konto zu legen.

Im Eifer des Gefechts, wenn mehrere Nachrichten gleichzeitig angeboten werden, die Märkte hektisch sind und viele Trades zur gleichen Zeit durchgeführt werden, hilft es, solche Auswahlmöglichkeiten zur Verfügung zu haben.

Wir benötigen die Volatilität aber auch noch für einen anderen Zweck: Mit ihr lassen sich die Positionsgrößen berechnen, wie wir das schon unter dem Punkt »Verluste« gezeigt haben. Und damit kontrollieren wir dann die Höhe der auftretenden Verluste.

Unkontrollierbare Parameter

Nach all diesen Dingen, die unserer Kontrolle unterliegen, wollen wir nun einen Blick auf die Parameter werfen, die wir nicht kontrollieren können.

Auch wenn uns Software, die Nachrichtenberichterstattung und die Entwicklung von Handelssystemen immer wieder glauben machen wollen, wir könnten die Bewegung eines Wertpapiers vorhersagen – wir können es nicht. Der Kurs eines Papiers und damit die Bewegungsrichtung lassen sich nicht vorhersagen. Keine Methode der technischen Analyse, kein Indikator und kein mathematisches Modell kann uns in die Lage versetzen, den Kurs vorherzusagen. Warum tun wir es dann dennoch? Der Grund ist einfach: Wir haben keine andere Möglichkeit als eine Entscheidung zu treffen. Wenn wir auf steigende Kurse spekulieren, müssen wir zwangsläufig an einer bestimmten Stelle die Position eröffnen. Wir müssen also die Entscheidung treffen, dass von dieser Stelle aus der Kurs steigen wird.

Da wir den Kurs jedoch nicht beeinflussen können, macht es keinen Sinn, sich im Vorfeld lange mit dieser Entscheidung zu beschäftigen, es sei denn, Sie sind Langfristinvestor und wollen für mehrere Jahre ein Wertpapier halten. Bei kurzfristigen Trades macht es mehr Sinn, sich mit dem eigenen Risikomanagement zu befassen.

TIPP:

Je kurzfristiger Ihr Tradingszenario ist, desto mehr müssen Sie über Risikomanagement wissen und desto wichtiger wird die Behandlung von Verlusten und Gewinnen in Ihrem Konto. Je langfristiger Sie investieren, desto mehr rückt die fundamentale Situation über einen Markt oder ein Unternehmen in den Vordergrund.

Daraus ergibt sich ein einfaches Szenario. Wir sollten nicht soviel Zeit damit verbringen, mit Indikatoren oder anderen Mitteln zu versuchen, den Kurs vorherzusagen – wir werden es nicht können. Man kann es auch anders formulieren: Je mehr Zeit Sie damit verbringen, den Kurs des Wertpapiers vorherzusagen, desto weniger kontinuierlich werden Sie Gewinne erzielen, weil Ihre Trefferwahrscheinlichkeit darunter leidet.

Dies gilt für alle Punkte, die wir nicht wirklich kontrollieren können. Was nützen uns beispielsweise die besten Nachrichten, wenn wir nicht wissen, wie andere Marktteilnehmer darauf reagieren? Nachrichten sind immer nur so gut wie ihre psychologische Bedeutung interpretierbar ist. Wenn ein Unternehmen ein innovatives Produkt auf den Markt gebracht hat, das jeder haben möchte und das einen Hype auslöst, dann wird sich vermutlich auch der Kurs des Unternehmens an der Börse erhöhen. Das liegt daran, dass es ein massenpsychologisches Ereignis wird: Das Unternehmen wird überall präsent sein, die Presse wird viele Artikel über die Produkte, die Gewinne und das Unternehmen verfassen, und so erfahren immer mehr Menschen etwas über die Firma. Das zieht immer größere Kreise und so zeigen auch immer mehr Marktteilnehmer Interesse an der Aktie.

Wenn eine Nachricht dagegen zwar hervorragend ist, das Unternehmen in der Öffentlichkeit jedoch nicht bekannt, dann wird es auch für den Kurs schwierig, zu steigen.

Wir können also nicht wirklich kontrollieren, was eine Nachricht auslösen wird, und noch schlimmer: Wir können nicht kontrollieren, was die anderen Marktteilnehmer aus der Situation machen.

Ebenfalls außerhalb unseres Einflussbereiches liegen die Nachrichten selbst. Angenommen, wir haben eine große Position in einer stark steigenden Aktie und sie zeigt einen großen Gewinn für uns. Kommt nun eine negative Nachricht zu dem Unternehmen heraus, kann unsere Position sehr schnell fallen und wir können lediglich entscheiden, sie aufzugeben, da wir keinen Einfluss auf die Veröffentlichung der Nachricht haben.

Ebenso wenig können wir die Aktivitäten der anderen Marktteilnehmer kontrollieren; wir haben also keinen Einfluss auf das gehandelte Volumen an den Börsen. An Tagen mit geringem Volumen kann das für uns aber ein großes Problem bedeuten, denn ein Großinvestor kann den Markt mit nur einer einzigen Order bewegen, ohne dass es dafür beispielsweise einen fundamentalen Grund gäbe. Unsere Position würde möglicherweise ausgestoppt und es hätte gar nicht sein müssen, weil sich am Umfeld des Unternehmens nichts geändert hat.

Ein weiterer sehr wichtiger Punkt außerhalb unserer Kontrolle ist die Schließung der Börsen. Der 11. September 2001 hat es eindrucksvoll gezeigt. Wer hier am Vortag mit einer zu großen Position im Markt war, der hatte keine Chance mehr, die Position zu verkleinern, da die Börsen gar nicht mehr geöffnet wurden.

Wir müssen in jedem Fall vermeiden, uns zu sehr mit den Dingen zu beschäftigen, die wir nicht kontrollieren können. Wir müssen diese Dinge durch andere Parameter ersetzen, auf die wir Einfluss haben. Wenn es uns z.B. nicht möglich ist, die Nachrichten zu kontrollieren, dann halten wir die Position in einer Aktie, zu der wir eine Reihe von Nachrichten erwarten, sehr klein und minimieren auf diese Weise das Risiko.

HARDWARE

Die optimale Hardware

Priorität 2

Die heutige Entwicklungsstufe des elektronischen Börsenhandels konnte erst durch den Siegeszug der PCs ermöglicht werden. Der direkte, auf Computertechnik basierende Zugang zu den verschiedenen Börsen weltweit bedeutet einen ungeheuer großen Informationsfluss, der nur mit Hilfe von elektronischen Hilfsmitteln verarbeitet werden kann. Solche Hilfsmittel mussten für den Endkunden erst durch PCs bereitgestellt werden und es war eine Frage der Zeit, bis die Computer leistungsfähig genug wurden, diese Informationsvielfalt bewältigen zu können. Auch mussten erst Verbindungen unter den verschiedenen Börsen und den Computern der Endkunden geschaffen werden.

Mit der Eroberung des Internets stand auch die Verbreitung von Börsendaten an vorderster Front. Für die breite Öffentlichkeit herrschte auf diesem Sektor jahrzehntelang ein Missstand, der in den 90er Jahren korrigiert werden konnte. Es bildeten sich schnell die sogenannten Alternativen Tradingsysteme (ATS), die heutigen ECNs[8], die der breiten Masse einen schnellen und fairen Zugang zu den Börsen versprachen. Ein ECN ist im Prinzip eine der Börse vorgeschaltete Minibörse. Zwar hat ein ECN weder die Befugnisse noch die Privilegien einer offiziellen Börse, aber durch die elektronische Verarbeitung von Informationen innerhalb des ECN ergibt sich hier für den institutionellen sowie den privaten Endkunden die Möglichkeit erhöhter Liquidität und damit die Chance, Aktien ständig handeln zu können – und das vor allen Dingen auch außerhalb der offiziellen Börsenöffnungszeiten. Von den ursprünglich neun verschiedenen ECNs am Markt ist eines inzwischen in eine eigenständige Börse (Archipelago) umgewandelt worden, andere sind aufgekauft worden.

Bevor sich diese alternativen Tradingsysteme jedoch bilden konnten, gab es nur Instinet, ein ECN, das schon in den 70er Jahren gegründet wurde und das hauptsächlich Liquidität für institutionelle Anleger bereitstellte. Für Privatkunden war es nicht direkt ansprechbar. Diese waren daher noch immer auf andere Informationsquellen angewiesen – langsame Informationsquellen, die mit denen der Profis nie mithalten konnten. Durch die Entstehung des Internets und der elektronischen Medien erhöhte sich jedoch die Menge an verfügbarer Information stetig – und damit auch die Notwendigkeit, schnellere und bessere Systeme nutzen zu können.

Zu Beginn der 90er Jahre war das Internet zwar technisch schon vorhanden, hatte sich aber noch nicht flächendeckend durchsetzen können. Es konnte demnach nicht jedermann darüber verfügen. Information war noch immer Mangelware und für den einzelnen Teilnehmer an der Börse ein kostbares Gut. Ihr Wert lag aber nicht so sehr im Inhalt, sondern vielmehr in der Geschwindigkeit, mit der sie den Endnutzer erreichte. Das jedenfalls glaubten alle.

Die Hauptinformationsquellen waren damals der Rundfunk, das Fernsehen, die verschiedenen Printmedien und natürlich der Wertpapierexperte der Hausbank. Globalisierungseffekte, so wie wir sie heute erleben, waren auf Privatkundenebene kaum vorhanden. Aktienkäufe wurden häufig auf dem heimischen Markt getätigt und ausländische Aktien konnten kostengünstig nur erstanden werden, wenn es deutsche Zertifikate dieser Papiere gab. Eine ausländische Aktie zu kaufen war teuer und umständlich.

Darüber hinaus war die Kursfeststellung in Echtzeit nur über die depotführende Bank möglich und konnte vom Endkunden anderweitig kaum erzielt werden. Sinnvolle Handelssoftware gab es nur für professionelle Händler in den Banken, als Privatperson konn-

---

[8] ECN = Electronic Communication Network; elektronisches Kommunikationsnetzwerk

te man über solche Programme noch nicht verfügen. Oft fehlte es einfach auch an einer ausreichend hohen Rechenleistung.

Auch kurzfristige Tradingstrategien fanden ihre Ausübung kaum bei privaten Investoren; für sie fehlten die direkten und schnellen Anbindungen an die Börsen. Zwar wurde hier und da schon einmal der Versuch gewagt, auch mit kurzfristigen Strategien an der Börse Erfolg zu haben, aber Börsianer wie Warren Buffett und Fondsmanager wie Peter Lynch hatten jahrelang gezeigt und vorgemacht, dass das große Geld doch eher in der langfristigen Investition erzielt werden konnte. Mit den zu der Zeit beschränkten Zugängen an die Börsen war das wohl auch die beste Strategie für den privaten Endkunden.

Hinzu kamen die vehementen Bemühungen der unmittelbar mit den Börsen verbundenen Industrie, die für sie sehr vorteilhafte Situation nicht zu ändern. Wer Aktien kaufen wollte, musste das über seine Bank tun. Einen Onlineweg gab es noch nicht und die Bank war bei diesem Prozess nicht die einzige, die sich der Gewinnmöglichkeiten bediente. Die Börse, Mittelsmänner und Broker – sie alle bekamen ein Stück vom Kuchen ab. Überdies war und ist die deutsche Bevölkerung kein Volk von Aktienbesitzern.

Anfang der 90er Jahre besaßen nur gut 4 % der Deutschen Aktien. Das Sparbuch hatte traditionsgemäß noch immer einen höheren Stellenwert als die »unsichere« Aktie. Das sollte sich erst 1996 mit dem Börsengang der Deutschen Telekom etwas ändern.

Die Voraussetzungen für den elektronischen Börsenhandel waren also nicht die allerbesten. Die zwei grundlegenden Probleme – die sich gegen die Öffnung der Börsen wehrende Finanzindustrie und die kaum flächendeckend vorhandenen direkten und elektronisch zuverlässigen Zugänge zu den Börsen – mussten zunächst gewandelt werden. Wobei damals der Tenor vorherrschte, dass man die Situation als gegeben hinnahm und als Privatkunde gar nicht mit einer Änderung rechnete. Mit der Entwicklung immer leistungsfähigerer Computer wurde es jedoch einfacher, elektronische Verbindungen zu schaffen und immer größere Informationsblöcke zu verarbeiten.

Zunächst entwickelten findige Programmierer Software für den Kunden, die das lästige Chartzeichnen mit Bleistift und Papier überflüssig werden ließen. Der Computer war für solch monotone Aufgaben hervorragend geeignet und schließlich auch dafür konzipiert worden. Die Sache hatte aber noch einen Schönheitsfehler: Irgendwie mussten die umzusetzenden Daten in den Computer hinein, und da es zu der Zeit nur teure und unkomfortable Onlinezugänge gab, stellte dieses Problem für die Mehrzahl der Endkunden eine meist unüberwindbare Hürde dar.

Immerhin konnte die Post mit Ihrem BTX-System schon ein abgeschlossenes und einigermaßen gut funktionierendes System vorweisen. Die Einwahl war vielfach per Ortsgespräch möglich und mit einem einfachen 2400-Baud-Modem realisierbar. Leider ließ die Geschwindigkeit noch sehr zu wünschen übrig und so konnten wegen der geringen Bandbreite nur begrenzt Daten übertragen werden. Multimedia war noch kein Thema. Texte und Zahlen hingegen hatten auf der eingeschränkten Datenautobahn durchaus Platz. Die Banken waren mit unter den Ersten, die ihre Kurstafeln in das BTX-System der Bundespost stellten. Es war eigentlich nur als zusätzliches Bonbon für die Kunden gedacht, denn die Kurse waren zeitverzögert und die Anzahl der vorhandenen Aktien beschränkte sich auf die Initiative des jeweiligen Herausgebers. Doch immerhin gab es über dieses Medium die Möglichkeit, die Kurse per Schnittstelle in die eigene Software zu übernehmen und so den Computer die Kursreihen berechnen und die Charts anzeigen zu lassen. Kompliziert war nur die Übernahme der Daten in die Software, denn der Aufbau der BTX-Seite musste dem jeweiligen Programm umständlich mitgeteilt werden, und natürlich hatte jeder Emittent von Börsendaten einen anderen Aufbau, sodass die Übernahme der Daten in den heimischen Computer nicht immer ganz reibungslos vor sich ging.

Auch war die Hardware an vielen Stellen noch zu langsam und Festplatten zu klein, als dass große Datenmengen hätten gespeichert werden können. Softwareprodukte für den direkten Zugang zu den Börsen gab es kaum und das damals allgegenwärtige Betriebssystem von Microsoft hatte so seine Tücken. Dennoch waren die Weichen gestellt, Prozessoren wurden schneller und leistungsfähiger, Arbeitsspeicher billiger und Festplatten größer.

Innovationen entstanden – wie sollte es anders sein – in den USA. Dort änderte sich auch die Gesetzeslage – Amerika als das Land mit den unbegrenzten Möglichkeiten. Die Amerikaner plädierten schon immer für Chancengleichheit in allen Lebenslagen – nur so ist es möglich, den sozialen Aufstieg vom Tellerwäscher zum Millionär zu erklären. Es wurden Gesetze geschaffen, die an den Börsen Chancengleichheit auch für den Privatkunden herstellen sollten. Nicht nur der Profi auf dem Parkett sollte in der Lage sein, Aktien schnell und sicher handeln zu können, sondern auch der Privatkunde, der von seinem Wohnzimmer aus traden wollte, konnte mit gleichen Voraussetzungen rechnen.

Die Haltung der Amerikaner hinsichtlich der Chancengleichheit für den Privatkunden fand ihre Begründung in der Geschichte der Börsen, insbesondere in der Aufarbeitung des Börsencrashs von 1929. In jüngerer Zeit war es der Crash im Jahre 1987. An diesem 19. Oktober kam es zu einer Situation, die zu einem grundsätzlichen Wandel im amerikanischen Orderrouting- und -ausführungssystem führte. Der Markt fiel an diesem Tag schnell und tief, und Broker hatten entweder nicht mehr die Zeit oder nahmen bewusst Telefongespräche nicht mehr an, um sich vor den von allen Seiten einströmenden Verkaufsordern zu schützen. Hatten Institutionen aufgrund ihrer direkten Verbindungen zur Industrie noch die Möglichkeit, ihre Order aufzugeben, sah das für den privaten Investor schon ganz anders aus. Seine einzige Verbindung zu seinem Broker war das Telefon, und das bedienten die Broker nicht mehr. Privatkunden blieben so auf ihren schnell fallenden Aktien sitzen und konnten diese nicht mehr verkaufen.

Die SEC hat daraufhin die Finanzindustrie aufgefordert, Möglichkeiten zu finden, den Handel für Privatkunden so umzustellen, dass eine Ausführung auch von kleinsten Ordern zu jeder Zeit und in jeder Marktlage gewährleistet sei. Die Antwort der NASD war die Aktualisierung des sogenannten SOES[9].

Mit den neuen Möglichkeiten für den »kleinen Mann« erhielten die ohnehin liquiden amerikanischen Börsen weitere Kunden. In diesem Zusammenhang auch nicht außer Acht lassen darf man den Umstand, dass in Amerika jeder zweite Bürger Aktien besitzt, die Aktie selbst also einen ganz anderen Stellenwert besitzt als das in Europa lange Zeit der Fall gewesen ist. Es wurde trotz aller Rückschläge auch für private Investoren immer lohnenswerter, selbst mit kleineren Aufträgen und kurzfristigen Strategien gute Gewinne an den Börsen zu erwirtschaften. Die Möglichkeit des privaten Investors, am Gesamtgeschehen der Börsen direkter teilnehmen zu können als vorher, war jedoch noch immer stark eingeschränkt. Die Entwicklung hin zur elektronischen Börse, die allen Teilnehmern offenstand, war eingeleitet, aber den Handel über den eigenen Computer durchführen zu können, das war noch nicht möglich. Das sollte erst im nächsten Jahrzehnt Wirklichkeit werden.

Zu Beginn der 90er Jahre machte ein Mann namens Harvey Houtkin auf sich aufmerksam, der das SOES-System zu seinen Gunsten ausnutzte. Seine Hilfsmittel waren schnelle Verbindungen in das Internet und leistungsfähige Computer. Damit war er einer der Vorreiter und Begründer des in näherer Vergangenheit so berühmt-berüchtigt gewordenen Daytradings.

Houtkins Methoden waren einfach, aber effektiv, und es ist nicht verwunderlich, dass seine Aktivitäten nicht lange im Verborgenen blieben und andere Trader ihm folgten. Das Daytrading entwickelte sich langsam, Systeme wurden stark verbessert und Verbindungen in das Internet wurden schneller und kostengünstiger. Mitte der 90er Jahre traten

---

[9] SOES = Small Order Execution System; Orderroutingsystem für Kleinstorder bis zu einer Größe von 1.000 Stück

dann die ersten Onlinebroker auf, die Kundenorder über das Internet entgegennahmen und ausführten. Zu Beginn waren das jedoch noch rudimentäre Systeme, die allenfalls als bessere E-Mail-Verbindungen gelten konnten. Der Kunde gab seine Order vom heimischen PC per Internet an den Onlinebroker, der sie simpel und einfach ausdruckte und dann per Telefon an den Market-Maker weitergab. Ein übergroßer Geschwindigkeitsvorteil war dabei nicht zu erzielen, denn manche Broker sammelten in einem Druckserver erst einmal genügend Ordereingänge, bevor Sie diese dann ausdruckten und zur Ausführung an die jeweilige Börse schickten.

Auch war die Hardware selbst auf Brokerseite lange noch nicht ausgereift genug, um einem massiven Kundenansturm standhalten zu können. Die Server waren noch zu langsam und konnten nur wenige Anfragen gleichzeitig bearbeiten. Manchmal war es einfach nicht möglich, den Server des eigenen Brokers überhaupt zu erreichen. Traurigen Ruhm in dieser Disziplin erlangte in den Jahren 1997 und 1998 der amerikanische Discountbroker Datek Online. Lange Zeit von Daytradern wegen seiner Geschwindigkeit und seiner Marktzugänge als die Nummer eins im Discountbroking bevorzugte Broker, waren in dieser Phase Datek-Server am Montagmorgen in den ersten beiden Handelsstunden überhaupt nicht zu erreichen. Zusätzlich konnten in Spitzenzeiten, wenn der amerikanische Notenbankchef Alan Greenspan wieder an der Zinsschraube drehte, während des Handelstages schon mal das gesamte Serversystem komplett ausfallen.

Natürlich stand Datek nicht allein da; es gab auch andere Pioniere des Onlinebroking, die gleiche Phasen durchliefen. Einer der größten amerikanischen Onlinebroker der frühen Phase – E-Trade – gehörte auch dazu. Die deutschen Onlinebroker mussten erst sehr viel später in den Jahren 1999 und 2000 das gleiche Dilemma überstehen.

Parallel zu diesen Entwicklungen erforderte es vom Privatkunden erhebliche Investitionen und Eigeninitiative, ein Computersystem aufzubauen, das effektiv für den Eigenhandel von zu Hause aus eingesetzt werden konnte. Heute hingegen entfallen solche Bemühungen. Selbst der Fertigcomputer aus dem Supermarkt stellt genügend Leistung bereit, um als Tradingcomputer optimal genutzt werden zu können.

Die Probleme heute liegen eher noch immer in schlecht ausgebauten Serverbereichen der Firmen, die Daten bereitstellen, und den oftmals völlig überlasteten Internetzugängen. Dennoch darf beim Aufbau einer Tradingplattform nicht vergessen werden, dass jeder kleine Fehler die Sicherheit und Stabilität des gesamten Systems beeinträchtigen und zu erheblichen Verlusten führen kann. Deshalb sollte der Aufbau einer solchen Plattform aufmerksam durchgeführt werden.

Allgemein gilt, dass nur qualitativ hochwertige Hardware verwendet werden sollte. Die Investitionen dafür sind am Anfang etwas höher, es kann unter Umständen aber helfen, hohe Nachfolgekosten zu vermeiden – nicht zu reden von dem Ärger, den man sich erspart, wenn die Plattform stabil funktioniert. Gerade bei der Stabilität gibt es immer wieder Probleme, die auf mangelhafte Hardware zurückzuführen sind, die aber vom Anwender vielfach in der genutzten Software gesucht werden. Handelsplattformen sind komplexe Programme und stürzen mitunter ab, wenn beispielsweise ein Speichermodul defekt ist. Solche Fehler zu finden kostet viel Zeit und Nerven und natürlich entgangene Tradingtage, insbesondere dann, wenn man selbst kein Computerexperte ist.

Neben der Plattform und dem Betriebssystem sollte sich keine andere Software auf dem Handelscomputer befinden, um nicht unnötige Schwierigkeiten mit unterschiedlichen Programmen und Treibern hervorzurufen. Die übrigen Aufgaben eines Tradingalltags werden sinnvollerweise auf einem zweiten Computer durchgeführt.

Überhaupt spielt Redundanz bei den Systemen eine sehr große Rolle. Bei einer professionellen Tradingplattform kann durch mehrere zur Verfügung stehende Computer vielfach die Anzahl der auftretenden Probleme verringert werden. Und natürlich gilt dasselbe umgekehrt: Je weniger Computer zur Verfügung stehen, desto höher ist die Anzahl der möglicherweise auftretenden Probleme, insbesondere dann, wenn alle benötigten Programme auf nur einem oder zwei Rechnern miteinander auskommen müssen. Dabei sind die möglichen Probleme vielfältiger Natur und können allein oder mit anderen Problemen zusammen auftreten. Die Palette reicht von einfachen Bedien- und Einstellfehlern der verwendeten Software bis hin zu komplexen Treiberproblemen, die nur der Fachmann lösen kann. Solch eine Problemsuche kann viel Zeit und mitunter auch Geld kosten, nämlich dann, wenn der Computer zu einem Zeitpunkt ausfällt, an dem der Trader offene Positionen hat. Die beste Lösung liegt darin, sich für jede der Hauptaufgaben einen Rechner anzuschaffen, entweder ein Notebook oder einen Desktoprechner, um so alle Probleme, die durch Treiber oder Software im Allgemeinen entstehen können, von vornherein auszuschließen.

Da der hauptberufliche Trader in der Regel mehr als sechs Stunden am Tag vor dem Rechner sitzt, ist es sinnvoll ein Gehäuse zu wählen, das entweder schallgedämmt ist oder das zumindest leise Lüfter beinhaltet. Der Lärm, der von mehreren Computern ausgeht, sollte nicht unterschätzt werden. Im günstigsten Fall nervt er nur, im ungünstigsten Fall jedoch kann er auch zu ernsthaften Beeinträchtigungen der Gesundheit führen.

Wer nicht extra ein schallgedämmtes Gehäuse kaufen möchte, der kann sich mit Korkplatten aus dem Baumarkt behelfen. Die Korkplatten werden auf die Innenseiten der

Gehäusehälften geklebt. Dabei muss man allerdings darauf achten, dass keine Lüftungs-schlitze oder Ähnliches abgedeckt werden, denn solche Maßnahmen sorgen zwar für Ruhe im Computer, stören aber eventuell den nötigen Luftfluss, sodass der kühlende Luftstrom nicht mehr ungehindert durch das Gehäuse fließen kann. Verschiedentlich bekommt man inzwischen auch über das Internet schon sogenannte Dämmkits, die al-les Nötige beinhalten und einfach anzubringen sind. Sie haben außerdem den ange-nehmen Nebeneffekt, dass alle Teile schon passgenau zugeschnitten sind. Hier gibt es inzwischen sogar eigens für bestimmte, besonders beliebte Computermodelle herge-stellte Lösungen. Ruhiggestellte Gehäuse und komplette Dämmkits finden sich z. B. auf den Seiten der Silentmaxx GmbH[10].

Als Lösung für alle Komponenten eines Computers, die einen Lüfter benötigen, haben sich die Geräte der Firma Papst als besonders hervorragend geeignet herausgestellt. Die Lüfter sind in verschiedenen Varianten erhältlich, unter anderem auch in tempe-raturgeregelter Form. Sie laufen nur dann an, wenn die tatsächliche Temperatur in-nerhalb des Computergehäuses eine bestimmte, vorher eingestellte Temperatur über-schritten hat.

Wichtige Komponenten eines Tradingcomputers sind zudem die Grafikkarten, da alle Grafiken in Echtzeit berechnet und angezeigt werden müssen und diese sich im Sekun-dentakt ändern. Es kommt bei der Auswahl darauf an, tatsächlich qualitativ hochwer-tige Grafikkarten zu verwenden. Eine Firma, die sich vor allen Dingen auf dem ame-rikanischen Markt einen hervorragenden Namen gemacht hat und die auch über eine deutsche Vertretung verfügt, ist die Firma Appian[11]. Dieser Hersteller vertreibt neben den Dualhead-Versionen seiner Grafikkarten auch Highend-Quattrohead-Versionen, an denen selbst unter höchsten Bildschirmauflösungen vier Monitore gleichzeitig anges-chlossen werden können. Diese Karten sind jedoch nicht ganz billig.

Die Wahl der Grafikkarte ist die schwierigste Aufgabe, die der Trader bei der Zusam-menstellung des Systems zu bewältigen hat. Zum einen sollte sie über genügend Leis-tung verfügen, den stetigen Datenstrom unter allen Bedingungen und Auflösungen an-zuzeigen, zum anderen jedoch nicht unbedingt eine Highend-Variante mit eingebautem Lüfter sein, denn Grafikkartenlüfter gehören nicht zu den leisesten ihrer Gattung, und oberstes Ziel bei der Ruhigstellung des Tradingcomputers sollte es sein, Lärm von vorn-herein zu vermeiden und nicht später einzudämmen.

---

[10] Im Internet unter www.silentmaxx.de
[11] Im Internet unter www.appian.de

Auf der anderen Seite muss man sehr wohl guten Grafikkarten den Vorrang geben, denn sie müssen den Monitor mit Informationen versorgen, und das Gespann Grafikkarte-Monitor muss auf jeden Fall miteinander harmonieren. Je nach späterem Einsatzzweck wählt man also entweder eine Dualhead- oder Quadhead-Version aus und nimmt, wenn möglich, die jeweils größere Speichervariante. 64 Megabit und mehr sind dabei empfehlenswert. Allerdings müssen Sie bei all diesen Aktivitäten nichts übertreiben. Die heute erhältlichen, wassergekühlten Prozessoren sind für unsere Zwecke zwar geeignet, aber sie sind zu teuer und für einen reinen Tradingcomputer auch gar nicht notwendig.

Für das Motherboard einer stabilen Tradingmaschine finden sich mehrere Hersteller, deren Boards als qualitativ hochwertig eingestuft werden können. Beste Ergebnisse können mit den Boards der Firma Asus[12] erzielt werden. Andere Hersteller mit ähnlich guten Produkten sind MSI[13] und Abit.

Wichtig bei der Auswahl eines Motherboards sind die Verträglichkeit des Prozessors mit dem auf dem Board eingesetzten Chipsatz sowie die Stabilität und die unproblematische Zusammenarbeit mit den restlichen Komponenten des Computers.

Da das Testen von Handelsstrategien und der stetige Echtzeitdatenfluss immer komplexere und ressourcenhungrigere Software nötig macht, sollte der verwendete Hauptprozessor üppig dimensioniert sein. Je mehr Rechner für den Tradingbereich zur Verfügung gestellt werden können, desto besser, denn dann können Programme auf die einzelnen Rechner verteilt werden und es wird möglich, sich mehrere Informationen gleichzeitig ansehen zu können. So schafft man redundante Informationssysteme.

Bei den Festplatten fällt die Wahl etwas leichter. Hier wählt man entweder IBM-Deskstar-Modelle oder die Modellreihen des Herstellers Seagate, die beide hohe Durchsatzgeschwindigkeiten erreichen und ihren Dienst im Normalfall stabil und störungsfrei versehen. Insbesondere die Barracuda-Modelle von Seagate verfügen in den neuesten Serien über flüssiggelagerte Aufhängungen, die das Betriebsgeräusch erheblich verringern und diese Platten damit zu den leisesten der Welt machen. Als teure Alternative bieten sich inzwischen Solid-State-Disks an, aber die benötigen Sie nicht unbedingt, denn der Festplatte in einem Tradingsystem kommt keine so große Bedeutung zu.

Setzt man ein System mit gedämmtem Gehäuse, Grafikkarte ohne Lüfter, temperaturgeregelten Lüftern für das Netzteil und leiser Festplatte in der Gummiaufhängung ein,

---

[12] Im Internet unter www.asuscom.de
[13] Im Internet unter www.msi.de

dann ist der PC-Lärm im Tradingbüro schnell Geschichte. Damit lässt sich hervorragend arbeiten.

An dieser Stelle muss aber auch betont werden, dass sich heutige Tradingszenarien auch ganz hervorragend mit Notebooks aufbauen lassen.

Neben der Grafikkarte kommt dem Monitor eines Tradingsystems ganz besondere Bedeutung zu. Da man während des Handels ständig in das Gerät hineinsieht, empfiehlt es sich, qualitativ hochwertige Monitore anzuschaffen. Zwar sind diese Ausgaben am Anfang etwas höher, aber die eigenen Augen werden einem das schnell danken. Bei der Auswahl gilt es zunächst festzulegen, welche Art des Monitors man einsetzen möchte. Ein TFT emittiert keine gesundheitsschädigende Strahlung und nimmt natürlich wesentlich weniger Platz auf dem Schreibtisch ein als ein konventioneller Monitor. Das ist insbesondere bei kleineren Tradingbüros ein ernstzunehmender Faktor – dann nämlich, wenn professionelle Mehrmonitorlösungen aufgebaut werden. Die alten Röhrenmonitore, sofern noch vorhanden, können ausgemustert werden und sollten nicht den Weg in das Tradingbüro finden. Was die Monitore betrifft, so gilt es, eine Mehrmonitorlösung aufzubauen. Der Platz auf dem Computerbildschirm geht einem am ehesten aus.

Ein Wort noch zu diversen Tuningmaßnahmen: Man sollte davon absehen, Tradingcomputer zu übertakten. Für Computer, die für tägliche Aufgaben eingesetzt werden oder mit denen man spielt, ist eine solche Übertaktung sicherlich ein probates Mittel, die Performance ohne allzu hohe Kosten effektiv zu steigern. Für Computer, mit denen ernsthafter Handel betrieben wird, ist dagegen eine solche Vorgehensweise kaum angebracht.

Zu dem Ärger bei Ausfall der Komponenten kommt die Möglichkeit hinzu, die offenen Trades nur mit Verlust abschließen zu können, da man zur Glattstellung auf alternative Methoden ausweichen muss. Der Performancegewinn durch die Übertaktung steht in einem solchen Fall sicherlich in keinem Verhältnis mehr zum entstehenden Schaden. Es ist auch nicht notwendig, denn heutige Prozessoren stellen allemal genügend Leistung zur Verfügung.

Es soll noch bemerkt werden, dass neben dem eigentlichen Computer, der für den Handel benötigt wird, natürlich auch noch einige Peripheriegeräte genutzt und damit angeschafft werden müssen. Eines der wichtigsten Geräte ist der Drucker. Da unter Umständen sehr viele Auswertungen, Portfolio-Updates, Tradingjournale und Ähnliches ausgedruckt werden müssen und der Schwarz-Weiß-Anteil sehr hoch ist, empfiehlt sich hier die Anschaffung eines hochwertigen Laserdruckers. Im Prinzip kann jeder Laserdrucker genutzt werden; der Qualitätsaspekt sollte aber im Vordergrund stehen. Tintenstrahldrucker empfehlen sich nur eingeschränkt, da ihr Verbrauch an Tinte und damit die Betriebskosten sehr hoch sind und der Farbanteil bei den meisten für Trader relevanten Ausdrucken eher gering ist.

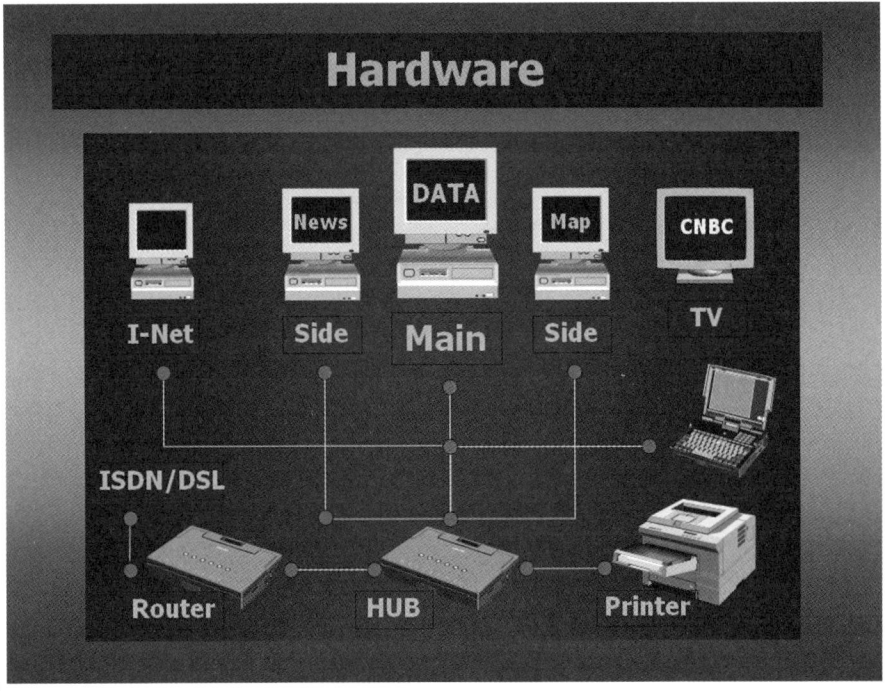

Bild 3.4

Bild 3.4 zeigt den schematischen Aufbau einer professionellen und anspruchsvollen, voll vernetzten Tradingplattform. Die Verbindung zum Internet wird über eine DSL-Verbindung oder im Idealfall mit einer Standleitung hergestellt und geht von dort in den Router, der wiederum die Daten an den Hub/Switch weiterleitet. Je nach Netzwerkgröße und -beschaffenheit ist ein Router nicht unbedingt notwendig. Bei einer reinen DSL-Leitung und wenigen Computern innerhalb des Netzwerkes genügt schon ein einfacher Hub, der die vom DSL-Modem kommenden Signale auf die einzelnen Tradingcomputer verteilt.

Ist das Netzwerk jedoch insgesamt größer und erfüllt neben dem eigentlichen Traden auch noch andere Aufgaben, dann ist ein Router als Gateway ins Internet von Vorteil. Einen solchen Router kann man neben der reinen Verbindungsaufgabe auch als Firewall einsetzen, sodass das übrige Netzwerk geschützt ist und die Clients von außen nur schwer angegriffen werden können. Ein Router kann je nach Ausstattung noch weitere Aufgaben übernehmen.

Der Hub/Switch dient zur Verteilung der Daten auf die einzelnen Computer im Netzwerk. Auch hier gilt: Solange das Netzwerk klein ist und nur aus wenigen Computern besteht, reicht ein Hub völlig aus, insbesondere dann, wenn der verwendete Router über einen eingebauten Switch verfügt. Erst wenn das Netzwerk wächst und verschiedene Aufgaben geordnet nach Prioritäten ausgeführt werden müssen, ist ein Switch die bessere Wahl. Während ein Hub die Daten lediglich gleichmäßig im Netzwerk auf alle angeschlossenen Nutzer verteilt, kann der Switch diejenigen Nutzer besser bedienen, die aufgrund der genutzten Software höhere Datenanforderungen geltend machen. Eine Webseite, die Nachrichten statisch darstellt, braucht wesentlich weniger Ressourcen auf der Clientseite als eine Tradingplattform, die mit Echtzeitdaten in der Push-Technologie versorgt wird. Ein Switch stellt nun dem Computer mit der laufenden Tradingplattform mehr Bandbreite zur Verfügung als dem Computer mit der Nachrichtenseite. Auf diese Weise verhindern Sie Engpässe in der Datenversorgung aufgrund ungeschickter Aufteilung der vorhandenen Bandbreite.

Fast-Ethernet gilt inzwischen als Standard beim Netzwerkaufbau. Bei einer solchen Verkabelung kommen Kabel der Kategorie Cat 5 zum Einsatz. Für ein Tradingnetzwerk reicht die Geschwindigkeit völlig aus. Stabile Netzwerk-Komponenten stellen Firmen wie 3com[14], Cisco[15] oder Dlink[16] her. Neben der herkömmlichen Verkabelung setzen sich auch immer mehr Wireless-LAN-Lösungen durch. Für diese gilt aber noch, dass sie schwieriger nach außen hin absicherbar sind als die alternative Kabelvariante. Da sie auch teurer sind, sollten sie nur in Erwägung gezogen werden, wenn es zu umständlich oder zu kompliziert wäre, eine herkömmliche Kabelvariante zu installieren, beispielsweise bei der Vernetzung von ganzen Etagen.

Vom Hub/Switch aus gibt es mehrere Verteilungsmöglichkeiten. Der Hauptanschluss dient der Tradingplattform, da sie die höchste Priorität innerhalb des Netzwerkes besitzt. Je nachdem, wie viele Computer zur Verfügung stehen, gibt es weitere Anschlüsse. Die weiteren Computer dienen der Analysearbeit sowie den verschiedenen Nachrichten- und Chatsystemen. Insbesondere dann, wenn man mit Tradern zusammenarbeitet, die vielleicht an einem anderen Ort sitzen, hat sich die Nutzung von computerbasier-

---

[14] Im Internet unter www.3com.de
[15] Im Internet unter www.cisco.de
[16] Im Internet unter www.dlink.de

ten Chatsystemen als hervorragend geeignet herausgestellt. Auf diese Art kann man beispielsweise Gruppenstrategien nutzen und erhält Informationen über Sektoren oder Bereiche der Märkte, die man selbst vielleicht gar nicht beobachtet. Wenn das Netzwerk insgesamt größer ist und mehr als nur zwei oder drei Clients enthält, dann empfiehlt es sich, zwischen Router und Hub/Switch einen Fileserver zu stellen, der die vom Netzwerk gemeinsam genutzten Ressourcen verwaltet und bereitstellt.

Nicht zwingend notwendig, aber sehr hilfreich, ist auch ein Fernsehgerät oder eine Computerlösung mit TV-Anschluss, auf dem der jeweilige Markt verfolgt werden kann. Für den amerikanischen Aktienhandel ist das CNBC, ein Sender, der in den USA eine sehr weite Verbreitung hat und als De-facto-Standard im Investmentbereich gilt. Dieser Sender ist jedoch nicht über das Kabelnetz der Deutschen Telekom verfügbar, sondern ausschließlich über Satellitenempfang.

Peripheriegeräte wie Drucker, Fax und Notebook sollten natürlich auch noch Anschlussmöglichkeiten finden.

Jeder Trader nutzt ein anderes Computersystem und damit unter Umständen auch eine andere Variante des Windows-Betriebssystems. Dass es sich bei dem Betriebssystem um eine Software aus Redmond und damit von Microsoft handelt, ist fast sicher, denn für andere Lösungen wie Linux oder Apple gibt es keine geeigneten Handelsplattformen. Die einzelnen Komponenten eines Tradingcomputers müssen jedoch immer auch auf die Software abgestimmt sein und gut zusammenpassen. Es ist nicht sinnvoll, an der Auswahl der Einzelkomponenten zu sparen.

Wichtig ist, dass Sie ein stabiles System aufbauen und Möglichkeiten vorsehen, es in der Zukunft erweitern zu können.

Der fast schon unübersichtliche Bereich der zum Einsatz kommenden Software wird im nächsten Kapitel behandelt.

SOFTWARE

Priorität 3

Da der direkte Zugang zu weit entfernten Märkten heutzutage fast ausschließlich über Computer und Internet funktioniert, muss die dazu genutzte Software ausgereift und wohl durchdacht sein. Die einzelnen Programme müssen in der Lage sein, die Börsendaten bereitzustellen, die Order des Traders entgegenzunehmen und an die Börsen weiterzuleiten sowie eine sorgfältige Portfoliobetrachtung durchzuführen. Zwar gibt es Produkte, die die oben genannten Aufgaben innerhalb der gleichen Software erledigen können, nicht immer aber ist eine All-in-one-Lösung auch die beste Variante. Einzelne Produkte sind mitunter sehr viel leistungsfähiger und sollten daher bevorzugt werden.

Je nach Ansatz und gewählter Strategie kann die Softwareausstattung gering oder umfangreich ausfallen. Auf jeden Fall sollte gerade bei Hard- und Software nicht an der falschen Stelle gespart werden. Vielfach werden Informationen im Internet für wenig Geld oder teilweise sogar kostenlos angeboten. Selten aber treffen solche Angebote wirklich die Bedürfnisse eines professionellen Traders. Hier also ein paar Euro zu sparen kann später während des Handels viel Geld kosten und sollte wohlüberlegt sein. Qualität hat ihren Preis und im realen täglichen Handel macht sich das sehr schnell bemerkbar. Da verschiedene Handlungen beim Kurzfristtrading auch durchaus zeitkritisch sein können, kann eine Software, die effizient gestaltet wurde und häufig benötigte Funktionen auf Knopfdruck bereitstellt, bares Geld sparen.

Softwarekategorien

Die Daten bilden das Herzstück eines Tradingaufbaus. Ohne sie hat der Trader keinen Überblick über den Markt. Sogenannte EOD[17]-Pakete liefern Daten jeweils auf Tagesschlusskursbasis und genügen den Anforderungen längerfristig agierender Trader.

Positionsstrategien, die mehr als zwei Tage innerhalb einer Position verharren, können mit einem solchen Datenfeed durchaus bedient werden. Auch Value-Investoren sind mit diesen Paketen hervorragend ausgestattet. Hält der Trader seine Positionen kurzfristiger, dann genügen diese Lösungen nicht mehr. In diesem Fall sollten Echtzeit-Datenfeeds genutzt werden. Diese Pakete sind entsprechend teuer, aber in der Regel sehr leistungsfähig. Die dafür anfallenden Kosten müssen jedoch als Tradingkosten verbucht werden.

Heutige Direct-Access-Handelsplattformen bieten Information in Hülle und Fülle, versteckt in einzelnen Modulen, die der Anwender je nach Bedarf abrufen und öffnen kann, bis er sich vor lauter Fenstern nicht mehr auskennt. Dabei die richtige Auswahl der Einzelmodule in Abhängigkeit der gewählten Strategie zu treffen, ist nicht immer einfach. Solche Planungen müssen aber unbedingt vor der Aufnahme des realen Handels durchgeführt werden.

---

[17] EOD = End of Day; Datenpakete, die in der Regel Tagesschlusskurse liefern.

WEBSEITEN

Die hier vorgestellten Webangebote beziehen sich auf die amerikanischen Börsen und den US-Handel.

Freestockcharts

Im Netz gibt es mitunter auch Angebote, die sehr gut sind, einen hohen Funktionsumfang bieten und dennoch umsonst zur Verfügung gestellt werden. Naturgemäß gibt es nur wenige solcher Angebote, aber Freestockcharts ist mit Sicherheit ein solches Paket.

Bis ins Jahr 2009 hinein war es fast unmöglich, Realtime-Kurse von amerikanischen Börsen umsonst zu bekommen. Die Firma Worden hat das geändert und mit Freestockcharts tatsächlich eine Website geschaffen, die, wie der Name schon sagt, gratis verfügbar ist und tatsächlich Livekurse von vielen amerikanischen Börsen bereitstellt. Auch der Funktionsumfang kann sich sehen lassen. Unter www.freestockcharts.com ist dieses Angebot für jeden frei verfügbar.

Die Anzeige eines Aktienkurses ist denkbar einfach. Dazu muss lediglich auf den Chart geklickt und das neue Symbol eingetippt werden. Links oben befinden sich die verschiedenen vom System bereitgestellten Märkte, in denen die wichtigsten Aktien schon vorbereitet sind. Leider sind noch keine Futures-Daten verfügbar, aber das soll in Zukunft noch geändert werden.

Der Chart selbst stellt viele Möglichkeiten dar und ist sehr flexibel. Der blaue Balken unten rechts lässt sich dazu nutzen, sehr schnell auf der Zeitachse zu navigieren und einige Tage oder Monate zurückzublicken. Zieht man an den grauen Eckpunkten, dann kann der Chart vergrößert oder verkleinert werden (Zeitachse).

Oben auf dem Chart befinden sich verschiedene Menüs, über die sich der Chart in seinem Aussehen verändern lässt, aber auch verschiedene Indikatoren hinzugefügt werden können. Es lassen sich auf dem Chart sogar Vergleichskurven anderer Aktien anzeigen.

Wer sich registriert (die Registrierung ist kostenlos), der bekommt die Möglichkeit, ein Portfolio einzurichten. So können verschiedene Szenarien in Echtzeit überwacht werden.

Es gibt nur wenige solcher Angebote im Netz und das Preis-Leistungs-Verhältnis ist unschlagbar.

Wer noch keine eigenständige Datensoftware besitzt, der sollte dieses Angebot unbedingt ausprobieren. Es eignet sich aber auch für Trader, die schnell mal neue Ideen in einem Portfolio ausprobieren wollen.

Stockcharts

Unter www.stockcharts.com gibt es eine weitere Möglichkeit, sich Charts von allen möglichen Aktien anzeigen zu lassen. Dieses Angebot war jahrelang der Quasi-Standard im Web für amerikanische Aktien, weil sich die Charts durch unzählige Funktionen sehr stark individualisieren lassen und auch die Farbgebung der Charts stark verändert werden kann.

Bigcharts

Ein weiteres Angebot in diese Richtung ist unter www.bigcharts.com zu erreichen. Die Charts sind nicht live, sondern verzögert – bieten allerdings hervorragende Möglichkeiten zur Individualisierung.

Clearstation

Unter www.clearstation.com finden sich zwar auch Charts, aber hier geht es eher um die aktive Community. In der A- und Z-Liste werden gute und schlechte Aktien vorgestellt, und es lohnt sich, einen Blick daraufzuwerfen. Besonders die sogenannten »Community Picks« sind Aktien, die von vielen Teilnehmern gehandelt werden, und sie zeigen daher oftmals ein erhöhtes Volumen und eine aktive Bewegung.

Wsj ($)

Unter www.wsj.com findet sich ein Klassiker; das Wall Street Journal in der kompletten Onlineausgabe. Diese Seite lohnt sich für alle, die keine Probleme mit der englischen Sprache haben, da die Informationen sehr ausführlich und umfangreich sind. Das Angebot ist jedoch nicht frei verfügbar. Zwar können Sie die Titelzeilen und den Anfang des jeweiligen Textes lesen; der gesamte Artikel ist aber nur abrufbar, wenn Sie über ein Abonnement verfügen.

Dennoch ist das Wall Street Journal eine der besten Onlinequellen für alles, was die Märkte betrifft.

Cnnfn

Unter www.cnnfn.com finden sich die Finanzseiten des amerikanischen Nachrichtensenders CNN. Sehr ausführlich geschrieben und kostenlos verfügbar lassen sich hier ebenfalls sehr gute Informationen finden. Insbesondere die »Latest News«-Rubrik ist immer sehr nahe am momentan wichtigen Geschehen.

Google Trends

Unter www.google.com/trends findet sich ein außergewöhnlich interessantes und wertvolles Werkzeug. Diese Seite kann dazu genutzt werden, einen Trend bei der Eingabe von Suchbegriffen auszumachen.

Diese Information ist unter Umständen sehr nutzbringend, weil Sie auf diese Weise schon lange vor steigenden Aktienkursen sehen können, wofür sich die Nutzer der Suchseite interessieren.

In Bild 3.5 haben wir nach den Begriffen Palm, iPhone und Nokia geforscht und interessante Ergebnisse erzielt. Die blaue Linie im Bild zeigt die Suchanfragen für den Smartphone-Hersteller Palm. Man sieht sehr schön, dass die Suchanfragen für die Geräte des Herstellers über die Jahre hinweg immer weiter abgenommen haben. Das ging einher mit einem Verfall des Aktienkurses, bis das Unternehmen letztendlich im Jahr 2009 von Hewlett Packard übernommen worden ist.

Die gelbe Linie im Bild zeigt die Suchanfragen für die Firma Nokia und hier zeigt sich sehr schön, dass die Anzahl der Anfragen über die Jahre hinweg weitestgehend gleich geblieben ist.

Und die rote Linie im Bild zeigt die Anfragen für das iPhone der Firma Apple. Die Anfragen sind über die Jahre stetig gestiegen und das zeigt sich auch im Aktienkurs von Apple.

Google Trends ist ein hervorragendes Mittel, einen Kurstrend bei Aktien schon lange vor allen anderen zu erkennen, solange man die Suchanfrage klug genug stellt und die richtigen Trends miteinander vergleicht.

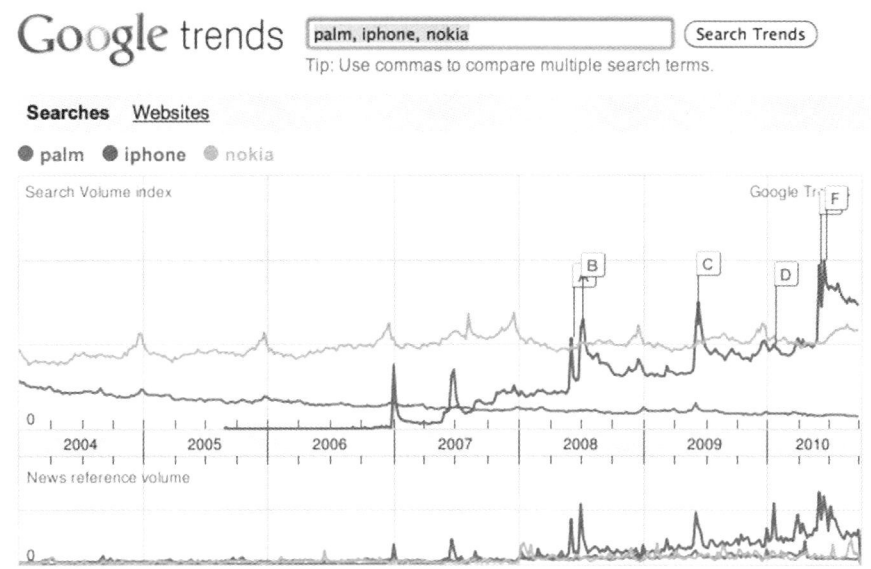

Bild 3.5 Quelle: www.google.com

Risikomanagement im Internet

Unter www.theriskblog.com baut der Autor gerade eine eigene Risikomanagementseite auf, die sich mit all den Dingen beschäftigt, die beim aktiven Handel einen Bezug zum Risikomanagement haben.

Und unter www.footnoted.org findet sich eine Seite, die sich intensiv mit den öffentlichen Mitteilungen auseinandersetzt, die amerikanische Unternehmen veröffentlichen müssen. Diese Veröffentlichungen geschehen in der Regel bei der SEC, und das Team von Footnoted findet immer wieder überraschende und den Kurs beeinflussende Dinge darin.

Server und Datenlieferanten

Priorität 3

Grundsätzlich lässt sich die für den Handel benötigte Software in vier Grundkategorien einteilen. Die erste Gruppe besteht aus den Datenlieferanten. Damit der Trader eine Übersicht über den Markt bekommt und seine Handelsentscheidungen treffen kann, benötigt er die gleichen professionellen Daten, die auch Profis in den Wertpapierabteilungen der Banken oder in den Börsensälen nutzen. Diese Datenfeeds erreichen heutzutage in vielfacher Form den heimischen Computer. Es gibt Produkte, die als eigenständige Software vertrieben werden und die vollständige Palette der benötigten Daten innerhalb des Paketes bereitstellen, und es gibt Produkte, die ausschließlich über das Web laufen. Ein Vertreter der ersten Gattung ist eSignal[18], eine Software, die Daten von nahezu jeder Börse der Welt liefern kann. eSignal hat sich in den letzten Jahren sehr stark weiterentwickelt und kann inzwischen für die verschiedensten Börsenstrategien eingesetzt werden. Der größte Vorteil dieser Lösung liegt in der hohen Stabilität, die das Programm auszeichnet. Da der Hersteller Interactive Data schon früh erkannt hat, dass für einen Datenlieferanten die Stabilität und die Lieferung korrekter Daten höchste Priorität haben muss, wurde von Anfang an großer Wert auf die Qualität und Sicherheit der hinter dem Programm eingesetzten Datenserverfarmen gelegt. ID arbeitet hier mit redundanten Serverstandorten, sodass durchaus auch einige der Server ausfallen können, ohne dass der Datenfluss insgesamt beeinträchtigt wird.

Für die hier im Buch vorgestellten Tradingpläne wird daher auch eSignal als hauptsächlicher Datenlieferant eingesetzt. Das Programm wird nach wie vor ständig weiterentwickelt und dürfte auch auf lange Sicht gesehen einen hohen Standard behalten. Die neueren Versionen der Software bieten überdies eine hohe Funktionsvielfalt, die das Programm einen Hybridstatus einnehmen lässt. Es ist nicht mehr nur als reiner Datenlieferant nutzbar, sondern in Verbindung mit verschiedenen Brokern auch als eine Handelsplattform. Ab der Version 7.1 kann das Programm auch für die Entwicklung von Handelsstrategien genutzt werden, da ab dieser Version eine Formelsprache implementiert wurde, die auf der Basis von Javascript betrieben wird. Es lassen sich damit ganze Handelskonzepte entwickeln und umsetzen. Trotz all dieser Funktionen liegt der Schwerpunkt noch immer auf der stabilen Lieferung der wichtigen Börsendaten. Demnächst wird die Version 10 verfügbar sein, die insbesondere noch einmal bei der Implementierung eigener Handelsstrategien, Charts und Konzepte stark verbessert wurde. Außerdem ist inzwischen eine automatische Weiterleitung generierter Handelssignale in das Programm aufgenommen worden, sodass es bei entsprechender Programmierung nahezu als autarkes Handelsprogramm agieren kann.

Natürlich ist eSignal nicht das einzige verfügbare Datenlieferungsprogramm. Es gibt eine Vielzahl anderer Lösungen, die den ein oder anderen Vor- oder Nachteil beinhal-

---

[18] Im Internet unter www.esignal.com

ten. Sie alle aber haben gemeinsam, dass die direkte Datenlieferung der wichtigste Aspekt ist. Alle vorhandenen Lösungen hier vorzustellen, würde den Rahmen dieses Buches sprengen – insbesondere auch deshalb, weil immer wieder neue Lieferanten hinzukommen und alte wegfallen.

Da Echtzeitdaten der Börsen in der Regel nicht umsonst zu haben sind, muss man das richtige Produkt sorgfältig auswählen. Für langfristige Tradingansätze reichen dabei auch Tagesenddaten, die es beispielsweise von Anbietern wie Yahoo kostenlos gibt. Bei diesen Produkten muss in der Regel keine gesonderte Software heruntergeladen werden; es kann vielmehr der Datenbestand direkt aus dem Netz bezogen werden.

Die Entscheidung für das ein oder andere Produkt liegt allein beim Trader. Damit aber ein Datenanbieter überhaupt eine Chance hat, in den Tradingplan aufgenommen zu werden, müssen mindestens folgende Kriterien erfüllt werden.

- ▶ Stabilität und Redundanz (Ausfallsicherheit) der Server
- ▶ Datenintegrität
- ▶ Exportfunktionen
- ▶ Portfoliofunktionen

Stabilität und Redundanz der Server

Priorität 3

Die Stabilität der gelieferten Daten und die Ausfallsicherheit der verwendeten Server ist das wichtigste Kriterium bei der Auswahl des Datenanbieters. Man kann es verschmerzen, bei der Funktionsvielfalt des verwendeten Softwareproduktes Abstriche hinnehmen zu müssen, wenn die Daten dafür schnell, sicher und ohne nennenswerte Ausfälle geliefert werden können. Der umgekehrte Fall aber ist ein Garant für ein Verlustszenario. Hat man ein Programm mit zwar hervorragenden Funktionen und vielfachen Möglichkeiten, bei dem jedoch die Daten nur mit Verzögerung kommen – bzw. durch Ausfall sogar gar nicht –, dann wird sich mit einer solchen Lösung kontinuierlich kein Gewinn erwirtschaften lassen, da die Voraussetzungen im Vergleich zu denjenigen der professionellen Marktteilnehmer ungleich schlechter sind. In diesem Business wird mit höchster Sicherheit kein Kapital erwirtschaftet, wenn an den Voraussetzungen gespart wird.

Datenintegrität

Priorität 3

Neben der Geschwindigkeit sind natürlich die Daten selbst wichtig. Hat man den Verdacht, die gelieferten Daten könnten nicht korrekt sein, dann lässt sich das in der Regel nur schwer feststellen. Ein Vergleich mit korrekten Daten ist nicht ganz einfach, auch deshalb, weil die Daten selbst sich ständig ändern.

Der Vergleich funktioniert am besten über die Server der Börse selbst. Auf den Seiten der Technologiebörse NASDAQ[19] z. B. kann man die historischen Kursnotizen einer Aktie auch im Intraday-Bereich einsehen und so einen Vergleich mit den eigenen Daten anstellen. Renommierte Systeme wie die von Bloomberg oder Reuters stellen auch relativ sichere Datenquellen dar und können zu Vergleichszwecken herangezogen werden, wenn sie für den jeweiligen Trader verfügbar sind, denn sie sind nicht ganz billig.

Es sind aber nicht nur die Kursdaten, die korrekt sein sollten. Vielfach übersehen wird die auf dem eigenen Computer verwendete Systemzeit. Die im Computer eingestellte Zeit ist in den seltensten Fällen korrekt, da Computeruhren allgemein nicht sehr genau gehen. Manche Kursserver übertragen jedoch Daten ohne Zeitstempel und verlassen sich auf die eingestellte Systemzeit des Computers, an den sie die Daten schicken. Insbesondere im Scalping-Bereich kann es hierbei schnell zu Problemen kommen, da der Trader für seine Handelsentscheidungen von dem sogenannten Level-II-Fenster, also der Orderbucheinsicht abhängig ist.

Stimmen die Uhren des eigenen Computers nicht mit den Uhren der behandelten Börse und damit des Datenfeeds überein, dann kann man hier sehr schnell bis zu einige Sekunden hinter der tatsächlichen Zeit liegen und trifft somit möglicherweise Entscheidungen, die auf Daten beruhen, die längst nicht mehr aktuell sind.

Für den Tradingplan gilt es also, nicht nur die Stabilität der verwendeten Daten zu überprüfen, sondern auch Tools zu verwenden, die die eigene Systemzeit atomuhrengenau stellt. Beide Punkte müssen daher in den Plan eingebaut werden.

Um die verwendete Systemzeit genau einzustellen, kann man entsprechende Webseiten aufrufen oder aber eine professionelle Handelsplattform mit integriertem Serverzeitabgleich verwenden. Handelsplattformen wie z. B. Realtick verwenden eingebaute

---

[19] Im Internet unter www.nasdaq.com

Routinen, die beim ersten Start des Tages automatisch die eigene Uhr mit der des angeschlossenen PCs vergleichen und gegebenenfalls die PC-Uhr an die eigene Zeit angleichen. Auf diese Weise wird eine interne Zeitverschiebung verhindert und die Daten im eigenen Computer sind zu jeder Zeit kompatibel mit den Echtzeitdaten der Börse.

Exportfunktionen

Priorität 2

Ein guter Tradingplan sollte vorsehen, Software zu nutzen, die von Haus aus vernünftige Exportfunktionen mitbringt. Da jeder Tradingstil neben den allgemeingültigen Daten wie Trefferwahrscheinlichkeiten, Profitfaktor und Stop-Loss-Ranges auch noch viele andere statistische Berechnungen zulässt, jeder Trader eine andere Sichtweise der Dinge hat und die Hersteller der Programme nicht alle diese Möglichkeiten berücksichtigen können, kommt man in den meisten Fällen um eine individuelle Betrachtung und Auswertung der anfallenden Daten nicht herum.

Exportfunktionen, die die Daten automatisch in verschiedene Formate umwandeln und anschließend exportieren können, sind daher unerlässlich. Nahezu jede Plattform, die sorgsam programmiert wurde und für den professionellen Bereich vorgesehen ist, beherrscht den Datenexport im Microsoft-Excel-Format. Excel selbst ist dabei ein hervorragendes Tool für die Aufbereitung der anfallenden Daten.

Portfoliofunktionen

Priorität 2

Nicht ganz so wichtig, aber sehr hilfreich, sind Programme, die eine Depot- oder Portfolioverwaltung schon eingebaut haben. Gerade in der Anfangsphase wird sehr viel simuliert und per Papertrading spekuliert. In dieser Phase ist es von Vorteil, wenn man sich die Daten nicht umständlich über selbst programmierte Tools oder von verschiedenen Webseiten zusammensuchen muss, sondern innerhalb des Datenfeed-Programms Portfoliofunktionen zur Verfügung stehen, die gleich genutzt werden können.

So kann man Aktien simuliert kaufen und verkaufen und hat Echtzeitdaten für die Analyse dieser Positionen. Unser Tradingplan sieht den Einsatz eines solch kombinierten Datenfeeds vor, der nicht nur die reinen Kursdaten möglichst stabil auf den Rechner liefert, sondern darüber hinaus auch die Daten zur Weiterverarbeitung in externer Software umwandelt und gleichzeitig eine Portfolioverwaltung bereitstellt, mit der man Intraday-Positionen in Echtzeit beobachten kann.

Handelsplattformen

Priorität 3

Vollständig integrierte Handelsplattformen stellen den zweiten großen Block der nutzbaren Software dar.

Die Datenlieferung ist nur der eine Teil des Onlinehandels. Der andere Teil ist die aufzugebende Order. Haben Sie sich entschieden und soll nun die Position eröffnet werden, dann benötigen Sie einen schnellen und sicheren Weg an die Börse. Dieser Weg führt immer über den Broker und nur über diesen können die eigenen Orders geroutet werden. Programme wie Realtick oder die Trader-Work-Station von Interactive Brokers sind daher nicht auf einen externen Datenfeed angewiesen, sondern bringen diesen von Haus aus mit und können darüber hinaus auch gleichzeitig die eigene Order über verschiedene Wege an die Börse routen. Somit ist der Datenstrom vom und zum Broker ein in sich abgeschlossenes System, das wenig Anfälligkeit gegenüber externer Datenprobleme zeigt.

Bei der Nutzung einer solchen Plattform treten kaum noch zeitliche Verluste auf, da die Daten sofort umgesetzt werden können und für die Orderaufgabe kein eigenes Programm gestartet werden muss.

Gerade die amerikanischen Börsen stellen eine Vielzahl unterschiedlicher Routingmöglichkeiten zur Verfügung, die dem Trader die richtige Route in jeder Situation anbieten. Diese Funktionsvielfalt will aber nicht nur vom Anwender verstanden und genutzt werden, sondern muss darüber hinaus auch von der verwendeten Handelsplattform als Funktion zur Verfügung gestellt werden.

Die verschiedenen Plattformen lassen sich dabei wieder in unterschiedliche Kategorien einteilen. Die einen können mit allen möglichen Zusatzfunktionen für den manuellen oder diskretionären Handel eingesetzt werden, die anderen haben integrierte Skriptsprachen oder sogar eigens für das Trading entwickelte Programmiersprachen und können somit vollends automatisiert werden. Mit solchen Lösungen lassen sich dann vollständig autarke Handelssysteme entwickeln, die fast ohne menschliches Dazutun selbstständig handeln.

Im Tradingplan wird die Auswahl einer solchen geeigneten Plattform festgelegt. Neben der ausgewählten Software muss aber in der Vorbereitungsphase auch genügend Zeit eingeplant werden, die Nutzung des entsprechenden Programms zu erlernen und sich mit allen wichtigen Funktionen vertraut zu machen. Da es viele verschiedene Plattformen gibt, sollen hier nur einmal exemplarisch vier Vertreter der unterschiedlichen Gattungen vorgestellt werden. Beide Programme erfreuen sich in der Tradercommunity großer Beliebtheit und werden auf professioneller Ebene weiterentwickelt, sodass sie auch in Zukunft noch den wachsenden Veränderungen der Börsen angepasst werden können.

Tradesignal

Da die Auswahl eines Softwareproduktes immer auch subjektiven Maßstäben genügen muss, entwickelt jeder Trader im Laufe der Zeit seine eigenen Vorstellungen. Dennoch ist es nicht verkehrt, bei der langfristigen Auswahl der richtigen Analysesoftware ein Paket zu wählen, das möglicherweise im Moment Funktionen bereitstellt, die erst in der Zukunft benötigt werden. So kann der Trader mit der Software mitwachsen.

Tradesignal[20] ist ein solches Softwareprodukt. Zunächst stellt sich das Programm in der ersten Betrachtung als ein reines Softwarepaket der technischen Analyse vor. Sieht man sich jedoch die Funktionen etwas genauer an, so wird schnell klar, dass hier ein Entwicklerteam gearbeitet hat, das entweder selbst gehandelt oder sich sehr genau angesehen hat, was die Kunden ihnen als Feedback gegeben haben.

Das Produkt ist in deutscher Sprache verfügbar, kann aber auch amerikanische und andere Märkte anzeigen. Es bietet alle bekannten Indikatoren der technischen Analyse und stellt darüber hinaus einige weitere bereit, die nicht so bekannt sind. Weiterhin verfügt es über eine integrierte, eigene Sprache und stellt fertig konfigurierte Handelssysteme zur Verfügung, die jedoch für unsere Zwecke nicht eingesetzt werden. Sie können jedoch als Ausgangspunkt für eigene Zwecke genutzt werden. Die Datenlieferung erfolgt über Umwege durch eSignal, sodass Stabilität und Geschwindigkeit gewährleistet sind.

---

[20] Im Internet unter www.tradesignal.de

AmiBroker

Bei AmiBroker handelt es sich um eine vollwertige Programmier- und Analyseumgebung. Die Software[21] wird ständig weiterentwickelt und stellt eine gute Alternative zu den etablierten aber teuren Konkurrenzprodukten dar. Das Programm wird in einer End-of-Day- und einer Realtime-Version hergestellt. Darüber hinaus kann sie am Ende des Tages kostenlos mit Kursen versorgt werden, was den Geldbeutel insbesondere am Anfang sehr schont.

Der Name AmiBroker mutet zunächst etwas umgangssprachlich an, hat aber einen anderen Ursprung. Er stammt aus den Anfängen des Programms, als dieses noch für die Amiga-Plattform entwickelt wurde. Nach dem Konkurs der Firma Commodore folgte eine konsequente Umsetzung auf den PC, um einen größeren Kundenkreis anzusprechen, wobei jedoch auch heute noch eine Amiga-Version angeboten und weiterentwickelt wird. Die Software wird in einer englischen, einer polnischen und in einer deutschen Variante angeboten.

Das Programm besitzt eine sehr flexible Datenbankstruktur, mit der es für völlig verschiedene Zwecke genutzt werden kann. Ein Vorteil ist, dass man innerhalb der Software den gleichen Markt mehrmals verwenden kann, indem jeweils eine neue Datenbank angelegt und dann zwischen diesen Datenbanken beliebig gewechselt werden kann. Dabei kann eine Datenbank durch einen EOD-Datenfeed eines Providers gespeist werden, den man ohnehin schon nutzt, während die zweite Datenbank durch einen Echtzeitfeed gespeist wird. Durch die Kompatibilität zu verschiedenen weitverbreiteten Datenformaten gibt es mit dieser Struktur ein wirklich flexibles System. Innerhalb der Datenbanken können die Aktien dann nach dem System des Datenproviders oder aber mithilfe der Klassifizierungen Markt, Gruppe oder Industrie nach einem eigenen System geordnet werden. Nutzt man hier ein proprietäres System wie beispielsweise das von TC2000, dann steht einem mit nur wenigen Mausklicks ein Großteil des amerikanischen Marktes zur Verfügung. Da bei der Verbindung der beiden Programme die Klassifizierungen einfach übernommen werden, sind die Aktien nach der Durchführung des einmaligen Abgleichs richtig sortiert und geordnet. Das Kurs-Update erfolgt automatisch immer dann, wenn das Hostprogramm aktualisiert wurde und danach AmiBroker geöffnet wird. Da dieses System nicht nur mit TC2000, sondern auch mit QuotePlus, myTrack und anderen Quellen funktioniert, ist es eine sehr günstige Lösung, reine Datenfeeder um eine vollwertige Programmierumgebung zu erweitern. Informationen über Schnittstellen zu anderen Datenprovidern finden

---

[21]   Im Internet unter www.amibroker.com

sich auf der Website von AmiBroker. Unterstützt werden aber hauptsächlich amerikanische Datenanbieter, sodass bei anderen Börsen etwas Handarbeit gefragt ist, da die Aktienlisten einmalig vorbereitet werden müssen.

Trotz des günstigen Preises bietet AmiBroker dem engagierten Entwickler eine ganze Reihe sehr nützlicher Tools an, allen voran den Indicator Builder und die AFL.

Mit dem Indicator Builder und der integrierten Programmiersprache AmiBroker Formula Language lassen sich eigene Ideen so in Programme umsetzen, dass damit nicht nur Indikatoren, sondern komplett mechanische Handelsstrategien entstehen können. Die Programmierung orientiert sich an gängigen Scriptsprachen wie Javascript, ist aber eigenständig und muss erlernt werden. Da viele Begriffe aus der Tradingwelt als interne Befehlsstrukturen hinterlegt sind, muss man die Parameterketten verstehen. Das erfordert etwas Einarbeitungszeit. Insgesamt wird damit aber die Programmierung von einzelnen Handelsideen schnell und effektiv umsetzbar, da man dem Programm nicht erst umständlich beibringen muss, was ein gleitender Durchschnitt ist oder wie man den RSI berechnet. Solche Dinge sind als feststehende Begriffe abgelegt.

Die Kauf- und Verkaufssignale können im Chart angezeigt werden. Auch alle anderen Indikatoren lassen sich entweder direkt im Hauptchart einzeichnen oder können als separates Fenster dargestellt werden. Der einzige Nachteil ist die nicht vorhandene Anbindung an einen Broker, sodass die verschiedenen Strategien nicht automatisch an den Broker übergeben werden können.

Findige Programmierer haben aber auch hier einen Weg, da die AFL-Sprache einen Übergang zu Visual Basic mit einem einfachen Befehlsaufruf erlaubt. Auf diesem Wege lassen sich dann die Handelssignale an ein selbst entwickeltes oder fertiges Interface übergeben, das die Daten als Order bei dem jeweiligen Broker hinterlegt. Solche Interfacelösungen sind immer individuell anzupassen. Die beste Lösung ist dabei die Modulbauweise. Der Weg von der Signalgenerierung bis hin zum Broker wird in verschiedene Module zerlegt und programmiert. Ändert sich der Broker oder ein anderes Glied in der Kette, dann muss nicht immer das gesamte System neu programmiert werden, sondern nur einzelne Module. Das spart Zeit und Kosten und kann auf jede beliebige Plattform angewandt werden.

Realtick

Realtick liegt aktuell in der Version 9.3 vor und kann von den Webseiten des Herstellers[22] heruntergeladen werden. Es handelt sich bei dem Programm um eine vollwertige Handelsplattform, die auch gleich ihren eigenen Datenfeed mitbringt. Die Funktionsvielfalt ist enorm; es ist jedoch keine eigene Programmiersprache integriert, sodass der Handel mit dem Programm manuell vom Trader durchgeführt werden muss. Zukünftige Versionen werden jedoch auch Skriptmöglichkeiten zur Automatisierung immer wiederkehrender Abläufe haben. Da Realtick weltweit das marktführende Produkt ist, kann mit einer ständigen und professionellen Weiterentwicklung der Software gerechnet werden.

Die Professionalität hat jedoch auch ihren Preis. Zwar gibt es das Programm in verschiedenen Ausführungen und über viele verschiedene Broker; je nach Einsatzzweck steigen aber die Gebühren für alle Funktionen schnell an. Das Programm ist sehr weit verbreitet, weil der Hersteller Townsend Analytics die Software durch Unterverträge an viele verschiedene Broker lizenziert hat. Die Bedienung ist schnell erlernt und kann auch von Anfängern vorgenommen werden. Alle Funktionen des Programms zu behandeln, würde den Rahmen dieses Buches sprengen. Realtick ist eine professionelle Software, die von erfahrenen Tradern gut eingesetzt werden kann. Anfänger werden mit der Funktionsvielfalt überfordert sein und auch wir benötigen für unsere Zwecke das Programm nicht.

DySen von Fipertec

Auch DySen gehört zur Gruppe der programmierbaren Handelsplattformen, besitzt aber einen entscheidenden Unterschied zu den üblichen Programmen. Es nutzt statt normaler Indikatoren sogenannte Sentimentoren. Diese Sentimentoren spiegeln die Stimmung wider und können individuell angepasst werden. Aus allen verwendeten Sentimentoren wird ein Metasentimentor gewonnen, der letztendlich eine Art Durchschnitt aller gefundenen Werte darstellt. Dieser Metasentimentor trifft auch die Kauf- und Verkaufsentscheidung.

Einen ähnlichen Weg geht die amerikanische Softwareschmiede Nirvana Systems, die sich auch Gedanken darüber gemacht hat, wie aus allen verfügbaren Indikatoren und deren Handelssignalen ein Durchschnittssignal generiert werden kann. Sie haben das

---

[22] Im Internet unter www.realtick.com

Produkt Omnitrader entwickelt, das diesen Spagat versucht. Produkte wie Dysen und Omnitrader sind sehr interessant für technisch versierte Trader, haben für uns aber keinen Mehrwert und werden daher in unserem Tradingplan nicht eingesetzt.

Programmiertools

Softwarepakete wie eSignal als reiner Datenlieferant oder Realtick als vollwertige Handelsplattform haben so gut wie jede erdenkliche Informationslücke des aktiven Traders geschlossen. Da gibt es Module für die Gesamtübersicht, das Portfolio, die Charts und Analysen, Orderbucheinsichten und Headlineticker, je nachdem, für welches Modul sich der Trader gerade entscheidet und was er aufgrund der von ihm gewählten Strategie momentan benötigt.

Aber dieser Punkt beinhaltet auch Fehlerpotenzial. Am Anfang einer Tradingkarriere ist die Auswahl zwischen den einzelnen Informationsblöcken nicht ganz einfach, das Unterscheiden zwischen wichtiger und unwichtiger Nachricht noch nicht verinnerlicht. Bei der Vielzahl möglicher Funktionen und Informationsmodulen einer Plattform kommt es bei der Auswahl leicht zu fehlerhaften Setups, die die angewendete Strategie nicht optimal unterstützen.

Ein voll ausgebautes Market-Depth-Modul (Orderbucheinsicht) beispielsweise bietet dem jeweiligen Benutzer eine Vielzahl von Informationen in mindestens fünf verschiedenen Blöcken, die sich bei schnell gehandelten Aktien auch in hoher Geschwindigkeit verändern. Die richtige Interpretation der Daten ist dann vom Anfänger kaum noch zu leisten. Es stellt sich daher die Frage, wie viel Information sich der einzelne Trader auf den Bildschirm holt und wie er die Daten ergonomisch richtig aufteilt.

Viele größere Plattformen bieten in dieser Hinsicht große Flexibilität und erlauben es dem Trader, das jeweilige Screendesign selbst so zu gestalten, wie es für den gewählten Handelsansatz sinnvoll erscheint. Auch können Indikatoren oder individuelle Berechnungen mit Scriptsprachen oder eingebauten Programmiersprachen erstellt und angezeigt werden. Man darf dabei aber nicht vergessen, dass für ein sinnvolles Bildschirm- oder Programmdesign auch immer eine ausreichende Kompetenz im Umgang mit den jeweiligen Werkzeugen notwendig ist, die der Trader sich entweder selbst erarbeiten muss oder extern, z. B. durch einen beratenden Trader, einkauft.

Neben eSignal gibt es noch andere Tools, die für diesen Zweck eingesetzt werden können. Ein solches Programm bietet der polnische Entwickler Tomasz Jancenko mit dem

uns bereits bekannten AmiBroker[23]. Das Programm beinhaltet einen vollwertigen For-
meleditor, mit dem sich die meisten einfacheren Aufgaben zuverlässig programmieren
und umsetzen lassen. Werden Aufgaben zu komplex, so kann man sehr simpel auf Visual
Basic oder eine Scriptsprache wie VBScript ausweichen, da das Programm sämtliche
Schnittstellen bereitstellt. Der Vorteil gegenüber den etablierten Softwareprodukten ist
der geringere Preis bei hoher Funktionalität.

Ein weiteres Tool, das in den Tradingplan aufgenommen wird, ist ein Aktienscanner.
Handelt man nicht ausschließlich mit Futures oder im Aktienbereich mit den sogenann-
ten ETFs[24], hat man jeden Tag aufs Neue das Problem, die richtigen Aktien zu finden.
An den US-Börsen sind nahezu 8.000 verschiedene Aktien notiert, die man unmöglich
alle fortwährend manuell beobachten kann. Für diesen Zweck sind schon seit Jahren
Scanner im Einsatz, die alle notierten Aktien in Sekundenschnelle auf vorher bestimmte
Kriterien untersuchen können. Je mehr Kriterien sich dabei vom Trader angeben lassen,
desto mehr können solche Scanner auf die eigenen Bedürfnisse eingehen und Ergebnisse erzielen, die für die jeweilige Tradingstrategie nutzbar sind. Zwar gibt es auch für
diesen Zweck viele Lösungen im Internet. Die sind jedoch in den meisten Fällen nur eingeschränkt nutzbar und limitiert auf Scankriterien, die die jeweiligen Entwickler vorge-
geben haben. Besser sind hier eigenständige Produkte, die entweder teilprogrammiert
werden oder dem Trader bei der Entwicklung der richtigen Suchstrategie völlig offene
Hand lassen können.

Ein Tool, dass diesen Zweck hervorragend löst, ist die bereits erwähnte, von den Worden Brothers vertriebene, Software TC2000[25].

Dieses Programm beinhaltet alle an den amerikanischen Börsen gelisteten Aktien und
kann mit wenig Aufwand und erstaunlich wenig notwendiger Bandbreite schnell kom-
plett aktualisiert werden. Ein vollständiges Update aller knapp 7.500 Aktien im System
dauert dabei selbst mit einer langsamen Modemverbindung weniger als vier Minuten.
Das Programm wird derzeit in zwei Varianten vertrieben, einer sogenannten EOD-
(End of Day) und einer Realtime-Version namens TC-Net mit integrierter Chatfunktion.
Da es aber bei der Software hauptsächlich um das Scannen der Märkte geht, ist eine
Realtime-Funktion nicht unbedingt notwendig. Die gesuchten Muster ändern sich im
Tagesverlauf nicht so schnell und so genügt die EOD-Version, zumal sich diese mit
einem kleinen Trick ohnehin als fast vollwertige Realtime-Version nutzen lässt. Da der

---

[23] Im Internet unter www.amibroker.com
[24] ETF = Exchange Traded Funds
[25] Im Internet unter www.tc2000.com

Update nur wenige Sekunden in Anspruch nimmt, hat der Nutzer eine fast an die Live-kurse angepasste Software, wenn er kurz vor der Analyse eine manuelle Aktualisierung durchführt.

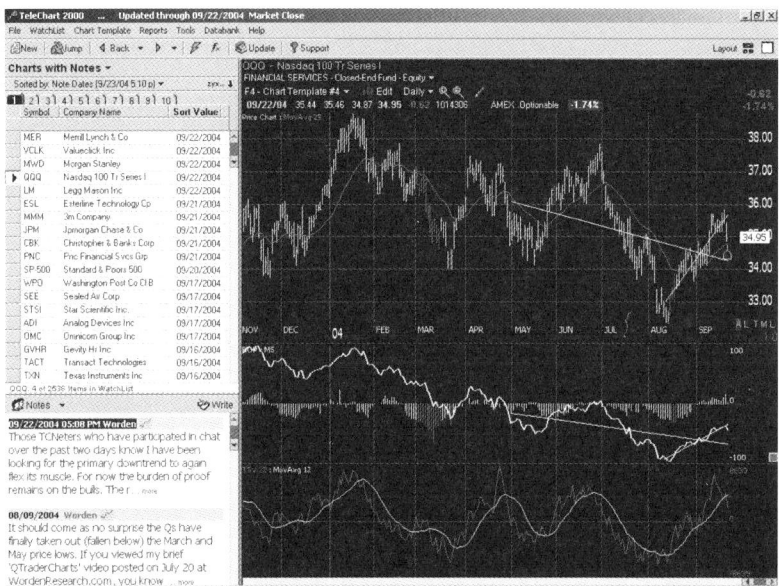

Bild 3.6 Worden Brothers TC2000

Neben der Bereitstellung der Aktien liefert das Tool einige vorgefertigte Scans mit, die den kompletten Datenbestand recht schnell auf die geforderten Ergebnisse hin untersuchen können. Doch der eigentliche Vorteil liegt in der offenen Scan-Programmierung, die das Programm bietet. Hiermit lassen sich alle eigenen Ideen umsetzen und es können individuelle Scans programmiert werden, die auch die abwegigsten Muster erkennen. Damit wiederum lässt sich aus den vorhandenen Aktien ein Korb mit nur wenigen Kandidaten herausfiltern, der dann mit der eigenen Strategie gehandelt werden kann.

Zwar muss man sich wie bei all diesen Lösungen erst wieder in die eigens geschaffene Programmsyntax einarbeiten; das ist aber aufgrund der guten Dokumentation und zahlreicher Beispiele anderer Nutzer verhältnismäßig einfach. Für die meisten Handelsstrategien existieren ohnehin schon die passenden Scanvarianten, da sich um das Programm herum in den letzten Jahren eine kleine, aber aktive Nutzergemeinde gebildet hat und die Gedanken und Ergebnisse auf täglicher Basis innerhalb des Programms gezeigt werden.

Beim täglichen Update werden auch Kurzkommentare der Autoren heruntergeladen und angezeigt, die wiederum die an das Team eingesandten und für gut befundenen Nutzerkommentare und Scans beinhalten. So bekommt man mit der Zeit ganz von allein ein hervorragendes Archiv an Scanmöglichkeiten, die zumindest für den Alltagsgebrauch allemal ausreichen sollten.

Der Tradingplan muss folglich eine Strategie beinhalten, die gezeigten und vorhandenen Informationen ergonomisch günstig und auf die Notwendigkeit des Traders hin abzustimmen. Dazu benötigt der Trader nicht nur die richtige Handelsplattform, sondern auch das nötige Know-how, mit diesen Programmen umzugehen. Ein einfaches Herumprobieren führt hier nicht zum Erfolg und bringt keine guten Ergebnisse. Außerdem muss bei jedem Handelsansatz auch die Möglichkeit einer individuellen Programmierung gegeben sein, um eigene Daten entsprechend aufbereiten zu können. Die Mindestanforderung bildet hierbei nicht unbedingt eine der großen Plattformen mit integrierter Programmiersprache, aber doch mindestens Microsoft Excel oder eine Alternativlösung.

Spätestens an dieser Stelle gilt es, auf vorhandene Ressourcen im Internet zurückzugreifen oder sich mit Tradern oder Beratern in Kontakt zu setzen, die sich mit der Materie aufgrund ihrer eigenen Erfahrung auskennen. Eine gute Anlaufadresse ist hierbei die Webseite des Investor Competence Centers[26]. Die Beratungsfirma beschäftigt sich auch mit der aktiven Entwicklung von Handelsstrategien, kompletten Konzeptentwicklungen, individueller Beratung sowie der Programmierung von individuellen Lösungen, diskretionären Interface-Lösungen sowie Datenbanken, und bietet auf ihrer Website allerlei Wissenswertes zum Thema. Es kann nicht oft genug wiederholt werden: Für jegliche externe Beratung, die der Trader nutzt, gilt stets die Devise, dass der jeweilige Berater unbedingt eigene Tradingerfahrung mitbringen muss. Beratung von außen, die nicht auf der eigenen Erfahrung des Beraters beruht, ist in jedem Fall mit Vorsicht zu genießen.

Server-Based-Systems

Viele der Tools, die das Leben eines Traders erheblich vereinfachen, sind nicht mehr notwendigerweise nur Standalone-Produkte. Zudem benötigt der Trader nicht für alle Aufgaben immer komplette Programmpakete, sondern mitunter nur einfache Funktionen, die ein Anbieter auf seinem PC ausführt und deren Ergebnisse er als Datenfeed über das World Wide Web anbietet. So gibt es inzwischen eine ganze Serie hervorragender

---

[26]   Im Internet unter www.investorcompetencecenter.com

Tools, die eine winzige Informationslücke abdecken und sich auf eben nur diese eine Information spezialisiert haben. Die Vielzahl der dafür infrage kommenden Webangebote
geht über das Thema dieses Buches hinaus. Wer aber bei einschlägigen Suchmaschinen
wie Google oder Yahoo nach der ein oder anderen speziellen Information sucht, der
wird schnell fündig werden.

Bei der heutigen flächendeckend angebotenen Breitbandtechnologie ist es für die
Hersteller von Software von großem Vorteil, das eigentliche Hauptprogramm auf den
eigenen Servern arbeiten zu lassen und die Nutzer nur noch die erforderlichen Daten
herunterladen zu lassen. Der Vorteil liegt auf der Hand: Es entfallen Verpackungs- und
Versandkosten, Dokumentationen liegen in elektronischer Form vor und können bei
Bedarf ausgedruckt werden, und das Hauptprogramm selbst kann einfacher aktualisiert
und den Nutzern zur Verfügung gestellt werden. Außerdem ist auf diese Weise sicher-
gestellt, dass jeder Nutzer immer die aktuellste Version besitzt.

Eine Vielzahl der verschiedenen Datenfeeds wird so angeboten. Zwar hat der Nutzer
ein Frontend auf seinem eigenen PC; die Daten allerdings werden von den Servern
der Firma bereitgestellt und über das Internet übertragen. Das Programm eSignal beispielsweise bietet eine Zweiteilung des auf dem Clientcomputer vorhandenen Frontend
an. Zum einen ist dies eine vollwertige Analyseplattform, die ab der Version 7.2 auch
individuell programmiert werden kann, zum anderen beinhaltet es einen Datenmanager,
ein kleines Zusatzprogramm, das die eingehenden Daten auf die verschiedenen Nutzer
verteilt. So ist es z. B. möglich, mit nur einem Datenfeed mehrere verschiedene Client-
programme mit Daten zu versorgen.

Mit der weiten und schnellen Verbreitung allgemeiner Internetdienste und der Möglichkeit, von fast jedem Ort der Welt schnell ins Internet gehen zu können, ist diese neue
Methode der Softwareverbreitung sicherlich kostensparend und funktionell für die meisten Herstellerunternehmen. Sie ist aber nicht nur mit Vorteilen behaftet und man darf
die erheblichen Nachteile nicht außer Acht lassen. Zum einen wird eine ständig aktive
Internetverbindung benötigt, die erhebliche Kosten verursacht, sollte der Nutzer keine
Flatrate besitzen. Zum anderen müssen die Server der bereitstellenden Firma sehr gut
ausgebaut und stabil sein, ansonsten kommt es zu Engpässen.

Manche Produkte sind beispielsweise kaum nutzbar für die schnelle charttechnische
Analyse eines Wertes, da die Daten während der Börsenöffnungszeiten immer dann ins
Stocken geraten, wenn ein neues Chartfenster geöffnet wird. Hier ist die Infrastruktur
der verwendeten Server also nicht ausreichend in Relation zur Anzahl der angebunde-
nen Kunden.

Als Kunde sollte man daher genau abwägen, welche Software geeignet ist und welche nicht, da ein späterer Ausfall erhebliche Kosten verursachen kann. Entscheidet man sich für eine Software, die ausschließlich serverbasiert angeboten wird, sollte man aus Redundanzgründen eine weitere Plattform bereithalten, die an das gleiche Konto angebunden ist.

Eine solche Alternativlösung nutzt zwar wenig, wenn der allgemeine Internetzugang langsam oder nicht mehr zugänglich ist, erlaubt es dem Trader aber im Falle eines Serverausfalles weiter am Markt agieren zu können.

Browser-Based-Systems

Handelt es sich um nicht ganz so komplexe Anwendungen, werden diese oft innerhalb eines Browserfensters angezeigt, oder sind selbst nur einfache Internetanwendungen.

Als Beispiel dienen hier die verschiedenen Newsfeeds. Da man für das kurzfristige Traden immer auch die aktuelle Nachrichtenlage benötigt, kann man hierfür auf unterschiedliche Webangebote ausweichen. Zwar bieten alle größeren Handelsplattformen integrierte Newsmanager an, die zum Teil sehr gute Filtermöglichkeiten beinhalten, spezialisierte Webseiten sind hier aber eindeutig überlegen und bieten flexiblere Möglichkeiten.

Der Briefing[27]-Service beispielsweise teilt seine Informationen in sechs große Gruppen auf und liefert objektive Nachrichten nahezu in Echtzeit. Das komplette Angebot kann über die Website selbst abgerufen werden; somit ist kein eigenständig laufendes Programm notwendig. Ein solcher Nachrichtenserver wird auf jeden Fall in unsere Tradingpläne integriert. Der Nachteil solcher Lösungen ist immer die Abhängigkeit vom jeweils verwendeten Browser. Da die Daten innerhalb des Browsers angezeigt werden, muss dieses Programm zur Anzeige auch geöffnet sein. Zumindest zu Anfang lohnt es sich daher, die Anzahl der genutzten Programme auf ein sinnvolles Maß zu beschränken, da sonst auch der Aufwand für die notwendige Hardware steigt. Hier zeigt sich auch, warum als Erstes stets der verfügbare Monitorplatz ausgeht.

Es ist übrigens nicht sinnvoll, die verschiedenen Programme auf nur einem PC zu nutzen, da sie alle auf der Taskleiste angezeigt werden, aber der Trader im Verlauf des normalen Tradingalltags simpel vergessen wird, sich die Programme ständig anzusehen. Auf diese

---

[27] Im Internet unter www.briefing.com

Weise verpasst man wichtige Informationen, die zwar zur Verfügung gestanden hätten, die aber einfach nicht abgerufen wurden.

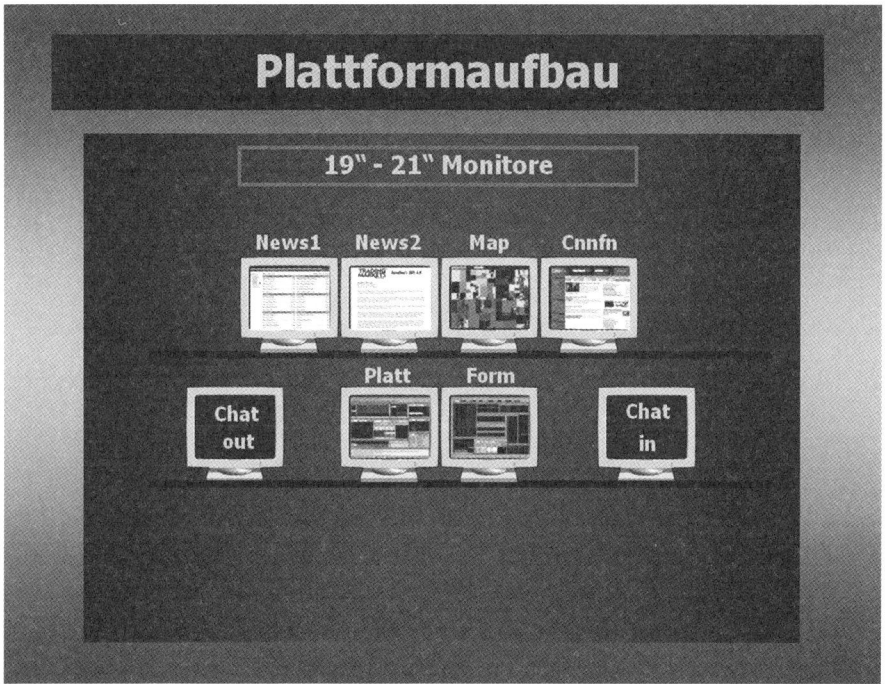

Bild 3.7 zeigt einen exemplarischen Aufbau der Monitore für eine gut vernetzte Handelsplattform.

Räumlichkeiten

Priorität 2

Eine besondere Überlegung gilt den für das Trading genutzten Räumen. Sie müssen nicht nur genügend Platz zur Aufnahme der Hardware bieten, sondern darüber hinaus auch ergonomisch eingerichtet werden und über genügend Licht und ausreichende Lüftung verfügen.

Da der Trader später während des aktiven Handels viele Stunden vor den Computern sitzt und viel Zeit in den Tradingräumen verbringt, sollte er bei der Auswahl und Einrichtung sorgfältig vorgehen.

Grundsätzlich gelten zwei Lösungen: Zum einen kann für das Trading ein separates Büro angemietet werden, zum anderen können für den Anfang die Tradingräume auch im eigenen Haus oder in der eigenen Wohnung aufgebaut werden. In jedem Fall müssen sie von den normalen Wohnräumen getrennt werden.

Die Erfahrung zeigt, dass viele Trader sich am Anfang viel zu wenig Gedanken um solche Dinge machen. Insbesondere dann, wenn man im Laufe der Zeit die Hardware erweitert und neue Computer und Monitore kauft, kommt schnell Platzmangel auf und es werden oftmals viele Dinge falsch und wenig ergonomisch aufgebaut und angeordnet. Das rächt sich schnell, besonders dann, wenn man noch alte Röhrenmonitore nutzt. Die erzeugen einen nicht zu unterschätzenden Elektrosmog, der sich bei falscher Aufstellung mehrerer Monitore schnell erheblich vergrößert und zu Kopfschmerzen oder anderen Unbefindlichkeiten führen kann. Eine kreisförmige Anordnung um den Trader herum ist daher kaum anzuraten und die Raumgröße sollte entsprechend gewählt sein.

Bei den heute gebräuchlichen TFTs ist dieses Problem nicht mehr vorhanden.

Tradingaufbauten im Wohn- oder Durchgangszimmer sind nicht sinnvoll, denn hier wäre der Trader durch alles zu sehr abgelenkt, was in der Wohnung passiert.

Störungen

Priorität 3

Wenn Sie von zu Hause aus handeln, dann ist es wichtig, alle äußeren Störungen von vornherein zu unterbinden. Dazu gehört z. B. das Telefon, aber auch die Hausklingel oder Besuch.

Neben den äußeren Störungen müssen auch Störungen von innen unterbunden werden. Das sind Dinge, die z. B. durch Ihre Familie verursacht werden. Wenn Sie traden, dann arbeiten Sie und das sollte auch Ihre Familie wissen. Machen Sie ihnen diesen Umstand vorsichtig, aber unmissverständlich klar. Während des aktiven Handels wollen und können Sie nicht gestört werden. Dieser Punkt kann gar nicht genug betont werden. Oft ist es privaten Tradern nicht klar, was solche Störungen verursachen können. Wenn Sie in einem wichtigen Trade gestört werden und Sie aufgrund dieser Ablenkung eine Entscheidung nicht schnell genug treffen, dann kann das verheerende Folgen für Ihre Gewinnsituation haben.

Es ist deshalb von Vorteil, für die Tradingaktivitäten einen eigenen Raum einzurichten. Versuchen Sie nicht, den oder die Tradingcomputer im familiären Wohnzimmer aufzubauen. Eine solche Vorgehensweise wird auf jeden Fall zu Verlusten führen, da Störungen dort in keinem Fall vermieden werden können, es sei denn, Sie wohnen allein in der Wohnung. Leider ist das am Anfang den wenigsten Tradern bewusst. Innere oder äußere Störungen werden als solche nicht erkannt und es wird ihnen daher auch nicht die gebührende Beachtung beigemessen.

Ein weiterer Störfaktor, der völlig verkannt wird, sind Störungen, die Sie selbst verursachen. Ein Beispiel dafür ist der obligatorische Kaffee. Da Sie als privater Trader sicherlich oftmals von zu Hause aus handeln, ist es natürlich sehr bequem, schnell einmal in die Küche zu gehen, um sich dort einen Kaffee zu holen. Genauso wie es auch schnell passiert, dass man die Post öffnet, die Zeitung liest oder andere Dinge in der Wohnung erledigt. Gerade in solchen Momenten könnten Ihre Positionen drehen und möglicherweise in den Verlust laufen. Diese Ablenkungen passieren in der Regel jedoch unterbewusst, da man sich nicht klar macht, dass es überhaupt zu einer Störung gekommen ist. Störend empfindet man nur etwas Negatives – und wer denkt schon beim Kaffee an etwas Negatives?

Solange die Situation an den Märkten Ihre volle Aufmerksamkeit erfordert, werden Sie sich nicht mit anderen Dingen beschäftigen. Aber wenn es ruhiger wird und eine Weile mal nichts passiert, dann ist es einfach, abgelenkt zu werden, da scheinbar alles ruhig ist. Leider passiert es genau dann sehr oft, dass die Position dreht oder sich zumindest nachhaltig bewegt.

Störungen zu vermeiden, ob von außen oder von innen, bedeutet, eine erhebliche Disziplin an den Tag zu legen. Wenn Sie unbedingt andere Dinge erledigen müssen, dann sollte die Position auf beiden Seiten abgesichert werden. Mehr dazu im Kapitel über die Absicherung von Positionen.

ANZAHL DER TRADER

Priorität 1

Zu Beginn einer Tradingkarriere wird der Trader in der Regel für sich allein handeln wollen und dementsprechend auch den Aufbau aller dafür benötigter Systeme so vornehmen, dass ein Einzelplatz entsteht. Gerade am Anfang ist aber der Handel in einer Kleingruppe von zwei bis drei Personen vorzuziehen. Bei dieser Variante gibt es mehr

Kontrollmöglichkeiten, und einzelne Trades werden kritischer eingegangen als bei nur einer Person, die alle Entscheidungen trifft.

Wenn die Anzahl der Trader mindestens zwei beträgt, lassen sich im Tradingplan auch Aufgabenteilungen bestimmen, die den Handel insgesamt effektiver gestalten können.

Wenn es nicht gewünscht ist oder sich räumlich nicht darstellen lässt, kann die Anzahl auch auf nur einen Trader begrenzt werden. In dem Fall gilt es aber, den Aufbau und die freien Netzwerkanschlüsse so zu planen, dass sich zumindest jederzeit jemand in das Netz einklinken kann, denn gerade am Anfang ist es sinnvoll, einen Lehrer hinzuzuziehen und der wird in der Regel zumindest einen Laptop mit sich führen. Man kann auf diese Weise auch schnell eine Idee oder eine Strategie testen, weil freie Netzwerkanschlüsse vorhanden sind, die es erlauben, den einen oder anderen Computer als Testgerät anzuschließen.

Sollten Sie sich dazu entschließen, allein zu handeln, so ist es ratsam, zumindest über das Internet oder besser noch in der Nachbarschaft nach Gleichgesinnten zu suchen, die ungefähr den gleichen oder einen besseren Wissensstand haben. Sich ab und zu auszutauschen hilft auf jeden Fall.

Natürlich wird es nicht immer möglich sein, im eigenen Umfeld jemanden zu finden, der den gleichen Interessen nachgeht. In diesem Fall bleibt eigentlich nur noch das Internet für die Suche. Es hilft in jedem Fall, sich mit jemandem auszutauschen.

INTERNET

Priorität 3

Über die Internetanbindung muss nicht mehr viel gesagt werden – je schneller, desto besser. Da DSL momentan noch nicht flächendeckend angeboten werden kann, gilt es hier unter Umständen auf andere Angebote auszuweichen. Die unterste Kategorie stellt dabei ISDN dar. Aber auch die einschlägigen Satellitenangebote bilden eine gute Alternative.[28] Zwar benötigt man für den Upload noch immer eine ISDN- oder eine andere Verbindung, dafür sind aber die Downloadgeschwindigkeiten sehr hoch und wichtige Funktionen wie E-Mail und Ähnliches können ständig abgerufen werden, ohne dafür unbedingt online zu sein.

---

[28] Siehe auch www.strato.de

Standleitungen lohnen sich nur, wenn der Handel zumindest semiprofessionell oder innerhalb einer Firma betrieben wird.

Wichtig ist in jedem Fall, dass die Internetverbindung möglichst stabil ist und dass ein eventuelles Netzwerk sauber aufgebaut wird.

Auch das Thema Sicherheit spielt eine große Rolle. Virenschutzprogramme sollten im Netzwerk oder auf den Einzelrechnern installiert sein und Firewalls müssen richtig konfiguriert sein. Einige Datenfeed-Programme haben Probleme, wenn sie hinter einer Firewall installiert sind. Hier sind die einschlägigen Webseiten der Hersteller zu konsultieren, um die jeweils richtigen Einstellungen zu finden.

Zeit und Familie

Priorität 2

Es ist wichtig, sich gleich von Beginn an Gedanken über den richtigen Zeitraum für das Traden zu machen. Für den ernsthaften Handel benötigen Sie genügend Zeit, die von vornherein eingeplant sein muss. Wenn Sie zu Beginn der Tradingkarriere noch einen normalen Beruf ausüben, dann ist es notwendig, sich die Zeit gut einzuteilen und nur dann zu handeln, wenn Sie sich ausreichend vorbereiten können. Hinzu kommt, dass die Auswahl der Tageszeit, zu der Sie handeln können, auch gleichzeitig den Markt auswählt, in dem gehandelt wird.

Wer am Morgen Zeit hat, der kann die Eurex oder die anderen europäischen Märkte handeln. Wer erst später Zeit erübrigen kann, der weicht auf die amerikanischen Märkte aus. Da die US-Börsen erst um 15:30 Uhr MEZ öffnen, kann man an ihnen bis spät in den Abend hinein handeln. Das sind hervorragende Voraussetzungen für Arbeitnehmer, die den Tag über beschäftigt sind. Da die amerikanischen Märkte ohnehin die liquidesten Börsen sind, empfiehlt sich ein Engagement an ihnen immer. Wer noch später handeln möchte, der kann das nur an Märkten tun, die 24 Stunden lang liquide gehandelt werden. Hauptsächlich ist das der Fall bei den Devisenmärkten.

Nicht zu unterschätzen ist die jeweilige Vorbereitungszeit. Unabhängig davon, welchen Zeitraum man handelt, benötigt man doch immer ein bis zwei Stunden Vorbereitung. Dabei sieht die Vorbereitung für die einzelnen Handelsmodelle sehr unterschiedlich aus.

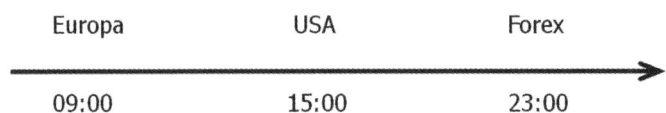

Bild 3.8

Für die langfristigen Positionen muss sich der Trader sehr präzise auf die fundamentale Situation des zu handelnden Wertpapiers einstellen und daher ein sehr genaues Nachrichtenstudium vornehmen.

Beim Swingtrading ist die Vorbereitung hinsichtlich spezifischer Unternehmensnachrichten nicht so umfangreich. Der eigentliche Zeitansatz ist aber der gleiche, da es hier um allgemeinere Nachrichten geht. Hinzu kommt im Ansatz die Stimmung des Marktes. Da die Swingpositionen insgesamt kürzer gehalten werden, braucht der Trader ein grundlegendes Stimmungsbild des Marktes.

Beim Scalping ist die fundamentale Situation einzelner Unternehmen völlig uninteressant. Dafür muss der Trader sehr gut über die allgemeine Stimmung informiert sein und muss marktbewegende Ereignisse verstehen und interpretieren können.

Diese Vorbereitungszeit von ein bis zwei Stunden ist durchaus ernst zu nehmen, wird aber sehr oft nicht auf die gleiche Stufe gestellt wie der Handel selbst. Viele Trader bereiten sich gar nicht vor oder nur während des schon laufenden Handels. Ohne Vorbereitung ist aber der Handel gleichzusetzen mit einem Glücksspiel, da der Trader die aktuell herrschende Marktsituation nicht kennt.

Für den richtigen Tradingzeitraum gibt es aber noch andere Kriterien.

Bild 3.9 zeigt die aktiven Handelsphasen für die amerikanischen Aktien- und Futures-Märkte. Hier ist sehr deutlich zu sehen, dass es vier Haupthandelsphasen gibt. Die wichtigste Phase ist die erste Welle, denn hier gibt es das höchste Volumen. Vielfach bewegen sich Aktien nur in dieser ersten Stunde und den Rest des Tages fast gar nicht mehr. Interessant ist auch die letzte Welle des Tages: Hier kaufen gerne die Großinvestoren und Fondsmanager, denn dann sind die Nachrichten des Tages schon durch und können den Kurs nicht mehr wesentlich beeinflussen.

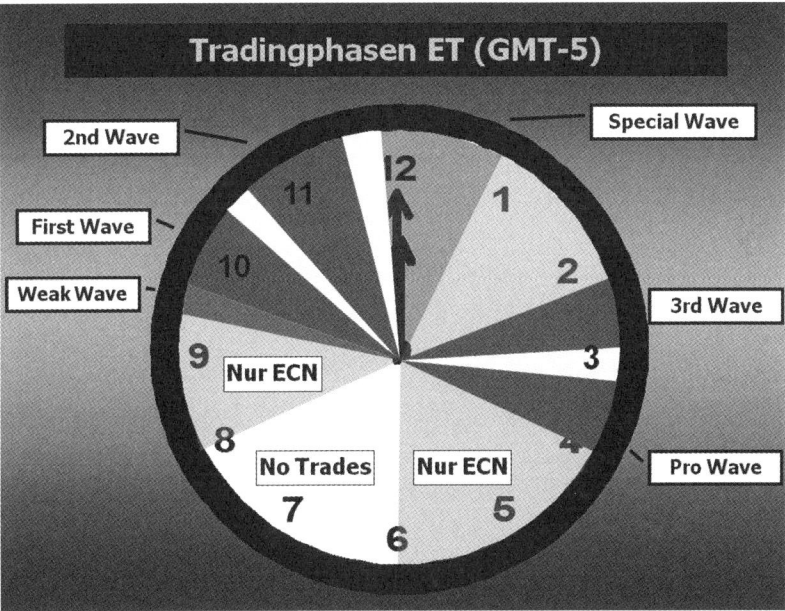

Bild 3.9

Familie

Ganz wichtig ist die richtige Planung im Hinblick auf die Familie. Je nach gewähltem Markt findet der Handel entweder während des Tages oder während der Abendstunden statt. Ist man auf den europäischen Märkten tätig, dann kann die Handelszeit während der normalen Tagesarbeitsstunden stattfinden. Wählt man jedoch die amerikanischen Märkte, beginnt der Handel wie gesagt erst gegen 15:30 Uhr MEZ und endet gegen 22:00 Uhr MEZ[29].

---

[29] Diese Zeitangabe beinhaltet noch nicht die Nachbereitungszeit, für die man in der Regel je nach Aufwand ein bis zwei Stunden benötigt.

Betreibt man das Trading nicht professionell, dann wird es in der Regel ein Hobby sein – oder man betreibt es nebenberuflich, um später einmal umsteigen zu können. Handeln Sie nebenberuflich, dann werden in der Regel nur die Abendstunden zur Verfügung stehen und damit unweigerlich die amerikanischen Märkte. Der Nachteil ist hierbei, dass der Handel dann mit der Familie gut abgestimmt werden muss. Es nützt nichts, wenn man in wichtigen Situationen gestört wird. Auch kann man sich nicht nach vorgegebenen Essenszeiten richten oder noch schnell eben etwas einkaufen. Den Markt werden solche Dinge nicht interessieren.

Sie merken es immer wieder: Der Handel von Wertpapieren hat viel mit Disziplin, mentaler Stärke und Geduld zu tun, deshalb müssen Sie auf diese Dinge Wert legen. Die meisten Trader tun es nicht und wundern sich hinterher, warum sie keine Gewinne erzielen. Wir haben mehrfach Trader in ihrem eigenen Umfeld beobachtet und hinterher eine Aufstellung der Punkte gemacht, die den Trader gestört haben, die ihm aber gar nicht aufgefallen sind. Exemplarisch dazu sehen wir uns folgendes Beispiel an: Einen Trader, der nebenberuflich tätig ist und somit den amerikanischen Handel bevorzugt, haben wir die ersten beiden Handelsstunden beobachtet.

> Durch das Telefon wurde er innerhalb von zwei Stunden vier Mal gestört. Dabei dauerten die Telefonate alle jeweils länger als drei Minuten; das längste dauerte acht Minuten. Zählen wir nur die kürzeste Zeit zusammen, so kommen wir immerhin schon auf vier Mal drei Minuten – oder zwölf Minuten, die der Trader mit anderen Dingen beschäftigt war als mit dem Handel. Die nächste Störung trat ein durch das Kochen von Kaffee. Dazu hat der Trader das Büro verlassen und ist in die Küche gegangen. Die für das Kaffeekochen verstrichene Zeit betrug elf Minuten. Während dieser elf Minuten hat der Trader die Küche nicht verlassen und konnte somit nicht die Positionen beobachten. Ein anderes Mal musste der Trader austreten; für diese Notwendigkeit vergingen vier Minuten. Außerdem hat sich der genutzte Computer während dieser Zeit aufgehängt und musste herunter- und wieder hochgefahren werden. Hierfür vergingen weitere sechs Minuten. Insgesamt sind das 31 Minuten, die der Trader sich nicht auf seinen Handel konzentrieren konnte.

All diese Dinge sind normale Tätigkeiten, die in jedem Alltag vorkommen, aber sie haben dazu geführt, dass der Trader eine halbe Stunde der zur Verfügung stehenden zwei Stunden nicht konzentriert gearbeitet hat.

Daraus ergeben sich einige Dinge. Zunächst muss er sich die Frage stellen, welche dieser Zeitkiller er eliminieren kann. Der abgestürzte Computer lässt sich schnell abhandeln: Hier hätte ein zweiter Computer, der auch für das Trading genutzt werden kann, die Zeit eingespart. Das Telefon hätte der Trader ausschalten können oder für die Zeit des Handels den Anrufbeantworter einschalten können. Der Kaffee hätte vor Aufnahme des Handels gekocht werden können. So bleibt nur noch der Gang in das Bad, der sich nicht vermeiden lässt.

Sie sehen an diesem Beispiel, dass sich solche Dinge schnell summieren können und dass es sehr wichtig ist, sich auch über solche vermeintlichen Kleinigkeiten Gedanken zu machen.

BROKER

Priorität 2

Der Broker stellt ein wichtiges Bindeglied zwischen Trader und Börse dar. Da eine Privatperson ihre Geschäfte rechtlich nicht direkt mit der Börse abwickeln kann, stellt der Broker außerdem die rechtliche Grundlage dar.

Da es viele verschiedene Broker gibt, ist die Auswahl nicht einfach und man sollte etwas Zeit aufwenden, um für die eigenen Bedürfnisse den richtigen Broker zu finden. Das Internet hilft hierbei natürlich.

Die Entscheidung für einen Broker muss dabei nicht unbedingt eine Entscheidung fürs Leben sein, denn die Märkte ändern sich derartig schnell, und da die Broker unter einem harten Konkurrenzkampf leiden, müssen sie ihre Angebote ständig überdenken und an die Marktverhältnisse anpassen, allen voran natürlich die Provisionskosten. Wer das nicht tut, wird in dem Geschäft nicht überleben können. Aus dem Grund lohnt es sich für den Kunden, wie bei anderen Dingen im Leben auch, die Preise und Angebote sowohl in quantitativer als auch in qualitativer Hinsicht öfter zu vergleichen und gegebenenfalls zu wechseln. Zwar ist jeder Wechsel mit Papieraufwand verbunden, aber das ist allemal besser, als längere Zeit überhöhte Kosten bezahlen zu müssen. Insbesondere in Verlustzeiten wiegen solche Kosten schwer.

Für welchen Broker man sich letztendlich auch entscheidet – er sollte folgende Kriterien mindestens erfüllen.

Form des Brokers

Für die Zwecke des Tradings kommt nur ein Broker infrage, der eine Direct-Access-Anbindung erlaubt, also eine direkte Anbindung des eigenen Trading-PCs an die Börse.

Die Broker, die lediglich ein Web-Frontend anbieten, sind nicht geeignet, da diese Anbindung nicht schnell genug ist. Der Broker sollte darüber hinaus mindestens zwei Märkte anbieten, auf denen gehandelt werden kann, damit man die Möglichkeit hat, sich auch später noch für einen anderen Markt entscheiden zu können, ohne umständlich den Markt wechseln zu müssen. Hier bietet es sich an, einen Broker zu wählen, der zumindest den Aktien- und Futures-Markt anbietet.

Wichtig ist natürlich auch die Form der Website sowie der Inhalt, der angeboten wird. Es ist immer hilfreich, wenn das Angebot des Brokers möglichst umfassend ist.

Rechtliche Grundlagen

Der Broker muss über alle rechtlichen Grundlagen verfügen, das Geschäft ausführen zu können. Er muss über alle notwendigen Lizenzen verfügen und dies auch nachweisen können.

Für amerikanische Broker kann man diese Informationen als Kunde im Internet abrufen. Der Broker sollte auf jeden Fall Mitglied bei der SIPC sein, der Security Investor Protection Corporation. Diese schützt den Kunden bei einer Insolvenz des Brokers und ist das amerikanische Pendant zur Einlagensicherung in Deutschland.

Depotauszüge

Zwar stellen inzwischen alle Online-Broker die Kontoauszüge für ihre Kunden bereit; die Form ist aber mitunter sehr unterschiedlich. Naturgemäß ist die Onlineversion die bequemste für den Kunden, hat er doch so die Möglichkeit, seine Kontoauszüge online abzurufen und einzusehen, wenn er die Zeit dazu hat.

Insbesondere bei den langen Postlaufzeiten zwischen den USA und Deutschland stellt der Onlinekontoauszug noch immer die schnellste und flexibelste Möglichkeit dar, die Daten zu jedem Zeitpunkt einsehen zu können.

Viele Broker verschicken allerdings die Kontoauszüge zusätzlich als normale Post, sodass sie in zweierlei Version vorliegen. Auf jeden Fall muss der Broker Ihnen einen Monatsauszug per Post zustellen können. Diese Unterlagen sind schon aus steuerlichen Gründen unbedingt notwendig.

Je nach Broker sind die Kontoauszüge entweder einfach aufgebaut oder stellen ein nicht verständliches Dokument dar, da die einzelnen Posten so unglücklich aufgelistet sind, dass man zwischen mehreren Seiten hin- und herblättern muss. Insofern tut man gut daran, seine eigenen Aufzeichnungen zu erstellen. Hierfür bietet sich jede Tabellenkalkulation an.

Support/Unterstützung

Ganz wichtig ist die Unterstützung, die durch den Broker angeboten wird. Für ein amerikanisches Angebot ist es nur natürlich, dass die Supportleistung ausschließlich in englischer Sprache angeboten wird. Viele amerikanische Broker sind aber inzwischen dazu übergegangen, auch deutschen Support anzubieten, indem sie deutschsprachige Mitarbeiter einstellen.

Nicht zu unterschätzen ist tatsächlich die Leistung selbst. Wenn es nicht möglich ist, eine Position über das Internet glattzustellen, dann bleibt keine andere Wahl, als den Broker anzurufen. Es ist also wichtig, dass der Broker genügend Kapazitäten bereitstellt, einem möglichen Ansturm über das Telefon auch wirklich standzuhalten.

Es gilt übrigens nicht automatisch, dass die großen Broker auch gleichzeitig das beste Angebot haben. Vielfach haben die ganz Großen der Branche das beste Supportangebot für ihre größten Kunden, vernachlässigen aber oftmals kleinere Konten. Die Auswahl des Brokers ist also immer eine reine Vertrauenssache und hier sollte man jemanden hinzuziehen, der mit Erfahrungswerten aufwarten kann.

Provisionsstruktur

Wenn man das erste Konto bei einem Broker eröffnet, dann wird einem nur die angebotene Provisionsstruktur zur Verfügung stehen, es sei denn, man eröffnet mit einem sehr großen Konto. Bei den meisten Brokern besteht aber ein gewisser Spielraum und man sollte unbedingt mit seinem Broker über die zu zahlenden Provisionen verhandeln. Das gilt insbesondere dann, wenn man für den Broker ein guter Kunde ist, also ein hohes Handelsaufkommen hat.

UMGANG MIT INFORMATION

Priorität 3

Kein Trader kann heute noch über alles informiert sein, was in dem von ihm gewählten Markt gerade passiert. Aber Informationen und Nachrichten bewegen die Wertpapiermärkte. Es ist daher wichtig, sich als Trader die richtigen Informationswerkzeuge zuzulegen.

Die Ergonomie des Informationsflusses ist einer der wichtigsten Faktoren für einen erfolgreichen Handel. Was nützt die umfangreichste fundamentale Analyse eines Wertes, wenn dabei so viel Zeit verbraucht wird, dass andere Werte, die im Tagesverlauf hervorragend zulegen konnten, schlicht übersehen werden?

Auch die Technische Analyse eines Wertes nimmt Zeit in Anspruch; folglich muss auch diese Art der Analyse sinnvoll vorbereitet werden.

Die Art und Weise, wie wir Informationen abrufen, aufnehmen und verarbeiten, sollte immer vom Großen ins Kleine vor sich gehen.

Im Tradingplan muss die Ergonomie der Informationsverarbeitung festgelegt werden. Es ist ein feststehendes Element eines jeden Tradingplans.

Der folgende Tradingablauf bietet sich für viele verschiedene Tradingstile an:

1. Zunächst werden die übergeordneten makroökonomischen Nachrichten gelesen und verarbeitet. Steigen beispielsweise die Arbeitslosenzahlen, dann wird der Markt fallen und umgekehrt. Diese Information kann genutzt werden, um entsprechende Trades zu öffnen.
2. Daraufhin werden die Unternehmensnachrichten gelesen. Hier beginnt man mit den Unternehmen, die man schon kennt und die man vielleicht sogar schon gehandelt hat. Im Anschluss daran werden die Nachrichten gelesen, die sich an diesem Tradingtag aufgrund der Nachrichtenlage anbieten.
3. Die wichtigsten Unternehmen werden als Charts angezeigt, sodass sie während des späteren Handels ständig verfügbar sind.
4. Ein Newsfeed wird fortwährend auf einem der Bildschirme angezeigt, sodass die während des Tages auftretenden Nachrichten verfolgt werden können.

5. Auf einem Bildschirm wird das Konto geöffnet und bleibt ununterbrochen im Vordergrund.
6. Die Indexstände der wichtigsten Märkte werden auf den Bildschirm geholt und ebenfalls ständig angezeigt.

So ausgerüstet sind die wichtigsten Informationen stets bereit und der Trader verpasst nichts mehr.

Makroinformation

Die gewählte Haltedauer der Trades in einem Konto spielt eine große Rolle bei der Informationsauswahl. Wenn wir innerhalb der Marktöffnungszeiten handeln, dann sind andere Dinge wichtig, als wenn wir einen Trade für mehrere Monate halten.

Gehören wir zu den Tradern, die eher einem kurzfristigen Stil nachgehen, ist die erste Information, die uns interessieren sollte, die des Handelstages. Ein Montag stellt für uns eine andere Strategie bereit als ein Mittwoch. Sehen wir uns dazu die einzelnen Wochentage an.

Montag

Der Montag ist der erste Handelstag der Woche und der erste Tag nach dem Wochenende. In ruhigen Zeiten passiert daher an einem Montag nicht viel. Die Marktteilnehmer kommen aus dem Wochenende und beobachten zunächst die Märkte, bevor sie sich auf einer der beiden Seiten engagieren.

Sehr oft hält diese Situation den ganzen Tag an. Ein Montag ist nur dann interessant, wenn die Euphorie der Vorwoche über das Wochenende angehalten hat oder wenn mit besonderen Ereignissen im Markt zu rechnen ist.

Dienstag

Der Dienstag sieht schon etwas anders aus. Sollte sich am Montag eine Bewegung in eine der beiden Richtungen herauskristallisiert haben, so werden viele Marktteilnehmer am Dienstag versuchen, diese Bewegung zu verstärken. Es ergibt sich somit die erste Gelegenheit in der Woche für einen starken Trend.

Für diesen Trend können die eigenen Positionen vergrößert werden, allerdings nicht auf Verdacht. Der Trend muss wirklich vorhanden sein und er muss sich zeigen.

Mittwoch

Der Mittwoch ist der absolut beste Tag für einen anhaltenden Trend. Waren die Tage vorher langweilig, dann werden die Marktteilnehmer ungeduldig und versuchen möglicherweise den Markt zu bewegen. In einer solchen Situation ergeben sich oftmals starke Trendbewegungen, die sofort genutzt werden können. Die Positionen müssen aber an das Risiko im Konto angepasst bleiben; sie dürfen nicht zu groß werden.

Die Bewegung am Mittwoch ergibt sich sehr oft in den ersten beiden Handelsstunden; hier sollte daher nicht zu lange gewartet werden.

Donnerstag

Hat sich in den Tagen vorher ein Trend gebildet, dann ist das die beste Zeit, diesen Trend zu nutzen. Ein Donnerstag verstärkt einen vorhandenen Trend, hier können die Positionen im Trend am größten sein, sollten aber zum Ende des Tages hin abgebaut werden.

Freitag

Der Freitag ist sehr oft ein langsamer und lustloser Tag, an dem die Marktteilnehmer ihre Positionen abbauen und sich auf das Wochenende vorbereiten. An diesem Tag passiert entweder nur etwas in den ersten beiden Stunden oder sehr überraschend in der letzten Stunde des Tages. Wer nicht unbedingt handeln muss, kann den Freitag auch auslassen.

Die hier aufgeführten Bewegungen sind Erfahrungswerte der letzten zehn Jahre für die US-Märkte und müssen natürlich nicht so eintreten. Wirtschaftszahlen und besondere Nachrichten führen zu anderen Bewegungen – dennoch können die oben aufgeführten Szenarien sehr oft gehandelt werden.

Auswahl des Marktes

Der Auswahl eines Marktes kommt eine besondere Bedeutung zu, wie wir in den Handelsregeln schon dargelegt haben. Hier werden viele Fehler gemacht. Oft hört ein Trader von einem anderen, schon erfahrenen Trader, welchen Markt dieser handelt und beschäftigt sich sofort auch nur noch mit diesem Markt.

Oder er liest in einem Forum, einem Magazin oder im Internet Artikel oder Beiträge über einen bestimmten Markt. Wenn diese Artikel ihm zusagen und er den Markt daraufhin attraktiv findet, vielleicht ohne ihn zu kennen, dann wendet er sich leicht auch diesem Segment zu. Es kommt auch vor – leider sehr häufig – dass der betreffende Trader sich den Hebel eines bestimmten Derivate-Marktes zunutze machen möchte: mit möglichst wenig Einsatz einen möglichst hohen Gewinn erzielen. Er wird mit wenig Kapital auf seinem Konto einen meist hochspekulativen Markt wählen. Es lässt sich hier naturgemäß die Frage nach dem Sinn stellen.

Bleiben wir für einen Moment bei dem Ziel des Traders – dem einzigen Ziel, das er bei der Auswahl haben sollte. Unabhängig von Regeln, Sprache, Branche oder Nutzungsmöglichkeiten des ausgewählten Marktes ist unser Ziel nur, das eingesetzte Kapital in der kürzesten Zeit, mit dem geringsten Risiko, dem geringsten Aufwand und der höchsten Effizienz maximal zu vermehren. Ein anderes Ziel haben wir zu Beginn unseres Eigenhandels nicht.

Wir sollten daher den zu handelnden Markt auf keinen Fall aufgrund eines Tipps vom Nachbarn, einer Zeitung oder eines Forums im Internet auswählen, sondern nur nach der für uns vorhandenen Möglichkeit, unser Ziel zu erreichen.

Oft bekomme ich bei Seminaren zu hören, dass ein angehender Händler den deutschen Markt handeln möchte, weil er kein Englisch kann. Das ist kein ausreichender Grund. Um eine Aktie zu kaufen und sie wieder zu verkaufen, muss man nur den Mausklick auf einen grünen und einen roten Softwareknopf beherrschen oder allenfalls die Begriffe »Buy« für »Kaufen« und »Sell« für »Verkaufen« lernen. Wichtig ist nur, welcher Markt uns in dem uns zur Verfügung stehenden Zeitfenster den maximalen Gewinn bringen kann.

Die Auswahl erfolgt demnach nach unserem Hauptziel. Vorlieben spielen dabei keine oder nur eine untergeordnete Rolle.

Vergleichen wir einmal den deutschen mit dem amerikanischen Aktienmarkt. In Deutschland haben wir etwa 85 Millionen Einwohner, von denen sich nach vorsichtigen Schätzungen vielleicht 6 % mit Aktien beschäftigen, bzw. sie in ihrem Besitz haben. Das sind umgerechnet etwa 5,1 Millionen Menschen, die etwas mit den Aktienmärkten zu tun haben.

Im Vergleich dazu haben die USA etwa 250 Millionen Einwohner und von denen haben nach amerikanischen Schätzungen mindestens 50 % mit den Aktienmärkten zu tun. Das rührt unter anderem auch daher, dass Amerikaner, die im Berufsleben stehen, einen Teil ihrer Altersvorsorge mit Aktienportfolios abdecken, die sie durch ihre Arbeitgeber öffnen können. Rechnen wir auch diese Zahl um, so kommen wir auf etwa 125 Millionen Menschen, die sich in den USA mehr oder weniger mit dem Aktienmarkt beschäftigen. Das sind wesentlich mehr Menschen als in Deutschland.

Wir müssen hier keine komplexen demografischen Untersuchungen zurate ziehen oder aussagekräftige Statistiken bemühen; uns reicht eine einfache Zahl. In den USA sind 71 Millionen Menschen mehr mit dem Aktienmarkt verbunden als in Deutschland. Und damit stellen wir eine einfache Frage. Wie viele von diesen Menschen sind absolute Anfänger und verstehen nur wenig von den Märkten? Wir müssen nicht herausfinden, wie viele es sind, denn es sind auf jeden Fall eine Menge mehr als in Deutschland.

Daraus ergibt sich für uns ein sehr wichtiger Punkt. Wenn wir selbst noch Anfänger sind, aber hin und wieder einmal einen Erfolg haben möchten, dann lässt sich dieser Erfolg wesentlich einfacher mit einem Gegenüber erzielen, der selbst Anfänger ist und den ein oder anderen Fehler macht, als wenn wir ständig nur einen Profi auf der Gegenseite hätten.

Schon aus diesem Grund ist es sinnvoller, eher den amerikanischen Aktienmarkt zu wählen als einen anderen.

Auswahl des Wertpapiers

Auch wenn wir es nicht wahrhaben wollen, doch uns steht nur ein begrenztes Zeitfenster offen, in dem wir versuchen können, einen Gewinn am Markt zu erzielen, sofern wir uns im kurzfristigen Bereich aufhalten.

Während des Tradingtages ist das nur die Öffnungszeit des Marktes, während einer Woche sind es nur fünf der sieben Tage und während eines Monats sind es nur 20 Tage. Das gilt jedoch nur, wenn wir während des Tages handeln wollen. Haben wir hingegen ein Wertpapier nach längerfristigen Parametern ausgesucht und wollen wir das Papier auch über Nacht halten, sieht die Situation schon etwas anders aus, denn jetzt können wir auch die Nächte hinzuzählen. Bei vielen Aktien verdient sich das Geld eher über Nacht als während des Handelstages. Deshalb ist die Auswahl des zu handelnden Papiers auch nicht zu unterschätzen.

In meiner Schulungspraxis erlebe ich immer wieder Trader, die nur ein einziges Wertpapier handeln möchten und das muss nicht immer unbedingt ein Future sein. Es gibt auch Situationen, in denen ein Trader nur eine einzige Aktie handeln will, vielleicht, weil er das Unternehmen gut kennt oder sich in der Branche, in der dieses Unternehmen tätig ist, gut auskennt.

Diese Vorgehensweise ist häufig jedoch nicht gewinnbringend. Bleiben wir für einen Moment beim Futures-Handel. Der geregelte Futures-Markt ist für die Beimischung zum Depot sehr gut geeignet. Er eignet sich aber nur wenig als einziges gehandeltes Wertpapier im Depot eines privaten Traders, sofern dieses Depot eine überschaubare Größe hat. Die Mehrzahl der Futures deckt nur einen Markt, eine Branche oder einen Rohstoff ab. Handeln wir nun beispielsweise den DAX-Future, dann handeln wir ausschließlich diesen einen Markt und hier auch nur einen einzigen Index. Wir haben es aber häufig mit Märkten zu tun, die sich über längere Zeiträume eines Handelstages überhaupt nicht bewegen. Angenommen, unser DAX steigt um 50 Punkte gleich nach der Eröffnung des Marktes und verhält sich für den Rest des Tages seitwärts. Sieht man sich dieses Ergebnis am Ende des Tages an, dann ist der DAX gestiegen; sieht man sich jedoch den Verlauf dieses Anstiegs genauer an, hat man als Trader nur eine Möglichkeit gehabt, diesen Anstieg mitzumachen. Nur wenn der Trader gleich zu Beginn des Markttages eine offene Position auf der richtigen Seite hatte, konnte er einen Gewinn erzielen. Kommt der Trader jedoch eine halbe Stunde später in den Markt, dann wird sich sein Gewinn für den Tag in Grenzen halten, da der Markt nur noch seitwärts gelaufen ist. In dieser Situation hätte die Auswahl mehrerer Wertpapiere einen Vorteil gebracht, da durch die höhere Anzahl die Chance größer ist, dass sich eines der gehandelten Papiere bewegt. Hier hilft ein Vergleich weiter. Wählen wir für den Eigenhandel einen einzigen Future aus, dann ist das so, als würden wir von Hamburg nach München mit einem Porsche fahren – aber nur den Standstreifen der Autobahn nutzen.

Mit anderen Worten: Wir nutzen das Potenzial, das der Markt uns bietet, nicht aus. Das Zeitfenster, das uns zur Verfügung steht, um Gewinne zu erzielen, wird in diesem Fall nicht effektiv genutzt.

KAPITEL 4:
RISIKOMANAGEMENT

RISK-ENGINE

Bevor man die einzelnen Risikounterarten betrachtet, sollte man sich ein Gesamtbild verschaffen, das alle Risikofaktoren beinhaltet. Ein solches Gesamtszenario umfasst alle für die Bestimmung der einzelnen Risiken erforderlichen Szenarien.

Sehen wir uns dazu ein einfaches Beispiel an:

> Ein Tradingaccount besteht aus 20.000 $ und der Trader hat geplant, den Wert seines Kontos um 100 % zu vergrößern, also 40.000 $ zu erreichen. Als Zeitraum für das Erreichen des gesetzten Ziels sind zwei Jahre bestimmt. Da der Zeitraum festgelegt ist, bleiben dem Trader nicht sehr viele Möglichkeiten, die einzelnen Risikofaktoren zu kontrollieren. Um das gesteckte Ziel tatsächlich zu erreichen, muss das eingesetzte Kapital pro Trade höher ausfallen; die Einzelposition muss recht groß gestaltet werden, da durch den limitierten Zeitraum nur so das gewünschte Ziel erreicht werden kann. Das Risiko des Traders steigt durch diesen Umstand beträchtlich, da die eingesetzte Summe in Relation zum vorhandenen Kapital schnell zu groß werden kann. Gleichzeitig steigen auch die Kosten des Handels, denn die Provisionen, die an den Broker gezahlt werden müssen, steigen in Relation zum Konto an. Dieser Umstand macht sich besonders bei Verlusttrades und kleinen Konten bemerkbar.

In diesem Fall muss der Trader demnach die Kosten und hohen Einsätze als Risikofaktoren betrachten. Daneben gibt es jedoch noch weitere Risikofaktoren. Wie wir bereits gesehen haben, stellt der gehandelte Markt selbst ein erhebliches Gefahrenpotenzial dar, insbesondere in Verbindung mit dem Wissensstand des jeweiligen Traders. Deshalb muss vor allen Dingen das Moneymanagement an die herrschenden Marktverhältnisse angepasst werden. Besonders die implizierten und realen Volatilitäten stellen eine nicht zu unterschätzende Gefahr dar.

Dazu muss die Risk-Engine verschiedene Marktszenarien abbilden und die Ergebnisse dieser Situationen für das Risikomanagement bereitstellen. Es müssen also konkrete Aussagen darüber getroffen werden, wie hoch das Einsatzkapital in einem positiven Umfeld sein darf, und umgekehrt, wie hoch es in einem negativen Umfeld sein darf. Weiterhin muss im Plan bestimmt werden, ob sich die eingesetzte Strategie ändert, wenn sich die Richtung des Marktes ändert. Hier ist beispielsweise denkbar, dass bei steigenden Märkten zwei oder mehr Strategien gleichzeitig eingesetzt werden, bei fallenden Märkten aber eine völlig andere Kombination von Strategien zur Anwendung kommt. Die Szenarien können also nicht nur sehr komplex sein, sondern sich auch in erheblichem Maße voneinander unterscheiden.

Die Bereitstellung der Ergebnisse führt zu Steuerungs- und Kontrollmaßnahmen, die das Risiko eines Tradingaccounts im Einzelnen bestimmen können und es vor allen Dingen für den Trader überschaubar gestalten.

Wie wird eine Risk-Engine aufgebaut? Zunächst müssen die einzelnen Tradingrisiken definiert und den vorhandenen Zielgrößen gegenübergestellt werden, wie bei unserem Beispiel weiter oben geschehen. Die mit dem Handel verbundenen Risiken sind unten aufgeführt.

KAPITALBEREITSTELLUNGSKOSTEN

Kapitalbereitstellungskosten entstehen beispielsweise bei der Aufnahme neuer Kredite. Es können damit aber auch indirekte Kosten gemeint sein, die dann entstehen, wenn tatsächlich vorhandene Gelder und Investments aufgelöst und als Tradingkapital bereitgestellt werden. Da bei der Auflösung dieser Gelder auch die dafür gezahlten Zinserträge wegfallen, können diese als passive Kosten gerechnet werden. Die Bereitstellungskosten sind deshalb als Risiko zu werten, weil sich sowohl die Zinsbedingungen ändern, als auch das gesamte Kapital verloren werden kann, das vielleicht vorher konservativ angelegt war.

Kapitalbereitstellungskosten werden immer in voller Höhe in den Plan eingerechnet. Besitzen wir also einen Kredit, für den in einem Kalenderjahr 6 % an Zinsen aufgebracht werden müssen, so werden diese 6 % vollständig in den Plan mit eingerechnet – natürlich nur auf die Höhe des eingesetzten Kapitals.

Kursrisiko

Es kann beim Handel passieren, dass gleich nach der Eröffnung einer Position diese gegen den Trader läuft. Bei einer gegen den Trader laufenden Aktie werden Verluste erzielt, denen der Trader für gewöhnlich mit dem Setzen eines oder mehrerer Stop-Loss-Punkte entgegentritt.

Das Kursrisiko gehört zu den nicht kontrollierbaren Risiken und muss deshalb realitätsnah eingerechnet werden. Dazu erstellt man Volatilitätsprofile des gehandelten Marktes, die einem die mittlere Bewegungsspanne des Marktes anzeigen. Die Maximalgrenzen sind auch die maximalen Größen, die in den Plan eingerechnet werden müssen, da Ausreißer nicht vorhersehbar sind und daher im Plan zunächst vernachlässigt werden. Als Beispiel mögen die Aktien des NASDAQ 100 dienen. Eine manuelle Methode zur Überprüfung der Volatilität ist schlicht das Notieren der absoluten Auslenkungen des Marktes sowohl nach oben als auch nach unten eines jeden Handelstages. Überprüft man das für einen Monat, ergeben sich 20 Höchstkurse und 20 Tiefstkurse, wobei hier nur die prozentualen Auslenkungen interessieren. Aus den Werten werden nun die einfachen Durchschnitte gebildet und so bekommt man die für den Plan einzurechnenden Größen.

LIQUIDITÄTSRISIKO

Tritt das Liquiditätsrisiko auf, führt es immer zu Engpässen. Das Risiko für den Trader besteht darin, dass nicht genügend Liquidität in dem Wertpapier bereitgestellt wird, in dem der Trader gerade handelt. Das kann dadurch passieren, dass man ein Papier handelt, das in einem sehr engen Markt liegt und das daher nicht zu jedem Zeitpunkt gehandelt werden kann, weil es keinen Käufer oder Verkäufer gibt. Es kann auch daran liegen, dass dieses Wertpapier in einem ungeregelten Markt liegt, in dem es für die Teilnehmer keine Verpflichtung gibt, die Trades durchzuführen.

Das eigentliche Problem ist zweigeteilt. Zum einen wird es dem Trader schwer gemacht, seine Position zu eröffnen, sollte es nur wenig oder gar keinen Handel geben, zum anderen kann eine einmal geöffnete Position nicht wieder geschlossen werden. Diese Situation tritt nur auf, wenn das Papier unbedingt geschlossen werden muss, was viele Gründe haben kann. Es kann beispielsweise eine viel bessere Möglichkeit am Markt geben, die den Trader dazu veranlasst, in diese neue Position wechseln zu wollen, oder er muss die Position glattstellen, weil er an anderer Stelle im Portfolio einen Verlust erlitten hat und sich das Risiko mit der noch geöffneten Position nicht vergrößern darf. Eine

Position, die nicht glattgestellt werden kann, erzeugt Opportunitätskosten, bindet also Kapital, das an anderer Stelle besser eingesetzt werden könnte.

Eine andere Form des Liquiditätsrisikos besteht darin, dass am Markt gerade eine sehr gewinnbringende Situation entsteht, der Trader das auch sieht und ausnutzen möchte, dieses aber nicht kann, weil aufgrund geöffneter Positionen in seinem Konto nicht mehr genügend freies Kapital zur Verfügung steht, um diese Position noch zu öffnen.

MARKTRISIKO

Auch das Marktrisiko muss unbedingt in einer angemessenen Form in den Tradingplan mit eingerechnet werden. Es besteht hauptsächlich aus Veränderungen des Gesamtmarktes. Dazu gehören beispielsweise Zinsveränderungen, einsetzende Rezessionen, neue Regularien oder sich verändernde Verbraucherbedingungen.

Das Problem ist, dass diese Makrofaktoren die Unternehmenswelt und somit in unterschiedlicher Weise auch die grundlegenden Preise für ein Investment verändern.

Es ist naturgemäß sehr schwierig, diese Veränderungen in den eigenen Plan miteinzubeziehen, da die genauen Zahlen natürlich nicht vorliegen können. Insofern müssen hier Annäherungswerte eingesetzt werden. Allerdings lassen sich hier nicht einfach die makroökonomischen Veränderungen 1:1 übernehmen, da eine Zinsveränderung von 1% pro Jahr natürlich einen Multiplikationsfaktor erzeugt, der dann in den Plan geschrieben werden sollte.

SYSTEMATISCHES RISIKO

Das systematische Risiko ist ähnlich dem Marktrisiko: Hierbei geht es um systembedingtes Risiko wie beispielsweise die Zinsen, also Risiken, die von außen beeinflusst werden und die der Trader nicht steuern kann.

▶ Die sogenannte »Slippage« ist ein im Vorfeld des Trades nicht bestimmbarer Wert, der die Differenz zwischen dem Ausführungswunsch des Traders und dem tatsächlich erzielten Ausführungskurs darstellt. Für die Slippage muss man bei der Aufstellung eines Plans einen einigermaßen realistischen Wert angeben, der aber bei jedem Trade veränderlich ist und keine Konstante darstellt. Dieser Wert ist abhängig von der »Geschwindigkeit«, mit der die Aktie momentan gehandelt wird und von dem Spread zwischen Angebot und Nachfrage. Je höher das Volumen ist und je schneller die Aktie gehandelt wird, desto höher kann die Slippage ausfallen. Realistische Werte liegen zwischen 0,1 % und 0,8 %.

▶ Die »Compression Rate« des Trades ist ein Wert, der das Verhältnis zwischen dem aktuellen Kurs und der nächsten wählbaren kleinsten Kurseinheit darstellt. Während bei Futures-Kontrakten die Compression Rate zwischen den Ticks konstant bleibt und in der Regel mehrere Dollar beträgt, kann bei Aktienengagements trotz konstantem Minimumabstand der Spread bis auf einen Cent fallen und somit eine längere Halteposition erzwingen, sollte die Position von vornherein nicht ausreichend groß gewählt worden sein. Die Compression Rate ist maßgeblich mit dafür verantwortlich, dass nach der Dezimalisierung der amerikanischen Märkte sehr viele kleinere Tradingkonten aufgelöst werden mussten, weil deren Besitzer nicht mehr in der Lage waren, die Positionsgrößen so weit zu vergrößern, dass der Gewinn noch möglich war. Vor der Dezimalisierung betrug der kleinste Abstand zwischen zwei möglichen Ausführungskursen 6,25 Cent, nach der Dezimalisierung reduzierte sich dieser Wert auf nur noch 1 Cent. Auch die Scalping-Aktivitäten wurden nach der Umstellung drastisch verringert.

▶ Das Zeitrisiko wird mit zunehmender Haltedauer der Position größer. Insbesondere dann, wenn die Position schon eine Gewinnzone erreicht hat, wird das Zeitrisiko schnell zum einzigen Risiko, das aber erheblichen Einfluss auf die Höhe des erzielbaren Gewinns haben kann.

▶ Das Opportunitätsrisiko hängt eng mit dem zuvor besprochenen Zeitrisiko zusammen. Da bei jeder Positionseröffnung auch automatisch ein Teil des vorhandenen Kapitals gebunden wird, steht dieses Kapital nicht mehr für weitere Positionen zur Verfügung. Nun könnte es aber sein, dass die ausgewählte Position in Realität tatsächlich weniger oder überhaupt keinen Gewinn erwirtschaftet, während andere Aktien das sehr wohl tun. Würde man also die »falsche« Wahl getroffen haben, wäre der Gewinn geringer als bei einem besser laufenden Alternativinvestment. Bei einem etwaigen Verlust stellt sich die Situation noch sehr viel schlimmer dar. Zugegebenermaßen handelt es sich hierbei um ein eher passives Risiko, da durch Alternativinvestments, in denen man keine Positionen hält, kein Risiko für das eigene Geld entsteht, sondern lediglich kein zusätzlicher Gewinn erwirtschaftet werden kann.

▸ Der Wissensstand des Traders kann für erhebliche Risiken sorgen. Vielfach werden neue Ideen schnell und mit wenig Aufwand umgesetzt und das zur Verfügung stehende Kapital wird dabei leichtfertig aufs Spiel gesetzt. Da der Markt und seine Strukturen mitunter sehr komplex sein können, ist eine sorgfältige Planung der eigenen Vorgehensweise sehr sinnvoll. Ständige Weiterbildung und ein gewisses Maß an geistiger Flexibilität sind unabdingbare Voraussetzungen, da sich der Markt selbst und seine Regularien ständig ändern. Die eigene Handelsstrategie muss immer wieder an die gerade herrschenden Verhältnisse angepasst werden. Nicht vergessen werden darf das ausführliche Testen aller Szenarien. Eine Handelsstrategie sollte immer getestet werden, es sei denn, der Trader übernimmt eins zu eins eine schon getestete Strategie, beispielsweise aus einem Buch.

▸ Eines der größten Risiken ist die eigene Disziplin. Es kommt immer wieder vor, dass selbst erfahrene Trader die von ihnen in mühevoller Kleinarbeit aufgebauten Systeme overriden, weil sie ihnen nicht mehr vertrauen oder einfach nur glauben, dass sich der Markt möglicherweise doch zu ihren Gunsten entwickeln wird. Die beste Lösung, diesem Risiko zu begegnen, ist es, eine Handelsstrategie komplett mechanisch und autark aufzubauen, sodass kaum noch eingreifendes Handeln erforderlich ist. Dies erfordert aber in der Regel ein umfangreiches Wissen, und zwar nicht nur über das Trading, sondern auch über die möglichen Programmiersprachen, die Marktstrukturen und die Möglichkeiten, mit einem solchen Markt umzugehen. Am Anfang einer Tradingkarriere bringt man solches Wissen naturgemäß nicht mit und kann entsprechende Szenarien nicht programmieren. Hier hilft nur die externe Hilfe durch einen Tradingcoach, der gleichzeitig auch Erfahrung mitbringt und somit in der Lage ist, autarke Expertensysteme aufzubauen.

▸ »Protection of equity«: Gerade am Anfang, wenn das Tradingkonto insgesamt noch klein ist, ist der Dreh- und Angelpunkt eines erfolgreichen Ansatzes die Absicherung des vorhandenen Kapitals. Es interessiert nicht so sehr der erzielbare Gewinn, sondern vielmehr der reine Erhalt dessen, was man ohnehin schon besitzt. Es ist dabei unerheblich, wie groß das Konto insgesamt ist; die Methodik ist immer die gleiche. Da man zu Beginn immer erst überprüfen muss, ob die eingesetzte Handelsstrategie insgesamt zu Gewinnen führt oder nicht, kann der Handel nur mit kleinen Positionsgrößen eröffnet werden. Im Futures-Bereich bedeutet das, mit nur einem Kontrakt zu arbeiten, im

Aktienbereich mit 100 Stück. Hiervon abzugrenzen ist die Absicherung des Gewinns. Da ein Gewinn frühestens nach dem ersten abgeschlossenen Trade erzielt werden kann, während dieses ersten Trades aber schon ein Risiko besteht, muss es eine klare Trennung zwischen der Sicherung des Accounts und der Sicherung von Gewinnen geben. Die beiden Dinge stellen völlig unterschiedliche Zielgrößen dar und müssen auch im Tradingplan so behandelt werden. Hierbei spielt vor allen Dingen der sogenannte »Risk of Ruin« eine wichtige Rolle.

Hat man die einzelnen Punkte der Risk Engine zusammengestellt, dann kennt man das für das eigene Konto herrschende Risiko schon sehr genau und kann entsprechende Gegenmaßnahmen einplanen. Beispielsweise kann die Höhe der Einzeltrades festgelegt werden, oder der Stop-Loss-Abstand vom Entry. Möglich ist es auch, die Haltedauer der Trades anzupassen oder Volatilitätsgrenzen für die eigene Strategie festzusetzen. Wie man dabei konkret vorgeht, werden wir noch bei der Erstellung eines Beispielplans sehen.

Aktiv-/Passivmanagement

Es ist wichtig, zwischen dem aktiven und dem passiven Risikomanagement zu unterscheiden.

Aktives Risikomanagement wird nur dann angewendet, wenn es notwendig ist, d. h. wenn ein Teilbetrag des Tradingkontos tatsächlich am Markt riskiert wird. Nur dann muss der Trader Maßnahmen ergreifen, sein vorhandenes Kapital zu erhalten. Zu diesem Zweck setzt der Trader geeignete Methoden ein, die – wenn nötig – direkt in das Geschehen eingreifen können, weshalb es aktives Management genannt wird. Solche Methoden sind unter anderem die verschiedenen Stopps, die gesetzt werden können.

Im Gegensatz dazu gibt es das passive Risikomanagement, das in jedem Trade automatisch vorhanden ist. Es handelt sich dabei hauptsächlich um die Höhe des im Trade eingesetzten Kapitals. Diese Höhe kann zunächst nicht verändert werden, es sei denn, es wird aktiv eingegriffen. Allerdings ist auch in diesen Fällen nicht immer gewährleistet, dass die im Trade eingesetzten Gelder vollständig zurückgeholt oder erhalten werden können. In diesem Zusammenhang sei nur an den 11. September 2001 erinnert oder an den Stromausfall an der Ostküste der USA im August 2003. In beiden Fällen waren die Börsen entweder geschlossen und blieben es oder sie konnten nicht mehr erreicht werden.

In einem solchen Fall muss die Position vor der Eröffnung mit geeignetem passivem Risikomanagement abgesichert werden, oder anders ausgedrückt: Sie darf nicht zu groß sein. In Abhängigkeit von der vorherrschenden Volatilität des Marktes, in dem gehandelt wird, und der Volatilität des zugrundeliegenden Wertes muss die Positionsgröße so gewählt werden, dass das entstehende Risiko von dem Portfolio getragen werden kann. Da es vor dem jeweiligen Trade angewendet wird, wird es auch passives Management genannt.

Zwar wird von jedem Trader die Höhe des eingesetzten Kapitals vor dem Trade bestimmt. Das geschieht aber in der Regel aufgrund der vor dem Trade vorherrschenden, statischen Situation und wird in der Folge nicht mehr verändert, bis der Trade letztendlich geöffnet wird. Die Passivität dieser Entscheidung wird einem bewusst, wenn man bedenkt, dass die Situation am Markt eine dynamische ist, bei der sich ständig alles verändert.

Zum passiven Risikomanagement gehört auch die Entscheidung, überhaupt nicht zu handeln. Angenommen, ein Handelskonto ist über mehrere Monate hinweg in einem Trend gut gestiegen und nun wird dieser Trend beendet. Der Markt verfällt in eine volatile Seitwärtsbewegung. In diesem Fall könnte der Trader entscheiden, alle Positionen mit hervorragenden Gewinnen zu schließen und im Moment keine neuen Positionen zu eröffnen. Er nimmt nicht am Marktgeschehen teil, was ein passives Risikomanagement darstellt.

Passives Risikomanagement wird dabei von jedem Trader in oder nach jedem Trade bewusst oder unbewusst angewendet, das aktive Risikomanagement jedoch in der Regel nur rudimentär oder gar nicht. Um das Ziel, nämlich den Kapitalerhalt, tatsächlich zu erreichen, müssen naturgemäß beide Methoden abgestimmt aufeinander eingesetzt werden.

Sweet Point

Der Sweet Point ist der sogenannte Point of no Return. Der Portfolio-Sweet-Point ist nicht zu verwechseln mit dem Trading-Sweet-Point, ein Punkt, an dem normalerweise viele Stopps liegen.

Im Portfolio an diesem Punkt angekommen, kann bei richtigem Risikomanagement das Konto nicht mehr unter den Ausgangspunkt fallen; es kann folgerichtig auch kein Totalverlust mehr entstehen. Der Trader wird immer mit einem Gewinn schließen, sollte er das Konto in der Folge auflösen müssen.

Wie funktioniert nun das Ganze?

Zunächst beginnt man im Erfolgsfall die Positionsgrößen gemäß einer Anti-Martingale-Strategie zu erhöhen.

> Ist der Aktienaccount am Anfang beispielsweise 50.000 $ groß, so definiert man pro 10.000 $ eine Erhöhung der Positionsgröße um 500 Stück oder 10 %, was immer zuerst erreicht wird. Beginnt man mit 1.000 Stück, erhöht man die Anzahl bei Erreichen von 60.000 $ auf 1.500 Stück, bei Erreichen von 70.000 $ auf 2.000 Stück usw.
> Erhöht der Trader auf diese Art und Weise die Stückzahlen, dann setzt er beim Erreichen von 100.000 $ im Account eine Stückzahl von 3.500 Aktien pro Trade ein.

Bei dieser Modellrechnung haben wir übrigens die anderen Risikoparameter vernachlässigt, um das Prinzip zu zeigen. Denn nicht immer kann man eine so hohe Anzahl an Aktien handeln. Mitunter kommt es vor, dass diese zu teuer werden und man in der Folge durch die hohe Stückzahl die Risikogrenzen des eigenen Kontos durchbrechen würde. Hier muss dann im Einzelfall geprüft werden und entsprechend dem aufgestellten Tradingplan die Stückzahl an das vorhandene Konto angepasst werden.

Aber zurück zum Beispiel:

> Wenn bei Erreichen von 100.000 $ nun eine Verlustserie einsetzt, ist es zwingend notwendig, die aufgelaufenen Gewinne zu sichern und nicht wieder vollständig an den Markt zurückzugeben. Deshalb berechnet man im Vorfeld den sogenannten Sweet Point.
> Dazu beginnt man mit der systematischen Verringerung der Positionsgrößen, allerdings mit einer höheren Rate als auf der anderen Seite während der Gewinnserie. Anstatt nun für einen Verlust von 10.000 $ die Stückzahl um 500 zu verringern, verkleinert man die gehandelten Stückzahlen doppelt so schnell, also 1.000 Stück pro 10.000 $. Bei Erreichen von 90.000 $ werden nur 2.500 Stück gehandelt, bei Erreichen von 80.000 $ nur noch 1.500 Stück, bei Erreichen von 70.000 $ nur noch 500 Stück und bei Erreichen von 60.000 $ (bzw. schon bei Erreichen von 65.000 $, da ja nur noch 500 Aktien übrig bleiben) wird der wei-

tere Handel zunächst komplett eingestellt und es wird Ursachen-
forschung betrieben, denn wenn man mit dem Konto um volle
40.000 $ fällt, ist offensichtlich etwas nicht in Ordnung mit der
eigenen Strategie.

Bei dieser Vorgehensweise hat man aber trotz hoher Verluste immerhin einen Gewinn
von 20 % gesichert, der nicht mehr gefährdet ist. Hält man sich strikt an diese Methode,
so läuft man kaum noch Gefahr, mit dem Konto Verlust zu erzielen. Viel wichtiger ist aber
die Tatsache, das man bei einer solchen Vorgehensweise mit einem Konto keinen Totalverlust mehr erleiden kann. Da man bei der Reduktionsmethode im Falle eines Verlusts
die Positionsgrößen fortwährend so weit verringert, dass der Handel komplett ausgesetzt wird, bevor der Ausgangszustand wiederhergestellt ist, sichert man in jedem Fall
einen großen Teil des zuvor erwirtschafteten Gewinns. Somit bleibt das Konto im Plus.

Der Sweet Point ist unterschiedlich für jedes Konto und abhängig vom gewählten Be-
schleunigungsfaktor für die Positionsgröße, dem notwendigen Gewinn, der erreicht
werden muss, bevor die Positionsgröße erhöht wird, und dem Faktor für die Positions-
größenverringerung im Falle einer Verlustserie.

Bei dem hier gezeigten Beispiel handelt es sich um eine recht spekulative Berechnung
der erforderlichen Daten. Man kann das auch sehr viel konservativer handhaben, wobei
sich dann jeweils höhere Sweet Points ergeben, also ein höherer Gewinn realisiert werden kann, bevor der Handel eingestellt werden muss. Der Nachteil einer konservativen
Strategie besteht in dem frühen Ausstoppen aus dem Handel und einer damit verbundenen Restrukturierung der eigenen Handelsstrategie. Werden zu konservative Zahlen
eingesetzt, wird das Ergebnis schnell negativ. Anstatt ein stetig wachsendes Konto vor
sich zu haben, wird man häufig aus dem Handel ausgestoppt und die fortwährende
Anpassung der Handelsregeln führt oftmals zu sich wiederholenden Verlustserien, die
natürlich bei Wiederaufnahme des Handels erneut zu Verlusten und damit zu einem
Unterschreiten des vorberechneten Sweet Points führen.

Eine solche ständige Anpassung der eigenen Handelsstrategie kann immer nur auf Basis
der historischen Daten geschehen, was dann oft zur Optimierung der Vergangenheit
führt, nicht aber zur Verbesserung der Ergebnisse in der Zukunft. In der Welt der Sys-
tementwicklung nennt man eine solche Vorgehensweise »Curve Fitting«[30]. Zwar glaubt
der Trader, mit dem Curve Fitting seinen entwickelten Handelsansatz zu verbessern, sehr

---

[30] Curve Fitting = Optimierung eines autarken Handelsansatzes bezogen auf eine Serie historischer
Daten

häufig ist aber das Gegenteil der Fall. Da die verwendeten Daten nicht in der Zukunft, sondern in der Vergangenheit liegen, optimiert der Trader die Vergangenheit. Je enger dabei die Grenzen gesteckt werden, desto öfter wird der Trader beim späteren Handel ausgestoppt. Ein solches System wird in der Zukunft folglich nur schwerlich kontinuierlich Gewinne erwirtschaften können, da es bei größeren Marktbewegungen unweigerlich ausgestoppt wird. Es ist also wichtig, eben dieses Curve Fitting nicht zu exzessiv zu betreiben und bei allen Optimierungsversuchen möglichst realistische Ziele zu stecken.

ABSICHERUNG VON POSITIONEN

Gerade am Anfang der Tradingkarriere ist es schwierig, in jeder Situation verantwortungsvoll und diszipliniert zu handeln. Insbesondere die Disziplin, vorher definierte Stopps während des späteren Handels auch wirklich einzuhalten, gestaltet sich oftmals schwierig. Hier hilft es, diszipliniert vorzugehen und von vornherein die eröffnete Position auf beiden Seiten abzusichern. Eine solche Absicherung ist auch dann notwendig und sinnvoll, wenn man mit Störungen von außen rechnet oder wenn im Umfeld unbedingt Dinge erledigt werden müssen, die keine Aufschiebung dulden und für deren Erledigung der Computer verlassen werden muss.

Die Absicherung muss jedoch sinnvoll sein und kann nicht einfach manuell gewählt werden. Sie muss sich an den Marktgegebenheiten und den Eigenarten des gewählten Wertes orientieren. Es ist völlig nutzlos, einen Stopp zu wählen, der innerhalb selbst kurzer ATRs[31] liegt und in jedem Fall dafür sorgt, dass die Position ausgestoppt wird.

Die Stopps werden gewählt, indem man auf der Verlustseite den vorher je nach Regelwerk definierten Stopp einsetzt und auf der Gewinnseite einen Stopp wählt, der im Gewinnfall sehr wahrscheinlich erreicht wird. Ein solch wahrscheinlicher Stopp ist einer, der auf einer 5 oder 0 endet. Man nennt diese Zahlen auch Sweet Numbers, da sehr viele Marktteilnehmer ihre Stopps auf diese Werte legen. Ganz besonders interessant sind dabei die 100er Grenzen. Um eine solche Grenze herum finden sich zahlreiche Stopps. Zwischen …98 und …102 findet man eine Reihe davon. Hier kann folglich ein Gewinnsicherungsstopp einfach eingesetzt werden; mit etwas Glück wird er erreicht.

Diese Sweet Numbers sind zwar sehr vorteilhaft, wenn man eine Position schnell glattstellen oder einen Wert nutzen möchte, der wahrscheinlich erreicht wird. Sie sind aber sehr hinderlich, wenn man auf der anderen Seite eine Position nur absichern muss.

---

[31] ATR = Average True Range

Will man einen Stopp setzen, der die Position im Verlustbereich schützt, dann ist es nicht sinnvoll, diesen auf eine Sweet Number zu setzen, da man in einem solchen Fall mit Sicherheit ausgestoppt wird. Sehen wir uns dazu ein Beispiel an: Nehmen wir an, der Dow-Jones-Mini-Future notiert derzeit bei 9892 und es wird eine Long-Position in der Annahme eröffnet, dass der Future die 9900 schnell erreichen wird.

Natürlich muss die Position mit einem Stopp versehen werden, da sie sonst unendlich in den Verlust laufen könnte. Der Stopp ist naturgemäß abhängig von der gewählten Risikomanagementvariante. In diesem Beispiel soll er etwa 5–7 Punkte betragen.

Ein Stopplevel, das auf jeden Fall erreicht wird, wenn der Future fällt, ist 9890. Dieser Wert liegt nur 2 Punkte unterhalb des Eröffnungswertes und ist zu nahe dran, um als sinnvoller Stopp eingesetzt zu werden. Gemäß der Vorgabe von 5–7 Punkten liegt ein sinnvoller Stopp demnach bei 9887. Dieser Level liegt 5 Punkte entfernt von dem Eröffnungswert und kann als erster sinnvoller Stopp gewählt werden. Das liegt daran, dass zwar der Future die 9890 auf jeden Fall erreichen wird, sollte er fallen, aber mit etwas Glück nur bis 9889 oder 9888 herunterläuft, bevor er wieder steigt. In einem solchen Fall würde die eigene Position demnach nicht ausgestoppt, sondern bliebe bestehen.

Damit ist der erste Risikostopp definiert und gesetzt und es muss noch ein Wert für die Gewinnseite festgelegt werden. Das erfolgt in der Regel in Abhängigkeit des eingesetzten Risiko- und Moneymanagements. Der Stopp wird also oberhalb des Einstiegs gewählt, möglicherweise in dieser Situation aber auch oberhalb der runden Zahl 9900.

Wichtig bei doppelter Absicherung ist immer, dass solche Stoppsicherungssysteme nur eingesetzt werden können, wenn man die Computer nur für kurze Zeit verlässt. Theoretisch kann bei längerer Abwesenheit nämlich folgende Situation eintreten: Wenn die Position fällt, könnte der Risikostopp ausgelöst werden. Die Position würde glattgestellt, allerdings wäre der Gewinnsicherungsstopp oberhalb der 9900 Punkte noch aktiv. Würde der Markt im weiteren Verlauf des Handelstages nun steigen, ohne dass dieser Stopp aus dem System genommen wird, dann würde er ausgelöst und man hätte eine Short-Position aufgebaut. Bei weiter steigendem Markt wäre das fatal und würde zusätzlich zu der ersten Verlustposition noch eine zweite aufbauen. Das ist natürlich nicht sehr hilfreich.

Solche Stoppsicherungssysteme müssen also so gewählt werden, dass die einzelnen Stopps entweder automatisch herausgenommen werden, sobald einer ausgelöst wird, oder aber zumindest neutralisiert werden.

Die meisten Broker bieten für diese Situation schon von sich aus eine akzeptable Lösung: Sie stellen eine sogenannte OCO-Order zur Verfügung. OCO steht für »One cancels other«. Bei dieser Order deaktiviert die Auslösung des ersten Stopps automatisch den zweiten, ohne dass der Trader selbst eingreifen muss.

Auf dem Markt gibt es jedoch auch für diese Funktion spezialisierte Software, die solche Stoppszenarien von vornherein einplant und in der Ausführung sehr flexibel ist. Eines der besten Programme für solche Zwecke ist Ninjatrader[32], eine Software, die zwar in Deutschland programmiert, aber ausschließlich über Amerika in englischer Sprache vertrieben wird.

Risikomanagement beginnt damit, das Risiko und dementsprechend den Verlust so weit wie möglich zu minimieren. Ein möglicher Gewinn ergibt sich immer dann, wenn die Marktteilnahme gesichert ist und der Trader so lange wie möglich den Verlust sehr gering oder sogar in der Nähe der Null hält. Gelingt ihm das und trifft er in der Folge auf einen Trade, der in seine Richtung läuft, dann wird sich sein Konto auch der Gewinnschwelle nähern.

Um kontinuierlich erfolgreich handeln zu können, muss der Trader also versuchen, die Parameter zu beeinflussen, die er kontrollieren kann. Je mehr Kontrolle der Trader über sein Handeln ausübt, desto eher gelingt es ihm, seine Gewinne zu maximieren. Im Umkehrschluss bedeutet das natürlich, dass sich ein Trader möglichst wenig mit den Dingen beschäftigt, die er nicht kontrollieren kann. Und dazu gehört vor allen Dingen der Kurs eines Wertpapiers.

ATR

Die ATR haben wir schon im Kapitel 3 unter den aktiven Handelsregeln kennengelernt. Mit ihr bestimmen wir die Volatilität, also die Schwankungsbreite eines Wertes. Aber sie dient auch noch anderen Zwecken: Mit ihr lässt sich auch hervorragend der benötigte Stopp definieren.

Angenommen, eine Aktie bewegt sich mit einer durchschnittlichen täglichen Schwankungsbreite von 2 $, kann also um 2 $ steigen oder fallen, dann wäre es sinnlos, einen Stopp zu setzen, der innerhalb dieser 2 $ liegt. Wir würden in diesem Fall zweifellos ausgestoppt und das soll nur passieren, wenn wir einen größeren Verlust erleiden, der nicht mehr in unser Konto passt.

---

[32]   Im Internet unter www.ninjatrader.com

Woher wissen wir aber jetzt, ob die 2 $ für uns noch tolerierbar sind oder nicht? Das können wir mit der Positionsgröße steuern. Angenommen, wir legen am Anfang des Handelstages fest, dass wir nicht mehr als 200 $ insgesamt verlieren dürfen. Dann wäre eine Position mit einer Anzahl von 100 Aktien noch vertretbar, denn diese Position würde sich mit der vorgegebenen Volatilität von 2 $ um 200 $ hin oder her bewegen. Wir könnten sowohl einen Gewinn von 200 $ erwarten als auch einen Verlust von 200 $ – unser maximal erlaubbarer Verlust.

Eine Positionsgröße von 200 Stück wäre aber nicht mehr erlaubt, denn sie würde sich um 200 × 2 $ = 400 $ bewegen können und das liegt klar außerhalb unserer Definition von maximal 200 $ am Tag.

GRUPPIERUNG

Wollen Sie sich die Sache mit dem Risikomanagement erleichtern, hilft es ungemein, Gruppen von Aktien zu bilden.

Angenommen, in Ihrem Konto befinden sich drei Aktien, zwei davon verlieren und eine gewinnt. Die Verluste belaufen sich auf 60 $ in Aktie 1 und 90 $ in Aktie 2. Insgesamt muss das Konto einen Verlust von 150 $ aushalten. Ihre Gewinnposition dagegen zeigt einen Gewinn von 230 $.

In diesem Fall könnten Sie diese drei Aktien gruppieren. Sie legen fest, dass die Gruppe als Ganzes nicht unter die Null fallen darf. Da die Differenz zwischen Gewinn und Verlust 80 $ beträgt, kann die ganze Gruppe etwas schwanken und muss nicht sofort aufgegeben werden. Solche Gruppierungen helfen im Konto erheblich, da sie die Verluste sehr stark begrenzen und es im Konto dadurch häufig Positionen gibt, die im Gewinn sind und für keine Gruppierung genutzt werden, sie können also ohne Begrenzung im Gewinn laufen.

KAPITEL 5:
MONEYMANAGEMENT

Die Umsetzung des erworbenen Wissens auf die verschiedenen Tradingmärkte ist nicht einfach. Oft scheitert jede Strategie schon zu Beginn, da sich der Trader nicht bewusst ist, dass sein Wissensstand maßgeblich am Erfolg beteiligt ist. In der Regel sieht die autodidaktische Ausbildung eines Traders recht dürftig aus. Ein paar Bücher zur technischen Analyse, vielleicht noch der Austausch mit Gleichgesinnten im Internet und dann beginnt der reale Handel. Dabei tritt der Trader häufig gegen professionelle Gegner an, die seit Jahren an diesen Märkten agieren. Und in der Regel verliert er mit dieser Vorgehensweise in den ersten Wochen nach Beginn seiner Tradingaktivitäten erhebliche Summen im Markt. Obwohl auf dem Papier in der Simulationsphase alles noch ganz brauchbar ausgesehen hat, funktioniert es in der Realität plötzlich nicht mehr. Die Gewinne wollen sich nicht einstellen und der Trader versteht die Welt nicht mehr.

Was ist passiert? Warum lassen sich die Ergebnisse der Simulation nicht auf die Realität übertragen?

Die Antwort ist zwar relativ einfach, wird aber von den meisten Tradern nicht erkannt. Und wenn doch, dann wird ihr kaum Bedeutung beigemessen. Mit Beginn der realen Umsetzung bestimmt die Psychologie des Traders sein Handeln. Vorher in der Simulation spielte sie nur eine untergeordnete Rolle. Da während des Handels reales Kapital eingesetzt wird, unterliegt der Trader jetzt den Gesetzen der Habgier und der Angst, misst ihnen aber keine Bedeutung zu.

Mit dem zur Verfügung stehenden Kapital gehen beginnende Trader oft sehr sorglos um. Risiko- und Moneymanagement werden von Beginn an stark vernachlässigt. Das Hauptaugenmerk wird immer wieder nur auf eine eventuell funktionierende Strategie und einen möglichst wichtigen Einstiegspunkt gelegt. Aber andere Aspekte sind mindestens ebenso wichtig. Um den psychologischen Hemmschuh so gering wie möglich zu halten, sollte sich jeder Trader größtmögliches Wissen in verschiedenen Bereichen aneignen.

Zunächst muss entsprechendes Wissen über die Märkte gesammelt werden, die man handeln möchte. Dann sollte auch grundlegendes Wissen über Money- und Risikomanagement vorhanden sein, man muss seine Handelsplattform kennen, Blackbox-Systeme[33] wenigstens im Ansatz getestet haben und Whitebox-Systeme[34] zumindest rudimentär entwickelt haben, um einen Eindruck von der Komplexität verschiedener Handelssysteme zu bekommen.

In jedem Fall hilft ein reger Austausch mit anderen, aktiven Tradern, auch abseits der einschlägigen Chatboards. Persönliche Treffen sind hier jeder anderen Form vorzuziehen, denn das Traden in einer Kleingruppe mit Expertenanleitung ist die perfekte Art zu lernen.

Viele Aspekte eines Traderalltags sind eher langweiliger Natur und animieren nicht dazu, sich intensiver mit ihnen zu beschäftigen. Aber gerade diese Dinge können den Erfolg eines Traders maßgeblich mitbestimmen. Die beste Art, seinen Stil zu verbessern und das nötige Wissen zu erweitern, ist es, sich einen guten Trading-Coach zu suchen. Mit diesem Mentor sollte man intensiv zusammenarbeiten, von ihm die nötigen Tipps und Tricks lernen. Erfahrung in den Tradingmärkten ist durch etwas anderes kaum zu ersetzen.

Der Coach sollte dem Trader auf jeden Fall Hilfestellung für die beiden wichtigsten Aspekte der erfolgreichen Anwendung jeglicher Tradingstrategien geben können. Dies sind Risiko- und Moneymanagement.

Ganz wichtig ist dabei die Expertise und praktische Erfahrung des Lehrers. Nichts ist nutzloser und verschwendet mehr Geld, als mit einem Coach zusammenzuarbeiten, der selbst noch nie gehandelt hat. Das ist etwa so, als würde man sich das Autofahren von einem Fahrlehrer beibringen lassen, der gar keinen Führerschein besitzt und noch nie mit einem Auto selbst gefahren ist. Das Gleiche gilt für Trainer, die ihr Geld ausschließlich mit dem Coaching verdienen. In Einzelfällen kann das in Ordnung sein, aber in der Regel gibt es gute Gründe dafür, warum diese Trainer nicht selber handeln, sondern lieber ihr Geld mit Seminaren verdienen.

Trader tendieren dazu, viel Zeit und Geld auf den Einstiegspunkt einer Position, auf verschiedene Handelsstrategien und Technische Analyse anzuwenden, aber wenn über-

---

[33] Blackbox = System, dessen Logik dem Endanwender nicht bekannt ist.
[34] Whitebox = System, dessen Logik dem Endanwender bekannt ist und das deshalb nachvollzogen und individuell angepasst werden kann. Whitebox-Systeme sind in der Realität selten, da die jeweiligen Systemprogrammierer ihre Logikroutinen nur ungern veröffentlichen.

haupt, dann nur sehr wenig Zeit auf ein sinnvolles Moneymanagement. Dabei spielt die Frage nach der richtigen Positionsgröße eine tragende Rolle und kann über Erfolg und Misserfolg entscheiden.

Moneymanagement macht im einfachsten Sinne nichts anderes, als die Frage nach dem »Wie viel?« zu beantworten. Wie groß darf der Einsatz beim nächsten Trade sein?

Menschen tendieren sehr leicht dazu, in Verlustsituationen ihre Positionen zu vergrößern, um das schon verlorene Geld schneller wieder zu verdienen. Genau dieser Umstand ist es aber, der 95 % aller Trader verlieren lässt, wie wir schon in Kapitel 1 gesehen haben.

Trade	Gewinn	Verlust
1		-9 %
2		-4 %
3		-5 %
4	37 %	
5		-6 %
6		-5 %
7	41 %	
8		-5 %
9		-7 %
10		-5 %
Summe:	78 %	-46 %
Total:	32 % Gewinn	

Tabelle 2

Zudem lässt sich sehr simpel nachweisen, dass an den Börsen auch dann Geld verdient werden kann, wenn die Trefferwahrscheinlichkeit nicht einmal 50 % erreicht, wenn also mehr als die Hälfte aller Trades mit einem Verlust enden. Betrachten wir dazu Tabelle 2. Hier sind zehn Trades aufgelistet, von denen immerhin acht als Verlust verbucht werden müssen, und nur zwei einen Gewinn erzielen konnten. Aufgrund sinnvoller Verlustbegrenzungsmaßnahmen sind aber die Ergebnisse aller negativ ausgegangenen Trades gering und liegen unterhalb von 10 %. Der Schnitt der Verluste liegt bei etwa -6 %.

Auf der Gewinnerseite sind zwar nur zwei Trades zu verbuchen; die können aber einen Schnitt von immerhin 39 % vorweisen. Diese beiden Trades sorgen auch für ein positives Endergebnis.

Obwohl also die Trefferwahrscheinlichkeit bei nur 20 % (zwei von zehn Trades) liegt, konnte am Ende ein positives Ergebnis erzielt werden. Es ist daher nicht notwendig, dass eine große Anzahl von Trades Gewinne erzielt. Es ist nur notwendig, dass die vorhandenen Gewinne größer als die Verluste sind. Es soll jedoch nicht unerwähnt bleiben, dass in einem solchen Fall das eingesetzte System eine geringe Trefferwahrscheinlichkeit aufweist und mitunter genau beobachtet werden muss, da es bei Veränderungen am Markt schnell größere Verluste produzieren kann.

Damit aber die Gewinne größer sind als die Verluste, muss es entsprechende Maßnahmen geben. Diese Maßnahmen betreffen die Höhe des Einsatzes. Wie schon in Kapitel 1 gesehen, ist es von Vorteil, in den Gewinnphasen eine Strategie zu haben, die den Einsatz und damit das Risiko erhöht. In den Verlustphasen hingegen verringert man das dem Markt ausgesetzte Risiko, sprich die Positionsgrößen.

BASISVARIANTEN

Die richtige Herangehensweise bei der Entwicklung einer sinnvollen Moneymanagement-Strategie ist zwar wirklich wichtig, wird aber durch die Komplexität der Möglichkeiten nicht gerade erleichtert.

Die Moneymanagement-Module legen fest, wie das verfügbare Kapital im Konto verteilt wird, und verbinden die angelegten Gelder mit einem sinnvollen Risikomanagement. Die korrekte Berechnung der richtigen Positionsgrößen kann bei einem Intraday-Handel praktisch nur noch durch den Computer geleistet werden. Das Ausrechnen und Bestimmen der Positionsgrößen von Hand ist kaum noch ausführbar. Eine Tabellenkalkulation wie Microsoft Excel hilft daher ungemein.

Zunächst muss im Tradingplan festgelegt werden, welches Basisberechnungsmodell für die Accountgrößenbestimmung genutzt werden soll. Es gibt derer drei. Daraufhin wird das angewendete Managementmodell definiert, das die eigentliche Positionsgröße berechnet. Hiervon gibt es in der Grundversion fünf Modelle, sodass die Kombination dieser beiden Modellgruppen bereits 15 verschiedene Möglichkeiten zulässt.

Das Gesamtkapitalmodell

Das erste der drei Basisberechnungsmodelle ist das Kernkapitalmodell. Bei diesem Modell wird jede neu eröffnete Position von dem Gesamtkapital auf dem Konto abgezogen und die Restsumme stellt somit das verbleibende Kernkapital dar.

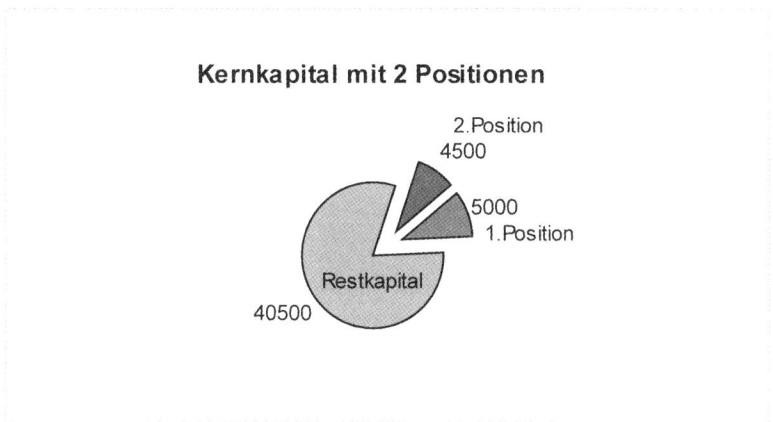

Bild 5.1

Als Beispiel soll ein 50.000 $-Konto dienen. Zu Beginn wird das Managementmodell festgelegt. Angenommen, dass pro Position nur 10 % des verfügbaren Kapitals eingesetzt werden dürfen, ergibt das für die erste Position 5.000 $. Das Kernkapital verringert sich um die eingesetzte Summe und beträgt damit nur noch 45.000 $. Die zweite Position darf wieder nur 10 % des verfügbaren Kapitals betragen. Da das verfügbare Kapital nun jedoch nur noch 45.000 $ beträgt, können maximal 4.500 $ genutzt werden. Pro eröffnete Position verringert sich somit der Einsatz im Verhältnis zum verringerten Kernkapitalbetrag.

Dieser Sachverhalt ist in Abbildung 5.1 dargestellt.

Das Kernkapitalmodell nutzt damit immer nur das verbleibende Restkapital zur Bestimmung der neuen Positionsgröße. Der Vorteil dieser Methode liegt in der Verkleinerung der Positionsgrößen während längerer Drawdown-Phasen. Diese Berechnungsmethode hat allerdings auch einen Nachteil. Angenommen, die erste eröffnete Position erwirtschaftet einen Gewinn, dann wird dieser Gewinn so lange nicht berücksichtigt, bis die Position tatsächlich aufgelöst wird und das Geld wieder auf das Konto zurücküberwiesen wurde. Durch einen vorher gesetzten Stopp könnte man aber den dann in einer offenen Position verbliebenen Gewinn schon während der Laufzeit für eine weitere Position nutzen.

Das Gewinn-/Verlust-Kapitalmodell

Bei diesem Modell wird immer das gesamte verfügbare Kapital genutzt.

Angenommen, das auf dem Konto befindliche Restkapital beträgt 40.000 $ und es gibt zwei offene Positionen. Position 1 hat einen Wert von 6.000 $, Position 2 besitzt einen Wert von 2.000 $. Alle Werte zusammengenommen ergeben insgesamt einen Wert von 48.000 $. Dieser Betrag ist der für die Eröffnung der nächsten Position maßgebliche Berechnungswert. Es wird hier also ständig der tatsächliche Marktwert der offenen Positionen berechnet und addiert.

Die Berechnung selbst erfolgt fortwährend, im Idealfall mithilfe einer Echtzeitberechnung, um den Komplettwert des Kontos zu jedem Zeitpunkt zu kennen. Verluste fließen dabei sofort ein.

Auch bei dieser Methode ergibt sich der Vorteil, dass in längeren Verlustphasen die eingesetzten Positionsgrößen durch den verringerten Kapitalanteil kleiner werden. Allerdings ist diese Verkleinerung nur sehr gering und kann nicht als einzige Schutzmaßnahme gelten.

Der Nachteil dieser Vorgehensweise ist klar ersichtlich: Durch auftretende Verluste und Gewinne müssen die Positionen immer neu angepasst werden. Diese Anpassung muss als Minimum immer vor der Eröffnung einer neuen Position durchgeführt werden, um das verfügbare Ausgangskapital für die Berechnung der neuen Position zu kennen. Ein weiterer Nachteil ergibt sich durch sich plötzlich verändernde Bedingungen am Markt.

Fällt eine Position sehr schnell, während noch andere Positionen geöffnet sind, kann das zu einem erhöhten Risiko führen. Dies kann möglicherweise die vorher festgelegten Risikolimits überschreiten. Dadurch kann sich das offene Risiko in den laufenden Positionen erhöhen. Es zeigt sich schnell, dass dieses Modell für einen sehr kurzfristigen Handel nicht gut geeignet ist. Zwar könnte der Computer die Positionsberechnung übernehmen, aber bei sehr kurzfristigem Handel würden sich die Werte derartig schnell ändern, dass die errechneten Positionsgrößen nur mit einem Sicherheitsabschlag von 10 % bis 20 % geöffnet werden könnten.

Das Stopp-Gewinn-Kapitalmodell

Dieses Modell ist eine Kombination aus den beiden vorangegangenen. Zunächst werden die offenen Positionen von dem verfügbaren Restkapital abgezogen und man erhält das Kernkapital. Zu dieser Summe wird nun jeder Gewinn addiert, der durch einen Stopp in einer offenen Gewinnposition gesichert ist. Der Gewinn kann nur dann als Einnahme verbucht werden, wenn der Stopp als Order tatsächlich schon im Markt liegt.

Dieses Modell stellt für einen Trader die beste Lösung dar, da es automatisch die Verluste herausrechnet, indem es die offenen Positionen nicht mehr in die verfügbare Masse einberechnet, auf der anderen Seite aber Gewinne innerhalb der noch geöffneten Positionen dem Restkapital wieder zur Verfügung stellt.

Es ist ein robustes System, dem auch größere Marktveränderungen zunächst nichts anhaben können. Zumindest hat der Trader genügend Zeit, einzelne Positionen zu schließen, bevor der Markt sehr weit gegen ihn läuft. Damit erhält diese Variante den Vorzug vor den anderen beiden Modellen, da hier das größtmögliche Kapital zur Verfügung steht.

Risk/Reward-Ratio

Ein weiteres Kennzeichen guten Moneymanagements ist die Berechnung des Risk/Reward-Ratios des jeweiligen Traders. Dieses Ergebnis gibt das Verhältnis zwischen dem höchsten erreichten Gewinn und der größten Verlustphase an und ist für die Vergleichbarkeit verschiedener Systeme von großer Bedeutung.

> Angenommen, ein Konto steigt von 60.000 $ auf 66.000 $, dann beträgt der realisierte Gewinn 6.000 $ bzw. 10 %. Fällt das Konto in der Folge wieder und erreicht einen Stand von 63.000 $, bevor es letztendlich auf 72.000 $ steigt, so beträgt der Drawdown 3.000 $ bzw. 4,2 %, ausgehend von 72.000 $. Da das Konto letztendlich bei 72.000 $ endet und wir annehmen, dies sei der Jahresendstand, beträgt die Rendite dieses Traders 20 %.
> Das Verhältnis zwischen Gewinn (20 %) und Verlust (4,2 %) beträgt demnach 4,76, was ein hervorragender Wert ist. Wenn der Trader ein solches Verhältnis weiterhin aufrechterhalten kann, dann muss er sich um seine Zukunft keine Gedanken mehr machen.

In der Regel stellen Werte um 2 herum gute Ergebnisse dar. Unterhalb von 2 sind die Verluste zu groß und der Trader muss etwas an seinem System ändern. Zur Berechnung des Risk/Reward-Ratios kann folgende Formel genutzt werden:

$$RR\text{-Ratio} = \frac{\text{Größter Gewinn}}{\text{Drawdown}}$$

Sehen wir uns nun ein weiteres Beispiel an:

> Das Konto wird am 2. Januar mit 60.000 $ eröffnet und für ein volles Jahr beobachtet. Zunächst bewegt sich das Konto so, wie oben beschrieben, d.h. es steigt von 60.000 $ auf 66.000 $ und fällt wieder auf 63.000 $. Daraufhin steigt es auf 84.000 $ und fällt am Ende auf 62.000 $ ab.
>
> Tatsächlich hat das Konto insgesamt einen Gewinn in Höhe von 2.000 $ erwirtschaftet, was einer Gesamtrendite von immerhin 3,33 % entspricht. Der größte Drawdown beträgt hier allerdings volle 22.000 $ bzw. 26,2 % ausgehend vom höchsten erreichten Wert, 84.000 $.

Es ist ersichtlich, dass die Abgabe fast des gesamten Gewinns nicht sinnvoll erscheint und der Trader Maßnahmen ergreifen muss, seine Gewinne zu sichern.

Dieser Gewinn kann jedoch auf verschiedene Weise entstanden sein. Eine Möglichkeit besteht darin, dass es keinen einzigen Verlusttrade gegeben hat, sondern lediglich Teile des Gewinns wieder abgegeben wurden. In diesem Fall wären die Einzelpositionen schlichtweg zu lange gehalten worden. Möglich ist in diesem Szenario ein einziger Trade, der das ganze Jahr gehalten wurde. Es ließe sich dann allerdings streiten, ob dieses Szenario überhaupt ein Tradingszenario wäre.

Die Abgabe der 22.000 $ kann allerdings auch durch Einzeltrades entstanden sein, die gleich nach der Positionseröffnung in den Verlust gelaufen sind. Auch in diesem Fall ist dem Trader anzuraten, ein geeignetes System der Gewinnsicherung einzubauen und zu nutzen.

Die Berechnung des Risk/Reward-Ratios erlaubt vor allen Dingen die Vergleichbarkeit unterschiedlicher Handelsansätze. Der Trader kann unterschiedliche Systeme ausprobieren und anhand des Verhältnisses schnell überprüfen, welcher Ansatz der beste ist.

Erzeugt ein System Ergebnisse unterhalb von 2, so kann dieses System in der Betrachtung zunächst zurückgestellt werden. Gibt es jedoch Ansätze mit Werten, die deutlich über 2 liegen, kann ein solches System favorisiert werden. Die folgende Tabelle zeigt die Beziehung zwischen den Verhältniswerten und den Gewinnmöglichkeiten:

VERHÄLTNIS	ERGEBNIS
0 – 1	Verlust
1 – 1,5	Verlust (Kosten)
1,5 – 2	kostendeckend
2 – 2,2	minimaler Gewinn
2,2 – ∞	idealer Gewinnbereich

Tabelle 3

Im Bereich zwischen 0 und 1 arbeitet jedes Handelssystem verlustbringend. Hier sind demnach die Verluste regelmäßig höher als die Gewinne. Das verwendete Handelssystem hat damit eine negative Gewinnerwartung und kann ohne entsprechende Veränderungen nicht dauerhaft zur Anwendung gebracht werden.

Im Bereich zwischen 1 und 1,5 arbeitet ein System zwar minimal im Gewinnbereich, kann aber in der Regel nicht die auflaufenden Kosten decken, sodass auch hier lediglich Verluste produziert werden.

Handelssysteme, die Gewinn-/Verlustverhältnisse zwischen 0 und 1,5 erreichen, müssen aber nicht unbedingt von vornherein schlechte Systeme sein. Kleine Gewinn-/Verlustverhältnisse werden in der Regel durch hohe Gewinnabgaben in laufenden Trades oder durch Verlusttrades erzielt. Handelt es sich bei einem System um die erste Variante – werden die Verluste also lediglich durch die Abgabe der aufgelaufenen Gewinne erzielt –, dann kann der Trader entsprechende Gewinnsicherungssysteme einsetzen und erhält in der Folge ein möglicherweise sehr gutes Handelssystem.

Verteilung der Positionen

Die Verteilung des Kapitals ist nicht zu unterschätzen. Die vorher beschriebenen Kapital-modelle haben völlig unterschiedliche Auswirkungen auf den Gewinn und den Verlust in einem Handelskonto. Es ist vor allen Dingen ersichtlich, dass die Ergebnisse auch dann unterschiedlich sind, wenn die Ausgangssituation für den Trade durch die Technische Analyse ausgelöst wurde.

Das beweist einmal mehr, dass nicht die Technische Analyse den Gewinn erzielt, son-dern der richtige Umgang mit dem Risiko und den Positionsgrößen. Insbesondere die richtige Verteilung des Risikos im Konto sorgt hier für mögliche Gewinne.

GEWINNSICHERUNGSSYSTEME

Zu einem sinnvollen Moneymanagement gehört in jedem Fall die Sicherung aufgelau-fener Gewinne. Sichert der Trader seine Gewinne nicht ab, so wird er während einer länger andauernden Verlustphase das vorher gewonnene Kapital zum Teil oder ganz wieder verlieren.

Nun kann man zwar eine Verlustphase selbst nicht verhindern, aber es gibt Methoden, den Verlust zumindest gering zu halten.

Wie wir in Kapitel 1 schon gesehen haben, lässt sich zu Beginn eines Trades steuern, wie hoch der Verlust ausfallen darf. Hierzu nutzt man die gezeigte Anti-Martingale-Strategie. Nur zur Erinnerung: Bei einer Anti-Martingale-Strategie werden die Positionsgrößen im Falle einer Gewinnserie vergrößert und im Falle einer Verlustserie verkleinert. Diesen Umstand macht man sich zunutze, um in einer Gewinnserie höhere Gewinne zu erzielen. Eine solche Form der Vorgehensweise schon beim Einstieg in die Position ist eine passi-ve Art der Gewinnsicherung, da man vor Ablauf des Trades die Höhe des Verlusts oder Gewinns nicht bestimmen kann. Es gibt aber auch zahlreiche aktive Methoden, deren Einsatz direkt auf die Sicherung des schon erzielten Gewinns ausgerichtet ist.

Passive Gewinnsicherungsmechanismen

Das Zusammenspiel von aktiver und passiver Gewinnsicherung sollte der Tradingplan von vornherein vorsehen und die einzelnen Routinen müssen nicht nur aufeinander ab-gestimmt sein, sondern sollen auch möglichst optimiert eingesetzt werden.

Es gibt mehrere passive Systeme, die in einer Handelsstrategie eingesetzt werden können.

Positionsgröße

Die Positionsgröße gehört zu den passiven Systemen, denn hier wird vor dem Trade eine Größe festgelegt, die sich zunächst nicht ändert. Diese Größe hat nichts mit dem Kursverlauf der Aktie während des Trades zu tun, deshalb ist sie passiv.

Positionsanzahl

Die Anzahl der verschiedenen Positionen im Konto gehört zu den passiven Systemen. Bei steigendem Konto können mehr Positionen zugelassen werden; bei fallendem Konto werden weniger Positionen hinzugenommen.

Traden oder nicht traden

Die Entscheidung, ob gehandelt wird oder nicht, ist eine passive Maßnahme für die Gewinnsicherung, da nicht mit Sicherheit vorhergesagt werden kann, wie der Kurs der Aktien sich in den nächsten Tagen verhalten wird.

Warten

Passiv ist es auch, wenn wir als Trader auf den Ausgang eines Trades warten oder wenn wir vor Eröffnung eines Trades auf den richtigen Einstieg warten.

No-Trade-Zone

Der Trader hat in der Regel keinen besonderen Einfluss auf die Veränderung des Kurses. Dabei ist es unabhängig, welche Analysemethoden er verwendet. Der Kurs wird sich ergeben, egal ob der Trader vor dem Einstieg eine andere Meinung dazu hatte.

Was der Trader aber sehr wohl bestimmen kann, ist, ob er überhaupt einen Trade eröffnet.

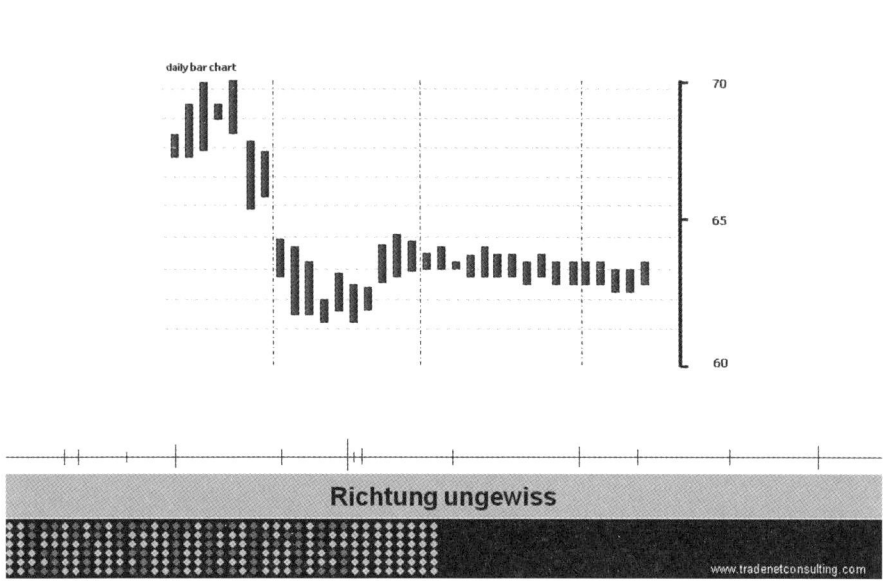

Bild 5.2

Sehen wir uns dazu Bild 5.2 an. Der Kurs läuft seit einer ganzen Weile seitwärts und es hat sich bisher kein klares Bild ergeben. Angenommen, das Handelskonto hat heute einen Gewinn von 350 $ erreicht. Dann könnte der Trader einen Einstieg in dieser Aktie wagen, weil der Gewinn als Puffer dient. Dabei ist es unerheblich, ob er Long oder Short einsteigt. Nehmen wir weiter an, dass der Trader einen Einstieg auf der Short-Seite versuchen möchte. Der Trade kann durchgeführt werden. Der maximale Verlust kann dabei einfach auf einen Wert gesetzt werden, der innerhalb der vorher verdienten 350 $ liegt.

Die Rechnung hat aber noch ein paar andere Parameter. Wenn das Konto in den Tagen vorher einen Verlust von 350 $ hat hinnehmen müssen, so hat es heute erst wieder den Break-even erreicht und der Trade sieht schon nicht mehr so gut aus. Hier fehlt der Puffer; ein möglicher Verlust würde nicht mehr von einem Gewinn aufgefangen, sondern er müsste von dem Konto selbst bezahlt werden.

Es muss demnach immer die Gesamtsituation überprüft werden. Obwohl es auf dem Bild so aussieht, als könnte die Aktie weiter fallen, weil sie das zu Anfang auch getan hat, ist das keine sichere Annahme. Die Trefferwahrscheinlichkeit in diesem Wert ist also zunächst gering und damit muss sehr wohl abgewägt werden, ob der Trade überhaupt durchführbar ist. Ist er das nicht, weil die Trefferwahrscheinlichkeit zu gering ist, dann befindet sich das Konto in der No-Trade-Zone. Der Trade wird nicht durchgeführt, sondern der Trader wartet auf einen besseren mit einer höheren Trefferwahrscheinlichkeit. Er ist passiv.

Aktive Maßnahmen

Die aktiven Maßnahmen umfassen alle Dinge, bei denen der Trader in einen laufenden Trade eingreift. Es sind auch annähernd die gleichen Punkte, die wir schon früher bei der Auflistung dessen, was wir als Trader kontrollieren können, kennengelernt haben.

Positionsgröße

Die Positionsgröße ist nicht immer nur passiv. Sie kann auch schnell zum aktiven Posten werden, nämlich dann, wenn wir als Trader einen laufenden Posten in der Größe verändern. Die dynamische Skalierung eines offenen Trades ist eine aktive Maßnahme.

Sektorauswahl

Auch die Auswahl des Marktes oder Sektors gehört zu den aktiven Maßnahmen, weil sich damit die Bewegungen im Konto besser steuern lassen. Will man weniger Risiko haben, wechselt man auf einen ruhigeren Sektor und umgekehrt.

Gewinn/Verlust

Ganz wichtig ist die Festlegung des Gewinns oder Verlusts in einer Position. Die Höhe ergibt sich erst durch den Trade selbst, aber wann dieser Trade geschlossen wird, das unterliegt – wie wir schon gesehen haben – der Kontrolle des Traders und damit ist es eine sehr aktive Maßnahme.

Kontrolle

Hier noch einmal sämtliche Punkte aufzuzählen, die als aktive Maßnahmen gelten, ist müßig. Es ist ziemlich einfach: Alle Punkte, die wir als Trader kontrollieren können, sind aktive Maßnahmen, weil sich deren Kontrolle durch die Höhe des erzielten Gewinns oder Verlusts ergibt.

Kontomanagement

Das Ausschalten sämtlicher Risiken in einem Tradingkonto ist unmöglich und lässt sich bei aktiver Teilnahme am Markt nicht verhindern. Es gilt also in jedem Fall, das Risiko so gering wie möglich zu halten. Dazu hat jeder Trader mehrere Möglichkeiten.

Die im Vorfeld besprochenen grundlegenden Strategien des Risikomanagements können je nach Bedarf eingesetzt werden. Wichtig für die Risikominimierung ist in jedem Fall auch die richtige Anwendung des grundsätzlich gewählten Moneymangement-Modells.

Opportunitätsfaktor

Da es an den Börsen eine Vielzahl von Möglichkeiten gibt, Kapital anzulegen, der einzelne Trader jedoch nicht alle Investments gleichzeitig eingehen kann, muss der Tradingplan eine Lösung berücksichtigen, die entgangenen Möglichkeiten mit den tatsächlich durchgeführten Trades zu vergleichen.

Stellen wir uns folgende Situation vor. Ein Trader vergleicht zwei potenziell mögliche Investments und geht in einer der beiden Aktien Long. Sofort nach Positionseröffnung läuft die Aktie jedoch gegen den Trader; der Kurs der Aktie fällt somit entgegen der Erwartungshaltung. Es entsteht eine Verlustsituation.

Die andere, zu Beginn betrachtete Aktie bewegt sich hingegen in die vom Trader gewünschte Richtung. In diese Aktie hat er jedoch nicht investiert, sodass nur eine Verlustposition entstanden ist, jedoch keine Gewinnposition.

Hätte der Trader statt der verlustbringenden Aktie die gewinnerzeugende Aktie gewählt, wäre die Situation für ihn anders ausgegangen: Er hätte statt des Verlusts tatsächlich Gewinn erwirtschaftet. Hier hat der Trader demnach eine Gelegenheit verpasst. Zwar kann niemand vor dem jeweiligen Trade sagen, wie dieser wohl ausgehen wird, aber dennoch gab es in diesem Fall eine Gelegenheit, tatsächlich Geld zu verdienen und der Trader hätte sie theoretisch nutzen können.

Die Ausgangssituation für beide Positionen war gleich. Die vom Trader durchgeführte Analyse und die Interpretation der gefundenen Daten und Fakten haben dann jedoch zu seiner Entscheidung geführt, eine Position in der verlustbringenden Aktie zu eröffnen (obwohl er vorher natürlich nicht wissen konnte, dass die Position einen Verlust bringen würde).

Einschränkend muss man hier anmerken, dass nicht alle 7000+-Aktien der drei größten amerikanischen Märkte gleichzeitig gehandelt werden können, sodass die einfache, parallele Betrachtung zweier Trades folglich noch keine Gewährleistung dafür liefert, dass beide Trades gleiche Chancen und Möglichkeiten bieten. In Zeiten boomender Wirtschaft und steigender Börsenkurse kann man als Trader etwa 1.800-2.200 Einzelaktien der mehr als 7.000 Aktien an den Börsen wirklich traden. Die restlichen Werte bieten nicht genügend Liquidität, Volatilität und Volumen. In wirtschaftlich schlechten Zeiten verringert sich diese Anzahl wegen geringer Volatilitäten auf nur noch 500-800 Werte. Trotz der geringeren Zahlen gilt allerdings auch hier noch immer, dass nicht all diese Papiere den gleichen Wert für den Trader als liquide Aktien darstellen können.

Der Tradingplan muss nun so entwickelt werden, dass er einen Vergleich anstellt zwischen den vorhandenen Möglichkeiten unter den übrig gebliebenen Aktien und den vom Trader wirklich durchgeführten Trades. Es soll dabei festgestellt werden, ob und wie viele Möglichkeiten günstiger gewesen wären als die tatsächlich ausgeführten Trades.

Dafür erzeugt man im Plan künstlich einen Wert, der je nach Zeitebene, die man handelt, die maximal möglichen Trades pro Monat festlegt. Bei einem einfachen Plan können auf diese Weise drei oder vier verschiedene Werte erzeugt werden. Dieser künstliche Wert wird »Factortrade« genannt – er ist einfach nur eine Messzahl für unseren Eigenhandel.

Mithilfe dieses künstlich festgelegten Wertes berechnet man nun den Opportunitätsfaktor für die eigene Handelsstrategie nach folgender Formel:

$$OF = 1/(FT/RT)$$
wobei
OF = Opportunitätsfaktor
FT = Factortrades
RT = Reale Trades
sind.

Der so errechnete Wert liefert den Anhaltspunkt für die eigene Ausnutzung der angewendeten Strategie.

Folgendes Beispiel soll das verdeutlichen: Ein Scalper handelt einen Future. Er kommt auf etwa 560 Trades im Monat, sodass er diesen Wert am Anfang der Berechnung für die Folgemonate festgelegt hat. Am Ende des laufenden Handelsmonats hat er jedoch nur 480 Trades durchgeführt. Nach obiger Formel beträgt sein Opportunitätsfaktor demnach 0,86, d.h. er hat nur 86 Prozent der durchschnittlichen monatlichen Tradeanzahl erreicht – 14 Prozent weniger, als sein Tradingstil und seine Signalgenerierung hergegeben hätten.

Natürlich darf man nicht vergessen, dass es durchaus auch auf die Qualität und nicht nur die Quantität der abgeschlossenen Trades ankommt und der Opportunitätsfaktor nicht dazu herhalten darf, eine Messlatte für die zu erreichende Anzahl an Trades pro Monat zu sein. Dennoch hat dieser Faktor eine sehr wichtige Bedeutung. Da die Zeit, die ein Trader zur Verfügung hat, sein Vermögen erheblich zu vermehren, begrenzt ist, muss jeder Trader bemüht sein, ebendiese Zeit so effektiv wie möglich zu nutzen.

Der Opportunitätsfaktor ist immer auch abhängig von der gewählten Handelsstrategie und dem Risk/Reward-Ratio, also dem zu erzielenden Betrag pro eingesetztem Risiko. Nun ist die generierte Anzahl an Trades von Monat zu Monat sicherlich unterschiedlich und hängt von verschiedenen Faktoren ab. Dennoch sind 14 Prozent eine ganze Menge. Irgendetwas muss sich gegenüber dem Vormonat erheblich verändert haben, damit 14 Prozent weniger Trades generiert wurden.

Der so gefundene Opportunitätsfaktor gibt also Aufschluss darüber, ob sich vielleicht die Marktphase geändert hat und der eigene Stil nicht mehr dazu passt.

SIMULATION

Jeder realen Tradingsituation sollte zunächst eine Simulation vorangestellt werden. Da es beim Handel um reales Geld geht, müssen vorher alle Parameter überprüft werden, die die jeweilige Handelsstrategie beeinflussen können. Nur wenn der Trader alle Punkte eingehend untersucht hat, kann er dem realen Handel einigermaßen entspannt entgegensehen. Zwar lässt sich auch mit einer Paper-Tradingphase nicht letzte Sicherheit erzielen, aber man entdeckt auf diese Weise zumindest grobe Fehler und kann die gefundenen Strukturen optimieren. Es gilt aber Vorsicht walten zu lassen bei einer solchen Optimierung. Hier werden leicht Fehler gemacht, die während des realen Handels später erhebliche Verluste bedeuten können.

Zunächst muss sich der Trader im Klaren sein, dass er überhaupt eine Simulation beginnen und über einen längeren Zeitraum hinweg durchführen will. Nicht immer ist das von vornherein eingeplant, und es besteht vielmehr der Wunsch, den realen Handel so schnell wie möglich beginnen zu können. In den meisten Fällen führt diese Ungeduld zu übereilten Handlungen, und der Trader beginnt mit dem realen Handel lange bevor alle

Eventualitäten des jeweiligen Handelsplans geprüft worden sind. Ein kontinuierlicher Erfolg stellt sich in diesen Fällen häufig nicht ein.

Weiterhin muss der Trader einen groben Plan haben, wie diese Simulation aussehen soll. Was ist die Zielsetzung der Simulation? Die Antwort auf diese Frage ist mitunter sehr vielschichtig. Natürlich will der Trader das Gewinnpotenzial seiner Handelsstrategie überprüfen. Aber er will auch feststellen, an welchen Stellen die Strategie noch nachgebessert werden muss usw.?

Nachfolgend finden Sie eine Liste der möglichen Punkte, die durch eine Simulationsphase ermittelt und durchaus verbessert werden können:

▶ Ist die Handelsstrategie auf den ausgesuchten Markt anwendbar?
▶ Lässt sich mit dem ausgewählten Handelsansatz das benötigte Kapital erwirtschaften?
▶ Handelt der Trader den richtigen Zeitraum?
▶ Handelt der Trader zur richtigen Tageszeit?
▶ Ist der Trader motiviert, die festgelegte Strategie zu handeln?
▶ Wird das richtige Wertpapier gehandelt?
▶ Werden die Nachrichten korrekt interpretiert und umgesetzt?
▶ Sind die Stopps richtig gesetzt?
▶ Sind Verluste richtig definiert?
▶ Wird der Handel bei maximalem Verlust geschlossen?
▶ Wie fühlt sich der Trader während des Handels?
▶ Werden Gewinne erzielt, die die Kosten decken?
▶ Werden die Trades bei erreichten Gewinnen geschlossen?
▶ Verfällt der Trader leicht dem Overtrading, macht also zu viele Positionen auf?
▶ Arbeitet der Trader effizient?

Je nachdem wie komplex die jeweilige Strategie ist, kann sie möglicherweise nicht in allen Märkten eingesetzt werden. Eine beim Aktienhandel beliebte Pair-Tradingstrategie, bei der zwei sich ähnlich verhaltende Aktien aus dem gleichen Sektor gehandelt werden, ist mitunter nicht auf den Futures-Markt anwendbar. Während eine durch viele Parameter definierte Strategie auf den Aktienmärkten unter Umständen gut funktioniert, kann die gleiche Strategie möglicherweise nicht auf die Derivatemärkte angewendet werden.

Zwar macht sich der Trader vor Beginn des realen Handels Gedanken über den Markt, den er handeln möchte, und wird somit eine Strategie entwickeln, die zumindest zum

Zielmarkt passt, aber ohne die nötige Erfahrung als Trader am Markt selbst kann er kaum eine perfekte Strategie entwickeln. Hier ist also ständiges Testen des aktuellen Systems angebracht. Der beste Weg, eine eigene Strategie zu entwickeln ist es, bereits vorhandene Lösungen zu wählen und diese im Laufe der Zeit auf die eigenen Bedürfnisse anzupassen. Auf diese Art verwechselt man nicht die unterschiedliche Mechanik verschiedener Märkte.

Da sich die Märkte außerdem fortwährend ändern, ist ein häufiges Anpassen der gewählten Strategie unabdingbar. Handelsstrategien funktionieren immer nur über einen definierten Zeitraum; für die Ewigkeit sind die wenigsten gemacht. Man muss also auch nach der Entwicklung eines geeigneten Handelsansatzes diesen immer wieder auf die erzielte Performance hin überprüfen. Stellt man hierbei größere Abweichungen in Bezug auf die bisherige Performance fest, so gilt es, die geänderten Rahmenbedingungen sorgfältig zu untersuchen und die Ergebnisse für die Anpassung der eigenen Strategie zu verwenden.

▶ Gibt es Software, mit der sich Handelsstrategien zurücktesten lassen?

Es gibt inzwischen eine stattliche Anzahl an Simulationen. Sie genügen in der Regel einfachen Ansprüchen, können aber auch sehr ausgeklügelte Strategien zurücktesten. Gerade in der Entwicklung mechanisierter Handelsansätze hat sich in den letzten Jahren Erhebliches getan. Durch die stark gestiegene Leistung moderner Computersysteme lassen sich heute auch solche Strategien testen, die sehr rechenintensiv sind und die vor wenigen Jahren nur mit erheblichem Aufwand hätten getestet werden können. Häufig finden sich schon auf zahlreichen Webseiten einfache Ansätze, die für kleinere Testzwecke vollkommen ausreichen. Dazu gehören auch die Marktscanner, die es nahezu auf jedem der großen Marktinformationsportale gibt. Diese Scanner können zum Teil mit erstaunlich komplizierten Vorgaben gefüllt werden, ohne dabei den Nutzer vor allzu große Probleme zu stellen.

Ein hervorragendes Programm für das Testen der eigenen Strategien und vor allen Dingen auch der Eigenentwicklung mechanisierter Handelsansätze, Teststrategien und Indikatoren ist das uns bereits bekannte eSignal von Interactive Data Inc. Dieses Programm ist ein Datenlieferungstool mit eigener Programmiersprache. Die eingebaute Programmiersprache hat den Vorteil, dass sie sehr einfach zu erlernen ist, weil sie dem gängigen Standard Javascript entspricht und überdies in ihrer Funktionsauswahl an die Börsensprache angepasst wurde. Es ist daher sehr einfach, eigene Testroutinen zu schreiben. Wer sich ein wenig mit Microsoft Visual Basic oder einer anderen objektorientierten Programmiersprache auskennt, sollte sich schnell zurechtfinden können.

▸ Welche Art der Simulation und des späteren Handels soll durchgeführt werden?

Jede Simulation sollte so nah wie möglich an der Realität anknüpfen. Das bedingt auch den Einsatz der richtigen Software je nach Simulationsbedarf. Für einen längeren Anlagezeitraum ist es völlig ausreichend, ein entsprechendes Modul in Excel zu programmieren oder zu vorgefertigten Lösungen zu greifen; für einen Scalper wird eine solche Lösung jedoch nicht flexibel genug sein. Ein Scalper braucht auch in der Simulation ein Echtzeitprogramm, das die entsprechenden Daten schnell und zuverlässig liefern kann. Hier muss der Trader vor der Aufnahme des Simulationsbetriebs sehr genau testen. In der Regel empfiehlt es sich, professionelle Datenlieferanten zu wählen, die dann jedoch entsprechende Kosten verursachen. Solche Kosten müssen zusätzlich eingeplant werden.

▸ Warum mache ich überhaupt eine Simulation?

Die Simulation erfüllt viele Aufgaben. Zunächst soll der Trader auf die eigentliche Handelssituation vorbereitet werden und die dazu notwendigen Schritte verstehen und kennenlernen. Insbesondere die Bedienung moderner Handelsplattformen wie beispielsweise Realtick mit ihren vielen Funktionen bedarf einer gründlichen Einarbeitung, die am besten in der Simulation geschehen kann. Beim späteren aktiven Handel hat der Trader keine Zeit, die Funktionen der Software kennenzulernen. Da sich die Märkte in der Regel sehr schnell bewegen, bleiben oft nur wenige Sekunden, um eine Entscheidung zu treffen. Hierbei den falschen Button in der Software anzuwählen, kann mitunter sehr kostspielig sein. Naturgemäß ändern sich die jeweiligen Anforderungen mit dem gewählten Anlagezeitraum: je länger der gewünschte Zeitraum, desto einfacher gestaltet sich die Simulation.

▸ Welche Zeitebene ist die beste für den gewählten Handel?

Nicht alle Zeitebenen sind für jede Art von Trading brauchbar. Bei der Entwicklung von autarken Handelssystemen wird beispielsweise immer wieder festgestellt, dass solche Systeme nur selten gute Ergebnisse liefern, wenn sie sehr kurzfristig agieren. Das liegt an den Stopplevels. Werden die Stopps zu eng gesetzt, dann handelt das System häufig den sogenannten Noise-Level und wird zu oft ausgestoppt, wobei jedoch jedes Mal Kommissionen anfallen. Lässt man dem System mehr Luft, verschlechtert sich mitunter das Verhältnis zwischen Gewinn und Verlust so drastisch, dass es unter 2:1 oder noch schlimmer unter 1:1 rutscht. Hier muss der Trader also ein System finden, das einen vernünftigen Mittelweg darstellt.

Auf der anderen Seite ist eine zu lange Haltedauer des Trades auch wieder nicht gefragt, da der Gewinn unter Umständen zu gering wird und vor allen Dingen die Opportunitätskosten steigen. Bleibt man zu lange in einem Trade, der sich kaum bewegt, verpasst man Möglichkeiten, mit anderen Trades Geld zu verdienen. Hier gilt es, vor der Aufnahme des realen Handels ein wenig zu experimentieren und sich die richtige Zeitebene zu suchen. Gerade die Zeitebene verändert sehr viele andere Parameter des Handels. Während für den Scalper geringste Unterschiede in Angebot und Nachfrage eine Gewinnmöglichkeit darstellen, zieht der Investor mit einem Anlagezeitraum von mehreren Monaten keinen Nutzen aus diesen geringen Ausschlägen. Für seine Kaufentscheidung ist es nicht wichtig, ob die Aktie ein paar Cent mehr kostet; für den Scalper können ein paar Cent dagegen den Unterschied zwischen Gewinn und Verlust ausmachen.

Je nach gewählter Zeitebene entscheidet sich auch, ob die einzelne Strategie überhaupt gewinnbringend arbeiten kann oder nicht. Während einfache mechanische Vorgehensweisen Gewinne erst bei längerer Haltedauer produzieren, können informationssensitive Handelsweisen Gewinne sehr schnell und mit kurzer Haltedauer generieren – dagegen verschlechtert sich die Performance solcher Systeme jedoch auf längeren Zeitebenen erheblich.

> ▶ Produziert die gewählte Handelsstrategie einen Gewinn?

Gerade Simulationen sind bestens dazu geeignet, verlustbringende Strategien sehr schnell zu erkennen und keine weiteren Kräfte mehr in deren weitere Entwicklung zu investieren, oder aber gleich zu Beginn Dinge so zu verändern, dass Gewinne erzielt werden können. Nichts ist ärgerlicher, als wochenlang an einer Handelsstrategie zu feilen, nur um feststellen zu müssen, dass Dinge dann doch nicht funktionieren und man irgendwo auf dem Weg größere Fehler gemacht hat.

Unabhängig davon, ob man ein autarkes Handelssystem programmiert oder eine manuell zu handelnde Strategie entwickelt, Simulationen helfen bei jedem Schritt, die Regeln auf ihre Richtigkeit hin zu überprüfen und so mögliche Sackgassen gleich von Beginn an zu vermeiden. Zudem werden Simulationen dann benötigt, wenn man als Trader in Schwierigkeiten – besonders in mentale oder emotionale – gerät. Die auf dem Papier durchgeführten Trades helfen dem Trader, sein Selbstvertrauen wiederzugewinnen.

Man kann mit ihnen auch feststellen, ob die eigenen Strategien fehlerhaft programmiert sind oder sich vielleicht nur der Markt momentan in einer Situation befindet, die keine Gewinne zulässt. Drawdown-Phasen kennt jeder Trader und ganz vermeiden lassen sie sich nie, doch man kann Teile des realen Handels aussetzen und stattdessen Dinge für eine Weile nur simulieren. So werden größere Verlustphasen in Seitwärtsmärkten oder in Märkten vermieden, für die die eigene Strategie nicht gedacht war.

Simulationsmethoden gibt es genügend. Die einfachste Vorgehensweise besteht im sogenannten Papertrading, bei dem die einzelnen Trades einfach aufgeschrieben werden. Selbst mit dieser einfachen Methode lassen sich fehlerhafte Strategien schnell aufspüren. Der Trader benötigt lediglich Zugang zu realen Kursen, die auf jedem größeren Internetportal verfügbar sind. Viele Programme bieten Möglichkeiten, ein Portfolio zu simulieren. eSignal beispielsweise bringt einen eigenen Papertrader mit, der wie ein angeschlossener Broker funktioniert, jedoch ohne echtes Kapital auskommt. Hier können Strategien hervorragend getestet werden. Da die Daten fortwährend aktualisiert werden, können so auch Echtzeitstrategien getestet werden. Überhaupt stellt eSignal eine nicht zu unterschätzende Hilfe dar, da nicht nur mit dem Papertrader die Anbindung an den Broker getestet werden kann, sondern einzelne Portfoliofenster geöffnet werden können, die jeweils ein eigenes oder einen Teil eines größeren »simulierten« Depots darstellen. Somit können selbst komplexe Vorgehensweisen, die verschiedene Industrien oder Sektoren beinhalten, ausprobiert werden. Hinzu kommt, dass die Software an eigene Ideen angepasst werden kann, da sie mit einer Javascript-Umgebung ausgeliefert wird, und so eigene Programmroutinen geschrieben werden können. Der größte Vorteil des Programms bleibt aber der Echtzeit-Datenfeed, da mit dessen Hilfe auch kleinste Veränderungen in den einzelnen Depots festgestellt werden können. Auch lassen sich die prozentualen Veränderungen der einzelnen Trades in Echtzeit darstellen.

Eine der kostengünstigsten Lösungen für die Entwicklung eigener Ideen ist auch die Software AmiBroker, der wir bereits in Kapitel 3 begegnet sind. Da das Programm flexibel an verschiedene Datenfeeds angebunden werden kann, treten hier keine größeren Extrakosten auf, sofern man bereits über einen Datenfeed verfügt.

AmiBroker gibt es in zwei Versionen, einer EOD- (End of day) und einer Realtime-Variante, wobei nur die Realtime-Version die Möglichkeit bietet, Charts im Sekunden- und Tickbereich anzuzeigen. Das Programm besitzt eine sehr flexible Datenbankstruktur, mit der es für völlig verschiedene Zwecke genutzt werden kann. Ein Vorteil ist, dass man innerhalb der Software den gleichen Markt mehrmals verwenden kann, indem jeweils eine neue Datenbank angelegt wird und dann zwischen diesen Datenbanken beliebig gewechselt werden kann. Dabei kann eine Datenbank durch einen EOD-Datenfeed eines Providers gespeist werden, den man ohnehin schon nutzt, während die zweite Datenbank durch einen Echtzeitfeed gespeist wird. Durch die Kompatibilität zu verschiedenen weitverbreiteten Datenformaten gibt es mit dieser Struktur ein wirklich flexibles System.

Innerhalb der Datenbanken können die Aktien nach dem System des Datenproviders oder aber mithilfe der Klassifizierungen Markt, Gruppe oder Industrie nach einem eigenen System geordnet werden. Nutzt man hier ein proprietäres System wie beispielsweise das von TC2000, dann steht einem mit nur wenigen Mausklicks ein Großteil des amerikanischen Marktes zur Verfügung. Da hier die Klassifizierungen einfach übernommen werden, sind die Aktien nach der Durchführung des einmaligen Abgleichs richtig sortiert und geordnet. Das Kurs-Update erfolgt automatisch immer dann, wenn das Hostprogramm aktualisiert wurde und danach AmiBroker geöffnet wird. Da dieses System nicht nur mit TC2000, sondern auch mit Quote Plus, myTrack und anderen funktioniert, ist es eine sehr günstige Lösung, reine Datenfeeder um eine vollwertige Programmierumgebung zu erweitern. Informationen über Schnittstellen zu anderen Datenprovidern finden sich auf der Website von AmiBroker. Unterstützt werden jedoch hauptsächlich amerikanische Datenanbieter, sodass bei anderen Börsen etwas Handarbeit gefragt ist, da die Aktienlisten einmalig vorbereitet werden müssen.

In der Realtime-Version nutzt AmiBroker den Feed von eSignal. Damit ist ein stabiler und zuverlässiger Datenstrom gewährleistet. Der Nachteil ist, dass der Anwender auch ein gültiges eSignal-Abonnement benötigt, um in den Genuss der Daten zu kommen. Zwar kommt der Trader auch ohne eSignal zum Ziel, dann aber nur mit verspäteten oder End-of-Day-Daten. AmiBroker kann die verschiedensten Datenformate verarbeiten; unter anderem sind dies TC2000, Quotes Plus und Metastock. Für Metastock können im Programm auch die Intraday-Daten übernommen werden. Da für die Übernahme der verschiedenen Daten vorgefertigte Skripte bzw. das mitgelieferte Tool AmiQuote-Downloader genutzt werden können, ist der Download recht einfach. Es müssen lediglich einige grundsätzliche Einstellungen geändert und dem Programm der Weg zur Datenquelle mitgeteilt werden. Der weitere Ablauf funktioniert automatisch.

Will der Trader zum angezeigten Wert die Fundamentaldaten wissen, bietet das Programm einen integrierten Browser, über den auf die Seiten von Yahoo zugegriffen wird und der alle Informationen innerhalb des Programms zur Verfügung stellt.

Kann der Trader keine der vorgefertigten Skripte nutzen, weil er beispielsweise keinen Account bei einem der genannten Provider hat, so lässt sich mit AmiBroker auch bequem auf frei verfügbare Datenquellen im Internet zurückgreifen. Hierzu müssen die Daten jedoch im ASCII-Format vorliegen. Es wird in diesem Fall einmalig eine Tickerliste mit den gewünschten Werten erstellt, die über einen automatischen Download die einzelnen Werte innerhalb des Programms aktualisieren kann. Das kann für beliebige Börsen stattfinden, ist also nicht ausschließlich auf den amerikanischen Markt beschränkt. Insofern bietet das Programm in diesem Punkt größtmögliche Flexibilität.

Es gibt noch weitere Dinge, die eine Simulation hervorragend darstellen kann. An dieser Stelle sind noch ein paar Fragen aufgelistet, deren Antworten sich ein Trader mithilfe einer Simulation erarbeiten kann:

▶ Welche Dinge müssen verändert und angepasst werden, damit ein Gewinn erzielt werden kann?

▶ Welche Auswirkungen hat die Strategie auf die eigene Psyche?

▶ Welche Streuung produziert die Strategie, und kann diese verkleinert werden?

▶ Welche Position-Sizing-Modelle führen zum gewünschten Erfolg?

▶ Welche Moneymanagement-Regeln führen zum gewünschten Erfolg?

▶ Sind die Risikomanagement-Strategien ausreichend?

▶ Welche Möglichkeiten bietet das System, aus Fehlern zu lernen?

▶ Wie simuliert man den Echtzeithandel richtig? (Kategorie I, Mechanik der Simulation)

▶ Was simuliert man idealerweise? (Kategorie II, Ziel der Simulation)

▶ Inwieweit bildet die Simulation den realen Handel ab?

TRADINGJOURNAL

Eine der wichtigsten den eigentlichen Handel begleitenden Maßnahmen ist die Führung eines sogenannten Tradingjournals. Ein solches Journal sollte gleich von Beginn an in den jeweiligen Plan eingebaut werden. Das bedeutet, es müssen Art und Weise der Schriftführung sowie die notwendige Zeit dazu eingeplant werden. Sie müssen sich auch überlegen, ob der Mitschnitt während des Tradings erfolgen soll oder erst im Anschluss daran, d.h. nach Börsenschluss.

In dem Journal wird jeder Trade festgehalten. Die Erfahrung der letzten Jahre hat gezeigt, dass die richtige Vorgehensweise darin besteht, die Trades sofort zu notieren, nicht erst zu einem späteren Zeitpunkt. In der Regel tendiert der Trader dazu, die anfallenden Datenmengen zu einem späteren Zeitpunkt nicht mehr zu notieren; außerdem kann er sich häufig nicht mehr an die Trades erinnern, wenn er sehr viele offene Positionen während des Tages hat. Ein kleines Heft, in das handschriftlich eingetragen werden kann, ist am besten geeignet und funktioniert in den meisten Fällen einfach und schnell und führt zu sehr guten Ergebnissen.

Nicht zweckmäßig dagegen ist das Führen eines Tradingjournals auf losen Zetteln. Der eigentliche Grund für das Journal ist die fortlaufende Möglichkeit, sich die Aufzeichnungen auch nach einigen Wochen noch ansehen zu können, wobei die chronologische Reihenfolge wichtig ist, um die eigenen Verbesserungen oder Verschlechterungen nachvollziehen zu können.

Natürlich ist die handschriftliche Führung eines Tradingjournals nicht die einzige Möglichkeit, sich einer solchen Hilfe zu bedienen. Jedoch bevorzugen die meisten Trader eine solche Lösung, da der Computer eine zu große Hemmschwelle darstellt, und das Öffnen eines geeigneten Programms mehr Zeit in Anspruch nimmt, als der aktive Trader in einer hektischen Phase des Tradings tatsächlich zur Verfügung hat. Er wird es deshalb nur selten konsequent anwenden. Wer allerdings keine Probleme mit dem Computer hat und ohnehin sein ganzes Leben im Rechner geordnet hat, der kann auch eine entsprechende Software wählen.

Hier gibt es unterschiedliche Ansätze. Wer wirklich nur wissen möchte, welche Fehler er hauptsächlich macht, benötigt kein komplexes Programm mit Hunderten von Funktionen. Hier reicht ein einfaches Word- oder Excel-Dokument völlig aus. Excel oder ein ähnliches Kalkulationsprogramm bietet sich in jedem Fall an, da der Trader hier später, wenn er etwas besser geworden ist, auch einfache Berechnungen etwa nach der korrekten Positionsgröße oder der Positionsverteilung im Konto durchführen kann.

Hat der Trader etwas höhere Ansprüche oder geht es um die Entwicklung einer kompletten Strategie, dann sollte ein spezielles Programm genutzt werden, das die Trades hierarchisch darstellen kann und gleichzeitig Funktionen bietet, die über grundsätzliche Dinge hinausgehen, z. B. Volatilitätsberechnungen.

Was aber gehört nun in ein Tradingjournal?

Pauschal ist das sicherlich schwer zu sagen, da es von Trader zu Trader unterschiedlich gehandhabt werden kann. Zu rein statistischen Zwecken werden Datum, Uhrzeit sowie eigentliche Trade-ID notiert. In der Regel ist das Notieren der Trade-ID heute nicht mehr notwendig; es resultiert vielmehr noch aus den Anfangszeiten des elektronischen Handels, da damals aufgrund der oft noch sehr langsamen und schlechten Internetverbindungen das Notieren der für den Trade wichtigen Daten unerlässlich war.

Um die Fakten zu vervollständigen, interessieren den Trader neben Datum, Uhrzeit und ID auch die Anzahl der gehandelten Aktien, deren Symbol sowie natürlich der Preis.

Der zweite und wichtigere Teil der Mitschrift beinhaltet die Analyse sowie Gründe für den Trade. Hier sollte mindestens der wichtigste Grund für die Eröffnung des Trades stehen. Oft hat es sich auch als praktisch erwiesen, die allgemeine Marktstimmung sowie das eigene Gefühl zu notieren: Wie sicher haben Sie sich bei der Positionseröffnung gefühlt?

Natürlich kann es für eine so persönliche Sache wie ein Tradingjournal keine allgemeingültige und vollständige Musterlösung geben, aber es gibt ein paar Anhaltspunkte, an denen man sich orientieren kann. Es hilft, sich folgende Fragen zu stellen:

▶   Warum habe ich den Trade eröffnet?

Was war der wichtigste Gedanke, der zu dem Trade geführt hat? Das kann der Tipp eines guten Freundes gewesen sein; es kann aber auch eine Technische Analyse, eine Nachricht oder etwas anderes Wichtiges gewesen sein, das man irgendwo gelesen oder gesehen hat. Schreibt sich der Trader diese Gedankengänge für alle Trades auf, dann kann er sie später wie in einer Zeitreihe interpretieren und analysieren.

▶   Wie sieht das Marktumfeld aus?

Da viele Aktienbewegungen von der Stimmungslage am Markt abhängen, ist es sehr sinnvoll, eben diese Stimmung zu notieren. So erhält der Trader einen Zusammenhang zwischen der eigenen Einschätzung für den Trade und der allgemeinen Stimmungslage. Bei einer nachträglichen Untersuchung seiner eigenen Trades stellt er auf diese Weise fest, ob die eigene Einschätzung der Stimmung korrekt war oder nicht.

▶   Wie hat der Trade funktioniert?

Konnte der Trade mit Gewinn abgeschlossen werden oder musste der Trader einen Verlust hinnehmen? War also seine anfängliche Einschätzung korrekt oder war die von ihm durchgeführte Analyse nicht in Ordnung?

BASISSTRATEGIE

Bisher haben wir einen wichtigen Punkt noch nicht behandelt: Welche Strategie setzen wir für unseren Handel ein?

Es gibt unzählige Möglichkeiten für eine Handelsstrategie, deshalb die unangenehme Nachricht zuerst: Wählen Sie keine einfache Idee, die von jedem anderen Trader in der gleichen Art und Weise durchgeführt werden kann. Wenn Sie beispielsweise ein Handelssystem aufbauen, bei dem Sie den Kreuzungspunkt zweier gleitender Durchschnitte als Kauf- oder Verkaufssignal wählen, dann wird das nicht zum Erfolg führen, weil jeder andere Trader diese Idee auch haben könnte. Das genau ist der Punkt. Jede einfache Handelsstrategie ist in der Vergangenheit schon ausprobiert worden und hat in den wenigsten Fällen zum Erfolg geführt. Sie sollten Ihre Zeit also anders nutzen.

Wenn aber die einfachen Ideen nicht zum Erfolg führen, welches Szenario ist denn dann erfolgreich?

Das kommt auf den Zeitansatz an. Wie wir schon festgestellt haben, ist bei kurzen Zeitansätzen das Risikomanagement viel wichtiger als der Einstieg und bei langen Zeitansätzen die fundamentale Situation des Marktes oder des Wertpapiers.

Daraus resultiert folgende Überlegung. Wenn wir einen kurzfristigen Zeitansatz verfolgen, dann können wir vielen Handelsansätzen folgen, wir können nach Indikatoren handeln oder nach Nachrichten; doch viel wichtiger ist, dass wir sehr genaue Vorstellungen davon haben, wie viel Verlust wir uns erlauben können oder wann wir genügend Gewinn in einer Position haben. Unser Hauptaugenmerk würde also auf dem Management der jeweiligen Position in unserem Konto liegen und nicht so sehr auf dem auslösenden Moment, der uns diesen Trade gebracht hat.

Wenn wir hingegen langfristigere Ziele verfolgen, müssen wir sehr viel mehr lesen und sehr viel mehr wissen über das Unternehmen, an das wir uns einige Monate binden wollen. Hier rückt unser Kontomanagement etwas in den Hintergrund. Es ist dann nicht so wichtig, ob wir die Position einen Cent billiger oder teurer einkaufen.

Strategien, die für den Handel eingesetzt werden können, sind folgende:

- ▶ In der technischen Analyse funktionieren Ansätze recht gut, die auf der Standardabweichung beruhen. Hier könnten Sie Handelsansätze verfolgen, bei denen ein Wert, der sich weiter von seinem Durchschnittskurs entfernt hat, wieder in Richtung des Durchschnittskurses zurücktraden. Der Nachteil dieser Vorgehensweise liegt im hohen Risiko, dass sich der Wert in der ursprünglichen Richtung weiter bewegt. Weiterhin funktionieren in der technischen Analyse Ansätze gut, die auf Kombinationen des Parabolic-SAR von Welles Wilder mit anderen Indikatoren beruhen sowie Ansätze, die auf linearer Regression aufbauen.
- ▶ Aktien, die Sie kennen und schon zuvor gehandelt haben, haben häufig den Vorteil, dass Sie deren Bewegungsdynamik schon kennen und

Sie somit oftmals sehr gut vorhersagen können, wie diese Aktien auf Veränderungen im Markt reagieren.

▸ Es hilft, sich Listen anzulegen, die bestimmte Marktteile zeigen. Beispielsweise könnten Sie eine Liste von Aktien anzeigen lassen, bei denen die Insider diese Aktien auf eigene Rechnung gekauft haben. Solche Listen finden sich bei Yahoo Finance oder auch auf der Seite der NASDAQ.

▸ Die Interpretation von Nachrichten kann zu ausgezeichneten Ergebnissen führen. Zwar müssen Sie dafür etwas über die Unternehmensstrukturen und die Märkte, in denen Sie handeln, wissen, aber der Erfolg ist besser steuerbar als über die Technische Analyse.

▸ Ein Ansatz ist der des sogenannten Value-Investings, bei dem Sie etwas über den tatsächlichen Wert eines Unternehmens herauszufinden versuchen. Zwar ist dieser Ansatz eher langfristiger Natur, aber er lässt sich sehr gut handeln, sofern Sie die Gewinnziele nicht so hoch ansetzen.

▸ Einer der erfolgreichsten Ansätze überhaupt ist das Handeln nach massenpsychologischen Momenten. Er ist leider auch einer der schwierigsten Ansätze. Hierbei versuchen Sie Aktien auszuwählen, bei denen ein massenpsychologisches Momentum herrscht. Gibt beispielsweise eine Firma ein feindliches Übernahmeangebot für eine andere Firma ab, so entsteht in dieser Branche sofort eine hohe Übernahmefantasie und Sie könnten nach dem nächsten Wert in dem Sektor fahnden, der ein Übernahmekandidat wird. Das ist nicht besonders schwer; Sie werden schnell fündig, wenn Sie die Aktien in dieser Branche nach Volumen sortieren. Hohes Volumen bedeutet dabei auch automatisch ein hohes Potenzial für den nächsten Übernahmekandidaten.

Wir wählen an dieser Stelle eine fortgeschrittene Variante, bei der der Trader bereits Erfahrung und Gefühl für Nachrichten und Marktlage mitbringen muss.

KURZFRISTIGE STRATEGIE

Haltedauer: 1 Stunde - 3 Tage

Für den kurzfristigen Ansatz können wir eine Vielzahl von Indikatoren nehmen. Es kommt nicht so sehr auf den Ansatz an, sondern eher auf unser Risikomanagement; deshalb benötigen wir für dieses Szenario einige Vorgaben, die wir vor unserem ersten Trade definieren.

1. Die zu handelnde Aktie muss zeitnah in den Nachrichten gewesen oder von diesen Nachrichten ableitbar sein. In diesem Beispiel sehen wir uns die Nachricht über BHP vom 17.08.2010 an, in der die Firma in einer Pressemitteilung ein feindliches Übernahmeangebot für den kanadischen Potasche-Hersteller »Potash« (POT) macht. Unsere Annahme ist, dass der Aufkauf der Firma Potash BHP einiges kosten wird – anders ausgedrückt: Die Firma gibt Geld aus. Das führt an den Börsen häufig zu einem kurzfristigen Kursrutsch, den wir hier ausnutzen wollen. Wir wollen demnach Short spekulieren.

2. Die Aktie muss bekannt sein. Sie muss nicht unbedingt zu den allseits bekannten Weltunternehmen gehören, aber wir müssen schon einmal von ihr gehört haben.

3. Das Tagesvolumen muss mindestens 1 Million gehandelte Stücke oder mehr betragen.

4. Unser eingesetztes Handelssystem ist ein Parabolic-SAR-Indikator mit den Standardvorgaben, wie er in den meisten Softwareprodukten verfügbar ist (siehe Bild).

5. Unsere Kontogröße beträgt 50.000 $. Fällt die Kontogröße unter diesen Wert, müssen wir unsere Strategie in eine Langfriststrategie ändern.

6. Eine einzelne Position darf bei Eröffnung nicht mehr als 15 % des verfügbaren Kontosaldos betragen, in diesem Fall also nicht mehr als 7.500 $. Die zweite Position berechnet sich dagegen etwas anders, denn für sie stehen nur 42.500 $ zur Verfügung, da im ersten Trade ja schon 7.500 $ verwendet werden. Das würde bedeuten, dass unsere zweite Position nur 15 % von 42.500 $ betragen darf – also 6.375 $. In unserem Beispiel lassen wir Gewinne und Verluste weg, doch eigentlich müsste man sie hinzurechnen oder abziehen, um das verfügbare Kapital zu bestimmen.

7. Der Verlust ist etwas schwieriger zu bestimmen. Wir wollen es in diesem Plan einfach halten und gehen daher von folgenden Überlegungen aus: Sollten wir schon gehandelt haben und weist unser Konto einen Gewinn auf, dann darf die zu handelnde Position einen Maximalverlust erleiden, der nicht höher ist als die Hälfte des Gewinns. Für den Fall, dass wir keinen Gewinn erzielen konnten, jedoch schon gehandelt haben, darf unser Verlust nicht höher als 30 % der täglichen Schwankung in unserem Konto sein. Hierzu ein Beispiel: Angenommen, wir haben drei Trades an einem Tag durchgeführt: Der erste hat einen Gewinn von 200 $ gebracht, der zweite einen Verlust von 250 $ und der dritte hat wieder einen Gewinn von 300 $ gebracht. Die Schwankung in unserem Konto ist der höchste dieser drei Beträge, also 300 $ und unser nächster maximal erlaubbarer Verlust liegt

somit bei 30% von 300$ – also 90$. Die dritte Möglichkeit greift, wenn wir noch nicht gehandelt haben und daher noch nicht wissen, wie hoch die Schwankung in unserem Konto ist und wir auch noch keinen Gewinn erzielt haben. Diesen Zustand haben wir in unserem Konto bei unserem ersten Trade. In diesem Fall definieren wir den Verlust selbst. Er darf nicht höher sein als 5% des eingesetzten Kapitals. In unserem ersten Trade können wir maximal 7.500$ einsetzen, 5% davon sind maximal 375$. Dies kollidiert mit unserem erlaubbaren FTC; wir sind hier abgewichen, was daran liegt, dass wir unsere Trefferwahrscheinlichkeit durch das Interpretieren der Nachricht erhöhen. Auch führt es vermutlich zu einem höheren Verlust, als wir nach unserer Bedarfsrechnung aus Kapitel 2 an Gewinn erwarten dürfen. Wir erhalten damit ein negatives Chance-/Risikoverhältnis. Noch einmal: Wir erlauben das an dieser Stelle, da wir durch die Nachricht eine höhere Trefferwahrscheinlichkeit haben. Die 5% sind nur von uns definiert, doch hier kann auch jede andere Größe eingesetzt werden, die besser zu dem gehandelten Konto passt.

8. Als Nächstes müssen wir die Positionsgröße bestimmen. Dies gestaltet sich wieder einfacher. Zu diesem Zweck befindet sich ein weiterer Indikator in unserem Chart. Am unteren Rand sieht man dort die Average True Range, ein Maß für die Schwankungsbreite unserer Aktie. Da wir als Zeiteinheit für den Chart von BHP »Daily«, also einen Tageschart eingestellt haben, finden wir unten rechts die durchschnittliche Schwankungsbreite für einen Tag, in diesem Fall 1,84$. Das bedeutet nichts anderes, als dass sich die BHP-Aktie im Schnitt an einem Tag um etwa 1,84$ bewegen kann. Wir benötigen diese Information für unsere Positionsgrößenberechnung. Des Weiteren müssen wir noch bestimmen, wie viele verschiedene Werte wir in unserem Konto an einem Tag handeln werden. Für unser Beispiel wollen wir es wieder einfach halten, also planen wir, lediglich zwei unterschiedliche Aktien in unserem Portfolio zu handeln. Diese Information ist unbedingt notwendig, denn wir müssen den maximal erlaubbaren Verlust von 375$ aus dem obigen Beispiel nun durch zwei teilen, um die Verlustzuweisung für unsere beiden Aktien zu erhalten. Wenn wir es ganz genau nehmen, dann müssen wir den Verlust der ersten Position und den möglichen Verlust der zweiten Position (6.375$ × 0,05% = 318,75$) saldieren und durch zwei teilen. Da wir aber zunächst mit nur einer Position starten, wollen wir zumindest wissen, bis wohin wir diese Position halten dürfen. Die Hälfte von 375$ sind 187,50$ und das ist die erste Grenze, bis zu der wir unsere Position jetzt halten können. Wir wollen nun aber noch das Wichtigste wissen: Wie groß nämlich darf

die Position werden? Dazu teilen wir den Verlust durch die Volatilität, in unserem Fall also 187,50 $: 1,84 $ und erhalten ungefähr 101,9 Aktien. Die so erhaltene Zahl runden wir immer auf die nächste Zehnerpotenz ab, in diesem Fall ergibt das 100 Aktien.

9.   Wir müssen nun unbedingt die Gegenprobe machen. Am 16.08.2010, also einen Tag vor der Nachricht und damit vor unserem Trade lag der Schlusskurs von BHP bei 70,20 $. Ein Einstieg zu diesem Kurs mit 100 Aktien würde von uns einen Betrag in Höhe von 7.020 $ erfordern und dieser Betrag liegt deutlich unter den 7.500 $, die wir für die erste Position ausgeben dürfen. (Bei einem Short-Einstieg bekommen wir zwar diesen Betrag vom Markt bezahlt, wir müssen die Aktie aber später zurückkaufen, denn wir haben sie nur geliehen.)

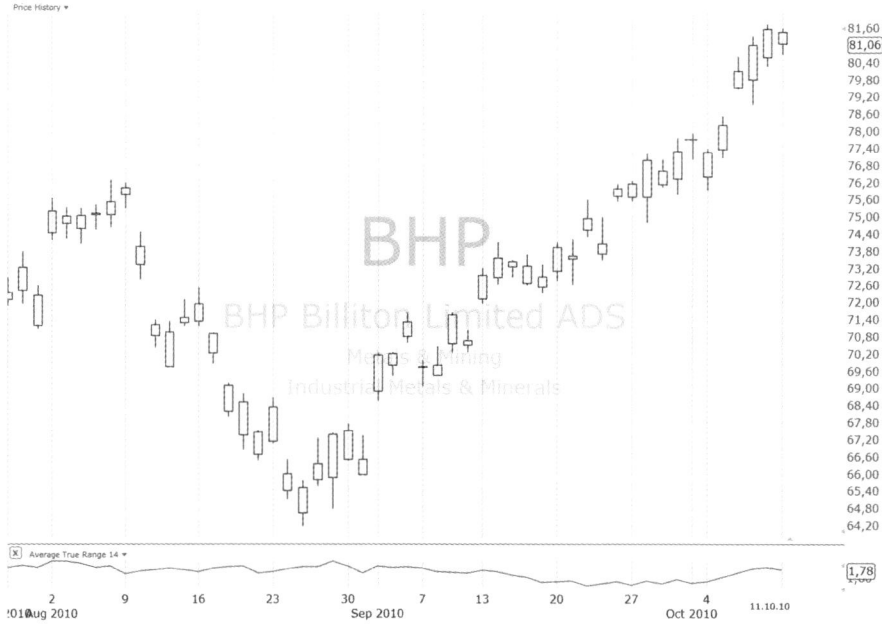

Bild 5.3 Quelle:www.freestockcharts.com

10.   Wir benötigen noch ein Gewinnziel, denn wir müssen wissen, wie viel Gewinn wir erwarten können und wann wir unseren Stopp nachziehen müssen. Das Gewinnziel hängt von unserer allgemeinen Gewinnerwartung für das Jahr ab. Angenommen, wir wollen einen Gewinn von 15 % auf unser eingesetztes Kapital verdienen, dann wäre das eine Summe von 7500 $ (50.000 $ × 0,15 = 7.500 $). Nun müssen wir diese Summe durch die 150

Handelstage dividieren und erhalten so einen notwendigen Tagesgewinn von 50 $. Machen wir hier wieder die Gegenprobe. Wir haben 100 Aktien gekauft, die eine Schwankungsbreite von etwa 1,84 $ pro Tag haben, d. h. wir können einen maximalen Gewinn von 184 $ erwarten. Wir benötigen jedoch laut unserem Tradingplan nur 50 $ und unser höchster erlaubbarer Verlust für die Aktie liegt bei 187,50 $, also ungefähr gleich mit dem Gewinn, den wir realistisch erzielen können. Erreichen wir einen Gewinn von 50 $, dann setzen wir die ersten Stopps, da mit diesem Gewinn unser Ziel für den Tradingtag erreicht wurde. Da wir hier mit einem Verhältnis von nahezu eins zu eins zwischen Gewinn und Verlust arbeiten, müssen wir als Trader schon eine höhere Trefferwahrscheinlichkeit erreichen. Wir sollten also ein wenig Gefühl für den Markt mitbringen und wissen, wie man Nachrichten interpretiert. Und aufgrund dieses Verhältnisses geben wir uns auch mit geringen Gewinnen zufrieden und stellen die Position glatt, wenn wir zwar die 50 $ Gewinn erreichen, nicht aber weit darüber hinaus kommen können.

Der Plan in der Praxis

Tradingplan A: US-Aktien Kontogrösse 30.000 $

Dieser Plan ist lediglich ein Vorschlag, gibt daher keine Garantie auf Vollständigkeit und berücksichtigt auch nicht alle Teile dieses Buches.

Dafür sind die Möglichkeiten zu vielfältig und die Tradingstrategien zu komplex. Alle Punkte können nicht abgedeckt werden. Der Plan kann aber sehr gut als Ausgangspunkt für den eigenen Tradingplan genutzt werden und er dient als Hilfe für die Erstellung einer Checkliste, sodass nichts vergessen werden kann.

Gruppe: Allgemein

Vorüberlegungen

Da das Konto selbst noch klein ist und der Tradingplan für einen Anfänger konzipiert wird, gehen wir davon aus, dass das Trading nebenberuflich ausgeführt wird. Aufgrund der herrschenden Zeitunterschiede von i. d. R. sechs Stunden zwischen den USA und Deutschland kann der Aktienhandel mit amerikanischen Aktien sehr einfach nebenberuflich ausgeübt werden, da die US-Märkte erst um 15:30 Uhr MEZ eröffnen und bis 22:00 Uhr MEZ geöffnet sind. Diese Zeitunterschiede verschieben sich nur kurz um eine Stunde während einer Woche im April bei der Umstellung auf die Sommerzeit. Die Amerikaner stellen ihre Uhren zwar ebenfalls auf die Sommerzeit, die sogenannte Daylight Savings Time, um, machen das aber eine Woche später als Deutschland. Bei der Rückstellung der Uhren im Oktober stellen beide Länder die Uhren zum gleichen Zeitpunkt um, sodass hier keine Zeitunterschiede in den Verschiebungen mehr auftreten.

Bei der nebenberuflichen Ausübung des Tradings kommt es auf eine kostenschonende Planung an. Unter anderem findet der Handel aus der eigenen Wohnung statt, es wird also nicht extra Büroraum angemietet. Genutzt werden auch eventuell schon vorhandene Computer, die entsprechend dem gewünschten Nutzungsprofil eingerichtet werden. Überhaupt gilt es, bereits vorhandene Infrastruktur zu nutzen, das senkt die Kosten erheblich.

Der gesamte Plan wird minimalistisch aufgebaut, sodass er einen sinnvollen Handel erlaubt, aber alle anzuschaffenden Dinge auf ein Minimum begrenzt. Es werden hier demnach nur die Minimalanforderungen wiedergegeben; wer einen Teilaspekt besser nutzen kann, weil er die Infrastruktur bereits besitzt oder auf andere schon gegebene Möglichkeiten zurückgreifen kann, der sollte das natürlich tun.

Daneben ist dieser Plan aus den Erfahrungen des Coachings und der Setups zahlreicher Trader entstanden. Er orientiert sich daher sehr nahe an der Realität und spiegelt eine ähnliche Situation wieder, wie sie auch bei anderen Tradern auftritt, insbesondere dann, wenn der jeweilige Trader nebenberuflich mit dem Handel beginnt.

Es darf allerdings nicht außer Acht gelassen werden, dass es sich bei dem Konto um eine Größenordnung handelt, mit der zwar der Aktienhandel sinnvoll betrieben werden kann, es aber nicht für alle Risikostrategien geeignet ist und die Verlustbegrenzung strikt eingehalten werden muss. Bei dieser Kontogröße ist nicht mit hohen Einzelgewinnen zu rechnen, sondern es wird eine Kontinuität mit zahlreichen kleinen Gewinnen angestrebt.

Räumlichkeiten

Da der Tradingplan alle den eigentlichen Handel betreffenden Dinge umfasst, gehören natürlich auch die genutzten Räumlichkeiten dazu. In diesem Plan wird festgelegt, dass ein für den Handel designierter Raum genutzt wird, der sich jedoch innerhalb der eigenen Wohnung befindet. Der Raum selbst muss nicht besonders groß sein, er muss aber genügend Platz für einige Computer bieten sowie einige technische und ergonomische Voraussetzungen erfüllen.

Es muss sowohl eine Telefon- als auch eine Internetleitung vorhanden sein. Als Minimum werden deshalb zwei ISDN-Leitungen installiert. Damit ist aber nicht die A/B-Unterscheidung eines einzelnen ISDN-Anschlusses gemeint, sondern zwei unabhängig voneinander installierte Telefonanschlüsse. Das erlaubt zum einen die Kanalbündelung zu Spitzenzeiten, um nicht Performance-Einbußen hinnehmen zu müssen; zum anderen ist damit gewährleistet, dass man auch während einer Kanalbündelung noch telefonieren kann. Weiterhin erlaubt es dem Trader, auf der zweiten Telefonleitung kritische

Transaktionen wie die Glattstellung von Positionen durchzuführen, sollte die Internetanbindung ausfallen.

Wer hier in der glücklichen Lage ist, von einem Provider mit einer DSL-Leitung ausgestattet werden zu können, nutzt natürlich diese Möglichkeit der Anbindung. Bei einem
DSL-Anschluss macht nur eine Flatrate Sinn, alle Volumen- oder zeitabhängigen Ver-
träge sind für das Trading wegen der langen Onlinezeiten ungeeignet. Selbst wenn zu
Beginn des Tradings sich die Zeiten noch in erträglichem Maße halten, werden dennoch
hohe Download-Daten erreicht, da die Realtime-Software ständig Kursdaten aktualisiert. Da das gesamte System von Beginn an redundant geplant wird, muss für jeden
auftretenden Notfall eine Lösung eingeplant sein. Im Falle parallel genutzter Datenfeeds und Handelsplattformen kann es zu Spitzenzeiten schnell zu Datenstaus kommen.
In diesen Momenten ist es notwendig, die ISDN-Leitung so geschaltet zu haben, dass
der Computer oder das angeschlossene Netzwerk automatisch beide B-Kanäle zusam-
menschaltet und nutzt. In diesem Fall lässt sich dann allerdings das Telefon nicht mehr
nutzen. Deshalb empfiehlt es sich zumindest bei ISDN-Verbindungen, für das Trading
einen eigenen Anschluss legen zu lassen. Ein DSL-Anschluss ist naturgemäß die bessere
Wahl und kann auch kostengünstiger betrieben werden, da von allen Anbietern eine
entsprechende Flatrate angeboten wird. Da der oder die Computer aufgrund der Echt-
zeitbedingungen täglich mehrere Stunden am Netz hängen, ist eine Flatrate auf Dauer
kostengünstiger als ein zwar in der Anschaffung etwas billigerer ISDN-Anschluss, der
dann jedoch in der Nutzung höhere Kosten verursacht.

Für diesen Plan wird daher ein zweiter ISDN-Anschluss beantragt.

Neben den Telefon- und Internetanschlüssen wird noch für ausreichendes Licht gesorgt,
da der Trader sehr viele Abendstunden in dem Raum verbringt. Aus verschiedenen
Gründen ist es übrigens zudem unerlässlich, ein Fenster in dem Raum zu haben. Ein
fensterloser Raum ist ungeeignet, da es dann nicht zum Frischluftaustausch kommen
kann und der Trader auch kein natürliches Licht mehr sieht.

Des Weiteren sollte dafür gesorgt werden, dass in dem Raum Ruhe herrscht; die Familie
sollte ebenfalls um Verständnis gebeten werden, nicht zu stören. Es sollte daher ein
Raum gewählt werden, der mit einer Tür von der übrigen Wohnung getrennt ist. Weiterhin ist es wichtig, keine Dinge in dem Raum zu lagern, die den Trader leicht von seiner
eigentlichen Aufgabe abbringen können.

Diese Erklärungen mögen dem ein oder anderen Leser trivial erscheinen, sind jedoch
durchaus wichtig und sollten keinesfalls vernachlässigt werden. Da man als Trader viele

Stunden in eben diesem Tradingraum verbringt, ist es sinnvoll und notwendig, ab und zu mal das Fenster öffnen oder einfach nur mal einen Blick nach draußen werfen zu können. Es ist schon allein aus emotionaler Sicht sehr wichtig, da man beim Traden nicht verhindern kann, den ein oder anderen Verlust zu erleiden und die Psyche dabei stark genug bleiben muss, auch die nächsten Trades emotional stabil, also diszipliniert ausüben zu können. Kellerräume oder umgebaute Abstellkammern sind demnach nicht geeignet, genauso wenig wie der Platz unter der Treppe.

Tradingerfolg hat sehr viel mit der mentalen Einstellung des Traders zu tun und nur, wenn diese mentale Situation stabil ist, kann der Trader mit nachhaltigen Erfolgen rechnen.

Zeitraumstruktur

Da der Handel in der Lernphase und während der ersten Monate danach nebenberuflich ausgeübt werden soll, werden die amerikanischen Börsen als Handelsmarkt festgelegt. Durch die Zeitverschiebung ergibt sich der Vorteil, dass auch in den Abendstunden gehandelt werden kann. Allerdings darf bei dieser Festlegung auch der Nachteil nicht verschwiegen werden: Geht der Trader während des Tages einer normalen, beruflichen Beschäftigung nach und handelt während der Abendstunden, so lassen sich zwar diese beiden Dinge sehr gut miteinander verbinden, es bleibt aber wenig Zeit für Privates. Der Umgang mit dieser Situation muss immer dann abgeklärt werden, wenn die Familie betroffen ist – und zwar im Vorfeld.

Außerdem kann es natürlich wegen der Tagesarbeit zu frühen Müdigkeitserscheinungen kommen.

Anzahl der Trader

Zu Beginn ist der gesamte Handel von einem einzigen Trader zu bewerkstelligen, der sein privates Handelskonto nutzt. Da kein weiteres Familienmitglied Tradingambitionen zeigt, wird das auch auf absehbare Zeit so im Tradingplan hinterlegt.

Bei dieser Festlegung muss auch gleich von Beginn an darauf geachtet werden, dass ein gewisser Zeitanteil jeweils für die Verwaltung und die statistischen Berechnungen der Tradingdaten aufgewendet werden muss.

GRUPPE: TECHNIK

Hardware

Priorität 2

Für den späteren Einsatz als Tradingcomputer werden zwei Computer ausgewählt. Einer der beiden Computer ist bereits im Haushalt vorhanden und kann nach entsprechender Vorbereitung für den Handel verwendet werden. Der zweite Computer wird auf dem Gebrauchtmarkt erworben; das senkt die Kosten. Da ein Tradingcomputer je nach Einsatzgebiet nicht unbedingt State of the Art sein muss, kann man durchaus auch ein gebrauchtes Gerät in Erwägung ziehen. Für die weiteren Komponenten der verwendeten Computer gibt es lediglich persönliche Präferenzen; die Größe der Festplatte ist mit moderaten 50 GB völlig ausreichend.

Wichtiger ist die Qualität der verwendeten Einzelkomponenten, da eine Fehlersuche mitunter sehr aufwendig sein kann und enorm viel Zeit kostet. Im schlimmsten Fall kann sie den Trader auch sehr viel Geld kosten; hier sollte also nicht gespart werden. Für unsere Tradingrechner achten wir darauf, dass Mainboard, Grafikkarte und Festplatte von namhaften Herstellern kommen. Es werden Asus-Mainboards und Grafikkarten der Firma Matrox verwendet.

Der zweite Computer wird ein handelsübliches Notebook sein.

Für die Aufteilung der Software auf die beiden Computer wird Folgendes festgelegt: Der ohnehin bereits im Haushalt vorhandene Computer wird einer gründlichen Prüfung unterzogen, die Festplatte wird defragmentiert und die nicht benötigten Programmpakete werden entfernt. Je nach Auslastung, Einsatzgebiet und Alter des Computers kann es sein, dass das vorhandene Betriebssystem nicht mehr so stabil läuft wie zum Zeitpunkt des Neukaufs. In diesem Fall sollte über eine Neuinstallation nachgedacht werden. Der Computer wird beim späteren Handel für die gesamte Research- und Verwaltungsarbeit eingesetzt. Auch die statistischen Berechnungen werden auf diesem Computer durchgeführt.

Der gebraucht erworbene Computer dagegen besitzt nur einen einzigen Einsatzzweck. Er soll die genutzte Handelsplattform bekommen und außer dem Betriebssystem und der Handelssoftware keine weiteren Programme enthalten. So wird gewährleistet, dass dieser Computer für den eigentlichen Handel stets die maximale Leistung bereitstellen kann. Außerdem verhindert diese Vorgehensweise auch langfristig ein instabiles

System, da es so gut wie keine Veränderungen auf dem Computer gibt. Die wenigen Aktualisierungen, die vorgenommen werden, betreffen jeweils die Servicepacks der Betriebssystem-Software und natürlich Aktualisierungen der Handelssoftware, sobald diese vom Entwickler bereitgestellt werden.

Beide Computer werden über ein Netzwerk verbunden und an einen Router angeschlossen. Beim Netzwerk werden keine großen Kompromisse eingegangen. Die Komponenten sind jedoch handelsüblich; es kommen keine Spezialgeräte zum Einsatz.

Neben Rechner und Router verwenden wir noch eventuell vorhandene Monitore sowie einen im Haushalt vorhandenen Drucker. Der Drucker ist wichtig, da er uns die Möglichkeit gibt, auch während des Handels verschiedene Statistiken auszudrucken und zu vergleichen. Wegen der Druckkosten bevorzugen wir einen Schwarz-Weiß-Laserdrucker, kaufen jedoch nicht extra einen, sollte sich ein Tintenstrahldrucker bereits im Haushalt befinden.

Software

Priorität 3

Da das Konto am Anfang noch klein ist, müssen alle zusätzlichen Kosten von Beginn an so gering wie möglich gehalten werden. Dazu zählen vor allen Dingen die laufenden Kosten für den Datenfeed und natürlich die Kosten, die beim eigentlichen Handel entstehen. Provisionskosten gehören ebenso zur Gruppe der Kostentreiber wie Internet-, Kreditbereitstellungs- oder auch die möglichen Slippagekosten.

Um die Kosten möglichst gering zu halten, wählen wir als Datenfeed eSignal[35]. Alternativ hierzu wählen wir die Website www.freestockcharts.com, die uns ebenfalls Livekurse bietet, jedoch nicht ganz so flexibel ist wie eSignal.

Neben der Tradingplattform werden noch die beiden Microsoft-Programmpakete Word und Excel installiert. Word wird benötigt, um das obligatorische Journal und eine Analyse der eigenen Strategie zu erstellen, Excel soll die gesamte Statistik übernehmen.

---

[35] Im Internet unter www.esignal.com

Internetverbindung

Priorität 3

Wie oben angesprochen, werden zwei ISDN-Leitungen installiert. Ein Anschluss dient dem normalen Telefon, der andere Anschluss wird für den Handel genutzt. Um das noch einmal zu verdeutlichen: Diese Kombination ist nicht die kostengünstigste, aber in einigen Gegenden Deutschlands einfach nicht anders zu gestalten, da eine flächendeckende Anbindung an DSL mit Stand Herbst 2010 noch immer nicht gewährleistet ist.

Natürlich sollte hier jemand, der auf eine DSL-Anbindung zurückgreifen kann, diese auch verwenden. Hier soll aber gezeigt werden, mit welchen minimalen Anforderungen ein sinnvoller Handel noch durchführbar ist.

Gruppe: Risikomanagement

Priorität 3

Tradingkapital

Um kein Risiko einzugehen, wird nur Kapital eingesetzt, dass für keinen anderen Zweck des täglichen Lebens gebraucht wird. Es werden keine Kredite eingesetzt.

Verluste

Die Verluste werden so gering wie möglich gehalten. Unser oberstes Ziel ist die Kapitalerhaltung, erst danach kommt der Gewinn als Ziel.

Um die Verluste so gering wie möglich zu halten, definieren wir den höchstmöglichen Verlust pro Tag.

30.000 $ / 6 Monate = 5.000 $ pro Monat

5.000 $ / 4 Wochen = 1.250 $ pro Woche

1.250 $ / 5 Tage = 250 $ pro Tag

Wir kennen damit die maximal erlaubbaren Verluste pro Tag, pro Woche oder pro Monat. Wenn wir an einem Tag den Verlust überschreiten sollten, so müssen wir darauf achten, dass nicht auch der Verlust in der Woche überschritten wird.

Stopps

Alle Positionen bekommen einen Stopp. Keine Position darf geöffnet im Konto liegen, ohne einen aktiven Stopp zu haben.

Bei der Berechnung der Stopps ziehen wir die Volatilität hinzu. Kein Stopp darf innerhalb der Tages-ATR definiert sein. Bewegt sich also unsere Aktie laut ATR um durchschnittlich 2$ am Tag und wir kaufen 100 Stück, dann darf der Stopp nicht unterhalb von 200$ liegen.

Stückzahl

Die Stückzahl für den Erstkauf sollte 100 Stück bei Aktien und 1 Kontrakt bei Futures nicht überschreiten. Überschritten werden dürfen diese Einheiten, wenn das Konto ins Plus kommt.

Anzahl der Positionen

Mehr als zwei unterschiedliche Positionen sind zu Anfang nicht erlaubt. Erst wenn die Erfahrung steigt und unser Konto einen Gewinn erzielen konnte, erhöhen wir die Anzahl der im Konto befindlichen Positionen.

Korrelation

Eine Korrelation der Positionen im Konto ist nicht erlaubt. 100 Intel- und 100 AMD-Positionen zusammen im Konto werden demnach vermieden. Genauso wenig ist es möglich, gleichzeitig einen Kontrakt auf den NASDAQ und einen Kontrakt auf den Dow Jones im Konto zu halten.

Die weiteren Punkte sind abhängig von der jeweils gewählten Strategie. Hier soll demonstrativ gezeigt werden, wie die Dinge definiert werden können, sodass der Trader einen vernünftigen Anhaltspunkt hat und sich anhand einer Checkliste durch die verschiedenen Trades arbeiten kann.

Gruppe: Moneymanagement

Tradingkapital

Priorität 3

Die hohe Priorität von 3 zwingt uns in diesem Fall dazu, das notwendige Tradingkapital für unser Konto sehr sorgfältig zu berechnen. Wie schon im zweiten Teil des Buches besprochen, muss das eingesetzte Kapital zwei wesentlichen Forderungen entsprechen. Es muss erstens über die eingeplante Trainingszeit von sechs Monaten ausreichen und es muss zweitens am Ende dieser Zeit noch genügend Kapital zur Verfügung stehen, um mit dem erworbenen Wissen einen dann hoffentlich erfolgreichen Handel betreiben zu können.

Es geht uns hier demnach um die elementarsten Grundlagen der Verlustbegrenzung, indem wir nur unbedingt notwendiges Kapital für die Handelsstrategie einsetzen. Überschüssiges Kapital wird somit erst einmal geparkt, um später mit höheren Erfolgschancen eingesetzt werden zu können.

Wie wir schon definiert haben, werden 30.000 $ als Tradingkapital eingesetzt.

Kapitalmodell

Als Kapitalmodell wird das Stopp-Gewinn-Kapitalmodell genutzt; es werden also immer der Wert der einzelnen Positionen und der des verbliebenen Bargeldbetrags zusammengerechnet, um eine neue Position eingehen zu können.

Margin

Im Margin wird nicht gehandelt.

Maximaler Kapitaleinsatz

Pro Position dürfen nicht mehr als 30% des verfügbaren Kapitals (Stopp-Gewinn-Kapitalmodell) eingesetzt werden. Da wir die Höhe der maximalen Positionen auf zwei festgelegt haben, werden also nie mehr als 60% des verfügbaren Kapitals eingesetzt. Dies behalten wir so lange bei, bis wir uns sicher sein können, dass unsere Strategie funktioniert und wir tatsächlich Gewinne erwirtschaften. Bei steigenden Gewinnen erhöhen wir dann die Positionsgrößen ganz allmählich, bei Verlusten bringen wir die Positionsgrößen um den doppelten Betrag wieder herunter.

PSYCHOLOGIE

Wir legen fest, dass alle Trades notiert werden und wir für jeden einzelnen Trade eine Bemerkung dazuschreiben, warum wir ihn eingegangen sind.

Sämtliche Bemerkungen gehen wir einmal in der Woche noch einmal durch und überlegen, was in der nächsten Woche besser gemacht werden kann und wo wir definitiv ein Problem haben, das gelöst werden muss.

Wir handeln nur, wenn es uns gut geht und wir tatsächlich auch ein gutes Gefühl haben. Wenn wir uns nicht gut fühlen, wir den Markt nicht verstehen oder es andere Dinge gibt, die uns vom Wesentlichen ablenken, handeln wir nicht.

An einem Freitag handeln wir nur, wenn wir vorher Positionen haben, die über Nacht stehen geblieben sind; ansonsten bleibt der Freitag ein handelsfreier Tag.

STRATEGIE

Die Strategie, die wir nutzen würden, beruht auf der Analyse von Nachrichten. Da man hierfür jedoch sehr viel Erfahrung benötigt, ist es am Anfang nicht sinnvoll. Hier kann auch jede andere Strategie eingesetzt werden; es ist nur wichtig, dass das Vorgehen sehr genau definiert wird, sodass es nicht zu einem Ratespiel wird.

Als eine einfache Strategie kann hier beispielsweise ein System genutzt werden, das den Parabolic-SAR als Signalgeber einsetzt, und zwar auf Wochenbasis. Die Signale sind dann klar definiert und können relativ ruhig gehandelt werden. Für die ersten Schritte ergibt sich so kein hektisches Handeln. Bei ersten Gewinnen können die Zeiten kleiner gewählt werden oder es wird eine andere Strategie eingesetzt.

Das oberste Ziel unserer Strategie ist nach wie vor der Kapitalerhalt. Sollte ein Trade sich nicht so entwickeln, wie wir das vorhergesehen haben, wird er aufgegeben und wir suchen uns einen anderen Trade. Wir müssen die Verluste so gering wie möglich halten, nur dann ergeben sich die Gewinne im Laufe der Zeit.

Damit hat unser Trader die wichtigsten Eckdaten seines Handelskontos berechnet und kann sich nun dem Traden widmen.

Solche Berechnungen sollte jeder Trader grundsätzlich für sein individuelles Handelskonto durchführen und sich dann unbedingt an die errechneten Daten halten.

Umsetzung

Damit haben wir eine grundsätzliche Vorgehensweise geschaffen, die zum Erfolg führen kann. Einen Tradingplan zu entwickeln, ist nicht einfach, aber um Erfolg zu haben, ist dieser unabdingbar. Jeder Trader ist individuell und deshalb können die Vorschläge in diesem Buch auch nur Vorschläge bleiben.

Sie helfen aber hoffentlich dabei, den eigenen Tradingplan zu erstellen und dem eigenen Erfolg näherzukommen.

Sie sollen auch dazu dienen, die Dinge vielleicht einmal aus einer anderen Perspektive zu sehen. Viele Beispielrechnungen sind Ihnen vielleicht nicht geläufig, aber wenn Sie diese auf Ihre eigene Situation anwenden, fallen Ihnen möglicherweise Entscheidungen einfacher. Ich wünsche auf jeden Fall allen Lesern des Buches viel Erfolg bei all Ihren Transaktionen und freue mich auch über Feedback von Ihnen.

ÜBER DEN AUTOR

Detlef Wormstall ist 45 Jahre alt und hat im Jahr 1991 angefangen, an den Börsen zu investieren. Nach einem mehrjährigen Aufenthalt in den USA hat er auch fundiertes Wissen vor allem in den Bereichen Risiko- und Moneymanagement angeeignet.

Er handelt ausschließlich amerikanische Aktien und Derivate. In seinem Buch beschreibt er den richtigen Aufbau eines Tradingplans, welche Methoden es gibt, das Risiko zu minimieren und wie man seine eigenen Investments besser steuern kann.

STICHWORTVERZEICHNIS